JÉRUSALEM

ET

LA TERRE-SAINTE

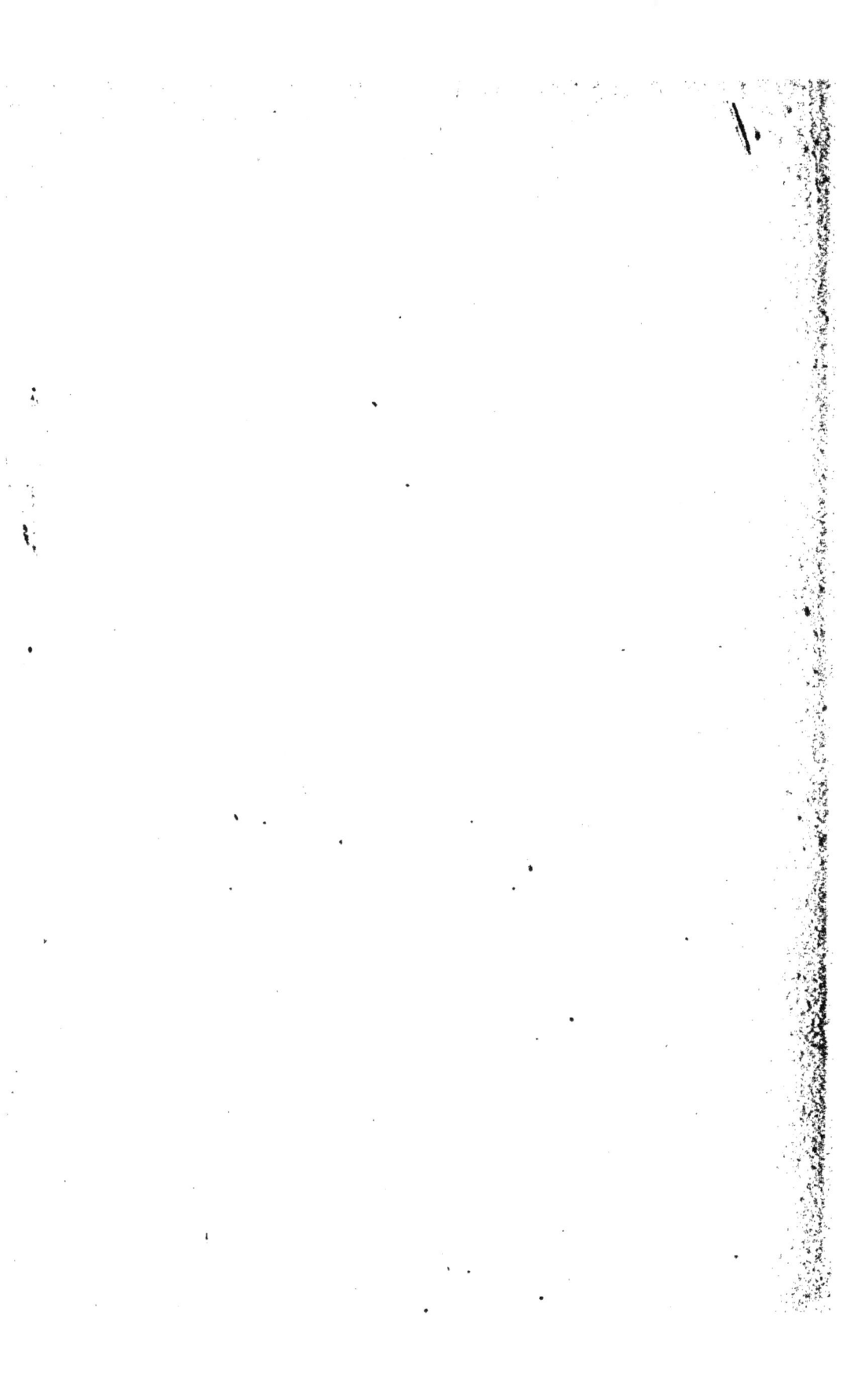

JÉRUSALEM

ET

LA TERRE-SAINTE

HISTOIRE

DU

IER PÈLERINAGE DE PÉNITENCE DE FRANCE AUX SAINTS-LIEUX

(28 AVRIL — 8 JUIN 1882)

PAR

M. L'Abbé J. LIAN

CURÉ-DOYEN D'AIGNAN (GERS).

Ce que nous avons fait,
Ce que nous avons vu,
Ce que nous avons entendu.

Adorabimus in loco ubi
steterunt pedes ejus.
Ps. CXXXI, 7.

AUCH

IMPRIMERIE ET LITHOGRAPHIE G. FOIX, RUE BALGUERIE.

—

1883

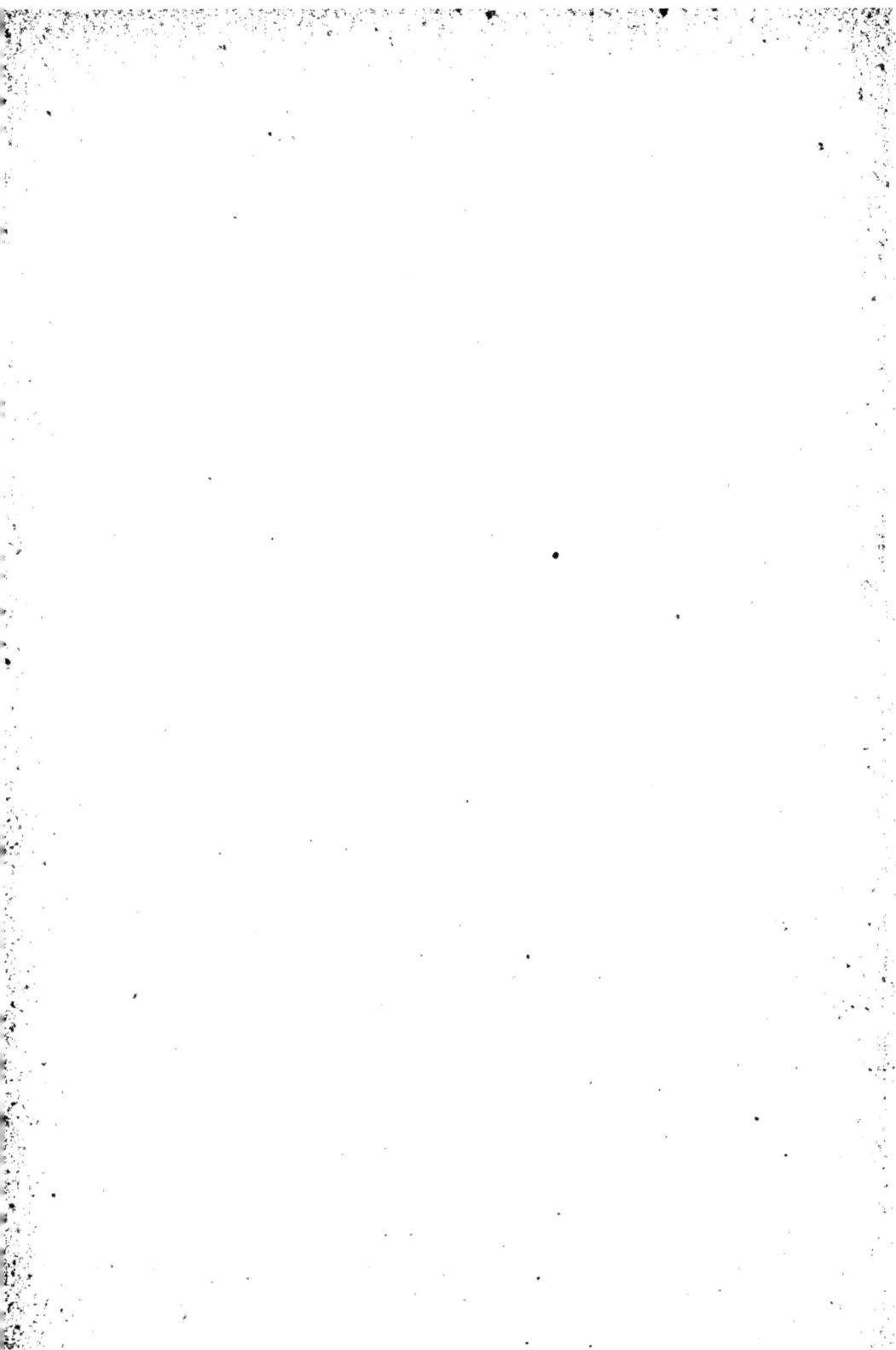

BÉNÉDICTIONS ET ENCOURAGEMENTS

ARCHEVÊCHÉ
D'AUCH

Auch, le 93 avril 188?.

Bon et heureux voyage, bien cher abbé; priez pour nous. Je pars pour ma tournée pastorale; mais j'ai voulu vous bénir de loin ainsi que toute l'escouade Auscitaine.

✝ **PIERRE-HENRI,**
Archevêque d'Auch.

Marciac, en tournée pastorale, 8 avril 1883.

Vous avez eu la pensée de publier le récit complet du grand pèlerinage. J'approuve votre projet, cher curé, et je l'encourage; vos lettres m'avaient vraiment intéressé.

Mes sentiments affectueux et dévoués en N.-S.

✝ **PIERRE-HENRI,**
Archevêque d'Auch.

A Monsieur l'abbé Lian, curé-doyen d'Aignan.

†

INTRODUCTION

Novembre 1882.

Avril 1883.

C'est en 1872 que les grands pèlerinages ont commencé. La Salette, Lourdes, Paray-le-Monial ont été les buts premiers de ces imposantes manifestations, bien souvent renouvelées depuis cette époque. Pourquoi n'aurait-on pas songé à rouvrir le plus ancien et le plus célèbre des pèlerinages, celui de Nazareth, de Bethléem et du Calvaire?

Tous les ans, il est vrai, des caravanes de quinze, vingt, trente personnes s'embarquaient pour la Palestine; ce chiffre, malgré des appels réitérés, n'a guère jamais été dépassé. Un homme de cœur un saint prêtre, M. l'abbé Tardif de Moidrey, rêva d'organiser ce qui jusqu'alors avait paru irréalisable, un pèlerinage national et populaire de France à Jérusalem; mais il se heurta à des difficultés en apparence insurmontables, et la mort le surprit. Il appartenait à un homme d'une intelligence d'élite, M. Léon Tardif de Moidrey, ancien avocat général à Caen, récemment atteint par un deuil bien douloureux et par une révocation imméritée, de reprendre en main l'œuvre d'un frère tendrement regretté, et de mener à bonne fin cette remarquable entreprise. Le Saint-Père en saisit la première ouverture avec une satisfaction profonde; il daigna désigner lui-même le chef qui lui semblait le plus apte à diriger l'expédition; et le Père Picard, prenant pour un ordre le désir de Léon XIII, se mit immédiatement à l'œuvre.

Les Messageries maritimes n'ayant pu fournir un seul de leurs magnifiques paquebots, on dut s'adresser à la Grande Compagnie Transatlantique, et la *Guadeloupe* fut promise; elle devait porter cinq cents passagers. Au jour limite de l'inscription, le nombre des pèlerins était doublé; comment les renvoyer ou faire un choix? Le Comité de direction accepte encore la *Picardie*, seul vaisseau disponible, rentrée récemment de Nouméa, en réparation à Saint-Nazaire, et mal outillée pour porter des voyageurs habitués à un certain confortable. La date du départ était définitivement fixée au jeudi 27 avril, au lendemain du temps pascal, époque favorable pour éviter en Palestine les pluies fatigantes de l'hiver et les chaleurs excessives de l'été.

Dans l'intervalle, une haute approbation vint encourager les efforts des organisateurs et échauffer l'énergie des pèlerins hésitants. Le Souverain-Pontife daignait écrire au Père Picard une longue lettre dans laquelle, tout en louant sans réserve l'entreprise, il en fixait une foule de détails, et lui ouvrait largement les grands trésors de l'Eglise. M. Tardif de Moidrey et M. Bernard Bailly, ancien officier de marine, partent aussitôt pour la Terre-Sainte, ils se rendent compte de la nature des chemins que l'on disait impraticables, ils s'assurent que les vivres ne manqueront pas, ils préparent des logements. Une Compagnie anglaise, Thos Coock et Fils, s'engage à fournir les moyens de transport à travers les déserts de la Galilée, de la Samarie et de la Judée; et à l'heure déterminée, deux grands transatlantiques prennent à bord mille cinquante pèlerins de tout âge, de tout pays, de toute condition; il y a dans le nombre soixante Alsaciens-Lorrains, Anglais, Belges, Espagnols, Luxembourgeois, Suisses et Italiens. C'était merveilleux comme succès. Depuis les Croisades, on n'avait encore vu caravane aussi nombreuse partir de l'Extrême-Occident pour la conquête pacifique des Lieux-Saints.

Grâce au concours de toutes les forces, catholiques, juives, protestantes; grâce aux efforts de la charité qui, en deux mois, donna plus de cent trente mille francs pour les frais généraux, pour l'assistance des pèlerins pauvres et l'acquisition d'*ex-voto*, un millier de pèlerins français put réaliser en *quarante-deux jours*, avec une économie considérable de temps et d'argent, ce qui, dans le passé, était l'idéal des grandes bourses et des gens inoccupés. Je dis : économie de temps; car les caravanes ordinaires n'arrivent à Jaffa que le onzième jour par la voie de Naples et d'Alexandrie, le dix-septième par la voie de Constantinople et de Smyrne; et jamais on ne débarque à Caïffa pour le Mont-Carmel, Nazareth et le lac de Tibériade. Économie d'argent; car, tandis que les Messageries n'ont que des premières et des deuxièmes, aux prix de 920 et de 725 francs pour le premier parcours, de 1,410 et de 1,215 fr. pour le second, l'organisation des grands pèlerinages vous assure les trois classes aux prix de 550, 425 et 250 francs. Sur terre, en Palestine, les voyages, le logement et la nourriture ne peuvent guère dépasser un maximum de 250 francs.

D'autres ont décrit ou décriront le côté poétique ou purement religieux de ce grand acte de foi, la merveille des temps présents. Ma mission est différente; je l'indique en deux mots :

Raconter les faits tels qu'ils se sont passés; donner un aperçu rapide, historique et descriptif sur les sanctuaires où nous avons prié, sur les monuments que nous avons visités, sur les pays que nous avons parcourus; peindre dans leur vérité les mœurs, les traditions, les usages des peuples musulmans, des catholiques, des sectes dissidentes, tels que nous les avons saisis au passage, tels que des bouches autorisées nous les ont fait connaître; en d'autres termes : faire le récit aussi exact que possible de ce que nous avons fait, de ce que nous avons vu, de ce que nous avons entendu. Je n'omettrai de dire les incidents de voyage, les impressions personnelles dont le souvenir pourra s'offrir sous ma plume; j'écris au jour le jour, il faut que tout y passe.

Ce travail présentera nécessairement quelques erreurs; il serait impossible qu'il en fût autrement; j'espère qu'elles seront peu nombreuses. Il sera forcément incomplet au point de vue descriptif; je n'ai pas eu la prétention de tout dire, je n'ai pas voulu entrer dans des détails qui m'eussent conduit trop loin de mon but : faire l'histoire du premier pèlerinage de pénitence de France à Jérusalem.

J'ai adopté le genre épistolaire. Plusieurs fragments de ce récit avaient déjà paru sous cette forme dans la *Semaine religieuse* d'Auch; j'ai cru bon de la leur conserver. Le seul inconvénient sérieux que l'on m'objectera, c'est que j'ai dû me mettre un peu trop en scène. J'en demande pardon à mes lecteurs; mais le rôle que je me donne me semble assez modeste pour que j'ai lieu d'espérer en cela comme en tout le reste leur bienveillante indulgence. Trop heureux, d'ailleurs, si je p _ _ les encourager dans leur pieux désir de visiter un jour la Terre-Sainte, et, au besoin, leur servir de guide dans les étapes à parcourir.

L'abbé J. LIAN.

LA BULLE DE LA CROISADE

—

LETTRE DE SA SAINTETÉ LE PAPE LÉON XIII AU PÈRE PICARD

DU 6 MARS 1882.

A notre bien-aimé fils F. Picard, supérieur général des Augustins de l'Assomption et directeur du pèlerinage de pénitence à Jérusalem (1).

LÉON XIII, PAPE

Cher fils, salut et bénédiction apostolique !

L'année dernière, pour calmer la colère de Dieu, irrité par les iniquités des hommes, Nous avons proposé un jubilé à tous les fidèles. C'est donc pour Nous une grande joie d'apprendre, par vos lettres, qu'on prépare dans le même but, et spécialement pour la France, ce pèlerinage de pénitence aux Lieux-Saints de la Palestine, dont Nous avons, sur votre rapport, approuvé le projet d'organisation, et qui doit reproduire le caractère et la piété des anciens pèlerinages, recommandés et enrichis d'indulgences par Nos prédécesseurs. Nous Nous réjouissons de voir cette entreprise approuvée et encouragée par la plupart des évêques de France, et surtout agréable aux fidèles, à tel point qu'un grand nombre s'est hâté de s'inscrire, de peur que, devancé par l'empressement des autres, il ne fût exclu du nombre limité des passagers ; si bien que le succès a dépassé les espérances ; cependant, tous étaient bien prévenus que ce voyage n'était point entrepris pour se distraire, mais pour pratiquer la piété, l'obéissance, la mortification et le renoncement.

Nous vous félicitons aussi de ce que la direction de tout le pèlerinage vous a été confiée, d'un commun accord avec vous, qui avez tant de fois, d'une façon qui mérite louanges, dirigé les pèlerinages à Rome. Nous avons, à bon droit, la confiance que tous vous obéiront volontiers, et vous rendront spontanément cette obéissance qu'ils doivent, suivant le programme, promettre formellement au commencement du voyage, pour prévenir bien des difficultés, et conserver en tout l'unité d'esprit et d'action.

(1) Traduction du journal le *Pèlerin*.

Voulant donc combler de Nos faveurs tous les fidèles qui entreprendront
ce pèlerinage de pénitence en esprit de charité, de mortification et de
prière, et le déclareront formellement, comme c'est annoncé, en le com-
mençant, Nous accordons aux pèlerins l'indulgence plénière pour le jour
du départ, celui du retour ou le lendemain, et pour un jour quelconque,
au choix de chacun pendant le pèlerinage; pourvu que, dûment confessés
et ayant reçu la sainte communion, ils prient à Notre intention, pour la
destruction des hérésies et pour les besoins et l'exaltation de la sainte
Église romaine. Nous voulons que ces mêmes conditions soient obser-
vées pour toutes les autres indulgences plénières qui seront accordées
ci-après; et Nous permettons que toutes puissent être appliquées par
suffrage aux fidèles pieusement décédés.

A ceux qui, retenus chez eux, auront favorisé le pieux pèlerinage par
l'envoi d'autres pèlerins, en leur nom, par des aumônes, ou autrement,
et à ceux qui, unis en esprit aux pèlerins, s'imposeront quelque acte de
mortification ou de piété à pratiquer chaque jour, depuis le dimanche 30
avril prochain jusqu'au jour de la fête du très Saint-Sacrement, 8 juin,
comme abstinence, assistance à la messe, exercice du chemin de la croix,
récitation du Rosaire, des sept psaumes de la pénitence ou d'un petit
office approuvé, Nous accordons indulgence plénière à gagner le premier
jour du mois de mai, et une autre à l'un des jours de fête ou de l'Ascension, ou de la Pentecôte, ou du très Saint-Sacrement.

Nous accordons aussi, pour le temps du pèlerinage, que la messe puisse
être célébrée trois fois chaque jour sur le navire par le directeur et deux
prêtres choisis par lui, qui pourront distribuer la communion à ceux qui
la demanderont.

Aux fêtes de première et seconde classe, et du rite double majeur,
Nous accordons le pouvoir de donner la bénédiction du T. S. Sacrement,
à cette condition toutefois que les espèces consacrées qu'il faudra réser-
ver jusqu'au lendemain, si le salut a lieu le soir, soient conservées dans
un tabernacle devant lequel une lampe brûlera constamment et dont la
clef sera gardée par le directeur du pèlerinage.

Nous accordons aussi au directeur et à quelques prêtres approuvés
pour la confession et à son choix, le pouvoir d'entendre les confessions
des pèlerins. Cependant, pour les femmes, excepté pour les malades
alitées, nous voulons que l'on mette, comme dans les confessionnaux,
entre le prêtre et la pénitente, une grille que l'on pourra facilement pré-
parer de manière à l'adapter pendant le voyage à quelque meuble.

Et pour ne pas priver les pèlerins des faveurs attachées à l'exercice du
chemin de la Croix, soit sur le navire, soit là où il n'y aura point de
stations érigées canoniquement, Nous accordons qu'ils puissent gagner
toutes les indulgences attachées à cet exercice en le faisant devant une
croix portative placée en face d'eux.

Lorsqu'ils seront arrivés aux Lieux-Saints, Nous accordons aux pèlerins de gagner, dans chaque sanctuaire qu'ils visiteront, toutes les mêmes indulgences qu'ils gagneraient s'ils s'y trouvaient le jour de la fête
principale du sanctuaire. Si quelqu'un de ces sanctuaires était trop étroit
pour recevoir tous les pèlerins et pour que tous les prêtres du pèlerinage

puissent y célébrer la messe, Nous permettons d'y célébrer des messes
en plein air, et de distribuer la communion; et l'on pourra ainsi gagner
les indulgences attachées à la visite du sanctuaire, comme si on l'avait
réellement visité. Cependant, en ce qui touche la célébration des messes
et la distribution de la sainte communion en plein air, Nous ne voulons
accorder la permission qu'après l'avis et l'approbation du Rme patriarche de Jérusalem, confiant à sa prudence d'examiner si les mœurs loca-
les et le caractère des habitants permettent de le faire sans inconvénient.

Nous avons voulu dans tout cela prévenir les difficultés et faciliter
l'accomplissement des œuvres de piété, stimuler, par le profit spirituel
des indulgences, la pieuse pensée du pèlerinage de pénitence. Nous espérons que tous, se souvenant du but qu'on s'est proposé, agiront en tout
avec un tel esprit de charité et d'humilité, un tel désir de concorde, une
telle docilité envers les chefs, que non-seulement ils ne mériteront aucun
reproche, mais qu'ils seront pour leurs compagnons d'une bonté à toute
épreuve, de vrais modèles de vertu pour ceux qui les verront, et que
Dieu, qu'ils veulent apaiser par ce pèlerinage, leur deviendra propice à
eux, à leur patrie et à toute l'Église catholique. Qu'il répande lui-même
sur tous sa grâce avec abondance et donne par cette entreprise une
gloire nouvelle à son Eglise.

Pour vous, cher fils, à qui il a voulu confier la charge de diriger cette
œuvre difficile, qu'il vous accorde la prudence et les forces nécessaires
pour organiser toutes choses le mieux possible, et par là étendre effica-
cement la gloire de Dieu, développer le culte des lieux sanctifiés par les
mystères de notre rédemption, et augmenter la piété parmi les fidèles.
Que la bénédiction apostolique, que Nous vous accordons avec amour,
comme preuve de Notre bienveillance, à vous, cher fils, et à tous ceux
qui entreprennent le pèlerinage de pénitence à Jérusalem, vous soit le
gage de la faveur du Ciel.

Donné à Rome, auprès de Saint-Pierre, le 6 mars 1882, de Notre Pontificat l'an V.

LÉON XIII, PAPE.

I

Marseille.

Marseille, à bord de la *Picardie*, 27 avril 1882.

J'aurais voulu disposer d'une bonne demi-heure pour vous rendre compte au dernier moment des débuts de notre pèlerinage. Je vous envoie de simples notes. Dès hier mardi, les principales rues de Marseille regorgeaient de pèlerins, et un premier essai de la vie de bord a été fait hier au soir et cette nuit; nous avons dîné et couché dans le vaisseau. Cela nous a suffi pour nous convaincre dès le premier jour que nous partions pour un vrai pèlerinage de pénitence. Nous sommes peu agréablement empilés dans les coins et recoins de deux immenses navires, presque insuffisants pour de si nombreux passagers. Mais la gaieté supplée à tout, et, en souffrant, nous ferons, je l'espère, un voyage joyeux.

Ce matin, le pèlerinage a commencé par l'ascension du pic de Notre-Dame-de-la-Garde et l'assistance à la sainte messe, célébrée par Mgr l'Évêque de Marseille. Les pèlerins seuls étaient admis : la basilique était insuffisante. Des chants à Marie, une excellente allocution de Monseigneur, la bénédiction et la distribution des croix aux assistants ont marqué les divers incidents de la cérémonie. Je vous résumerai le discours de Mgr Robert.

Il a pris pour texte cette parole des saints Livres : Si vous ne faites pénitence, vous périrez tous. « Notre-Seigneur Jésus-Christ a été un modèle de pénitence, à la Crèche, durant sa vie cachée, à la Passion, au Calvaire... Saint Paul nous dit que nous devons compléter la Passion de Notre-Seigneur. — Comment ? dit saint Augustin : Il s'agit de ce qui manque au corps et non à la tête. Il faut que tous les membres dégouttent comme Jésus du sang du martyre ou de la pénitence. Si le monde va si mal aujourd'hui, c'est qu'il a dévié de cette loi... Vous avez bien fait d'entreprendre ce pèlerinage de pénitence, pour vous d'abord, pour l'Église ensuite en vertu de la communion des saints, forts de l'approbation si encourageante que vous a donnée le Pontife de Rome... Vous allez dans les pays sanctifiés par la pénitence de Jésus... Le meilleur moyen de participer à cette pénitence, c'est d'obéir; vous en avez pris l'engagement, soyez-y fidèles, et vous vaincrez... Il n'en fut pas ainsi, malheureusement, de ces autres pèlerins qui furent les Croisés. L'indiscipline fut cause de leur perte et rendit leurs efforts stériles .. Vous supporterez encore toutes les incommodités de la route, et ce sera le moins difficile... Je visitais, il n'y a que quelques semaines, un sanctuaire voué à saint François d'Assise; j'y remarquais un tableau représentant une barque qui partait des pays que vous allez voir; trois personnages : Lazare, Marthe et Marie. Deux anges guidaient le frêle esquif, l'ange de la Palestine et l'ange de la Provence. Je désire que ces deux anges ne vous abandonnent pas, qu'ils vous tracent la route et vous ramènent heureux dans notre pays. »

Après cette allocution d'une simplicité tout évangélique et religieusement écoutée par l'auditoire, Sa Grandeur a récité, d'après le désir du directeur du Pèlerinage, sept *Pater* et sept *Ave* pour le Pape et pour l'Eglise, pour notre France, pour Mgr l'Evêque de Marseille, pour la ville, le clergé et spécialement le clergé de la basilique, pour les pèlerins, afin qu'ils fassent toujours preuve d'un grand esprit de foi, d'obéissance et de patience.

A dix heures, nous nous réunissions de nouveau à la Major, ancienne cathédrale. Nous en remplissions l'enceinte. Les derniers avis nous ont été donnés, et le P. Picard, directeur du Pèlerinage, nous a fait jurer que nous supporterions patiemment et pour Dieu, jusqu'au bout, les incommodités, les souffrances, les maladies, la mort même, s'il le faut. A toutes les propositions du Révérend Père, l'auditoire entier a répondu par un immense *oui*; et nous avons quitté l'église et la ville pour prendre définitivement possession de notre nouveau logement.

Il fait un mistral à ne pas pouvoir se tenir dehout. Dans quelques heures, on va lever l'ancre. A la garde de Dieu, et daigne Notre-Dame-de-la-Garde enfler heureusement notre voile !

Priez pour nous, et au revoir !

II

De Marseille à Caïffa.

En vue de Malte, dimanche soir 30 avril, 6 heures.

Nous touchons à Malte. Santé parfaite; ce matin, nous apercevions les côtes de la Tunisie et les collines enchantées de l'île Pantélaria; nous n'avions pas vu de terre depuis notre départ de Marseille vendredi matin, à cinq heures. Quelle journée que celle de vendredi! Nous souffrions tous atrocement du mal de mer. Une vilaine tempête nous ballottait sans miséricorde. Hier, nous allions mieux; aujourd'hui, nous sommes guéris. Le temps est splendide, la joie parfaite. De nombreux amis et connaissances égaient notre voyage : le P. Marie-Antoine, le P. Maumus, les quatre prêtres du diocèse d'Auch; puis des hommes comme MM. de Belcastel, de Coupigny, l'auteur du *Pain de chez nous*, de l'Epinois, une dame maître ès-jeux floraux, la marquise de Villeneuve-Arifat, etc., toute une société choisie.

Le P. Marie-Antoine est l'âme de la gaieté. On prie, on chante, on fait des offices comme dans une cathédrale. Jamais la Méditerranée n'avait rien vu, rien entendu de si beau. Très éprouvés au début, nous avons usé de patience, et, après avoir tous souffert avec cœur et pour Dieu, nous sentons que Dieu à son tour va nous ménager toutes sortes de douceurs et de joies.

La *Guadeloupe* est à quelques pas de nous. Nous ne nous séparerons pas de nos frères jusqu'au Mont-Carmel.

En face du Mont-Carmel, ce vendredi 5 mai 1882.

J'avais compté vous envoyer quelques mots de l'île de Malte, où le commandant du navire espérait qu'un bateau pêcheur viendrait au-

devant de nous. Mais il était dimanche, et les Anglais ne se dérangent
pas ce jour-là; ils n'ont point répondu à nos signaux, et nous avons
poursuivi notre route.

La journée du dimanche, fête du Patronage de saint Joseph, avait été
splendide à tous points de vue. La matinée du lundi donna des appréhensions; les courants de l'Adriatique nous fatiguèrent quelques heures.
Dans l'après-midi, toute crainte avait disparu, et une très belle cérémonie, telle que les mers n'en ont jamais vu, nous tint sous le charme et
souleva tout notre enthousiasme. Les difficultés de l'embarquement
n'avaient point permis que l'on plantât la croix d'olivier qui devait pré-
sider à notre voyage et être rapportée à Rome avec les noms de tous les
pèlerins. Elle fut arborée le 1er mai, en présence de six cents personnes,
équipage et passagers.

Le P. Marie-Antoine fut chargé de prononcer l'allocution de circonstance. Rien ne rendra l'effet indescriptible produit par sa parole de feu.
— « La croix nous était venue de l'Orient, nous dit-il, nous l'y rappor-
tons. Notre vaisseau, à l'encontre de celui de Lazare et des saintes femmes, va porter le signe de la régénération aux contrées d'où est partie la
lumière... La croix, étonnante démonstration de l'amour d'un Dieu !...
la croix survit à tout; jetons-nous dans ses bras. Elle a soumis le monde
habité; elle soumet aujourd'hui les mers elles-mêmes; elle y proclame
le règne de Jésus-Christ... Heureuse Picardie, d'où est sorti le premier
des Croisés, Pierre l'Ermite, et le dernier des saints, Joseph-Benoît
Labre; cette province a donné son nom au vaisseau qui porte les Croisés
de l'avenir ! Singulière destinée que celle de ce navire, d'abord bâtiment
de commerce, puis conduisant un jour un groupe de musulmans à La
Mecque; plus tard chargé de ramener en France toute une cargaison de
Nouméens, enfin sanctifié par le transport des vrais soldats du Christ...
Aujourd'hui, elle n'a rien à craindre, elle porte la croix !....Oh ! aimez
follement la croix, comme les grands soldats du passé, comme saint
Benoît Labre, que le monde a tant méprisé, et qui le lui a largement
rendu, lui, ce grand mépriseur du monde... Voyez comme elle est belle,
cette croix de Jésus, comme elle s'élève majestueusement ! — La partie
supérieure regarde le ciel; elle signifie que nous devons toujours grandir
dans la foi et dans la vertu. Le bras droit nous invite à établir partout le
règne de Jésus-Christ et de son Eglise, qui est un règne de vérité et de
justice. Le bras gauche appelle les pécheurs à la conversion. La partie
inférieure, enfoncée vers la terre, nous relie à l'Eglise souffrante et
nous supplie d'intercéder pour les âmes du Purgatoire. »

Ce discours, entremêlé de réflexions qu'aucune plume ne saurait rendre,
a suscité de nombreux vivats en l'honneur de la croix. Après quoi, M. de
Belcastel a prononcé le serment de défendre jusqu'à la mort la croix et
tous ses droits, de soutenir avec une foi surnaturelle le Christ et son
Eglise; et l'auditoire entier s'est écrié par un mouvement spontané :
« Oui, oui, nous le jurons ! »

Une procession s'organise. procession sur un vaisseau ! Les passagers
et l'équipage, chefs et matelots, montent successivement par l'un des
côtés de la passerelle sur laquelle la croix avait été plantée, la baisent

2

avec respect et descendent par l'autre côté. Et, durant tout ce temps, six cents voix font retentir les airs de ce cantique plein d'entrain :

> Vive Jésus ! vive sa croix !
> Oh ! qu'il est bien juste qu'on l'aime, etc.

et de cet autre :

> S'il le faut, nous saurons souffrir;
> Nous saurons souffrir pour défendre la croix.
> S'il le faut, nous saurons souffrir;
> Nous saurons souffrir, nous saurons mourir.

Rien ne saurait rendre la grandeur de ce spectacle en pleine Méditerranée, au point de jonction des chemins qui relient trois mondes.

Tous les jours, la sainte messe se dit à bord. J'ai eu le bonheur d'offrir les divins mystères le 2 mai, fête de saint Athanase d'Alexandrie, et le 4, fête de sainte Monique. Les prêtres du diocèse d'Auch ont eu le même avantage. Athanase et Monique ont traversé l'un et l'autre les mers qui sont aujourd'hui le sanctuaire où nous vénérons leur mémoire : Athanase, se rendant dans les Gaules, notre patrie, proscrit par les édits des empereurs, et Monique, quittant l'Afrique pour suivre jusqu'à Milan le fils de tant de larmes.

Le Rosaire tout entier est récité à haute voix par les représentants de l'ordre de saint Dominique, le P. Lavy et le P. Claude Maumus, notre compatriote.

Le Chemin de la Croix est réservé aux fils de saint François, et le P. Marie-Antoine s'acquitte habituellement de ce devoir. C'est une grande fête pour tous les passagers que de prêter l'oreille à cette éloquence à la fois si simple et si élevée, où la rhétorique n'est pour rien, où l'on rencontre cependant la plus riche variété d'idées et d'expressions, et, ce qui l'emporte sur tout, le langage de la sainteté. L'auditoire sort de ce pieux exercice toujours ravi et toujours disposé à devenir meilleur.

Le Mois de Marie est prêché tous les soirs; nous avons entendu successivement un vicaire général de Chambéry, un missionnaire de Poitiers, un prêtre de Notre-Dame-de-Lourdes, un prêtre de Notre-Dame-de-la-Salette et un grand-vicaire de Grenoble.

Durant la journée, des chants, de gaies conversations, des morceaux de poésie (car nous possédons des artistes dans tous les genres) occupent délicieusement notre temps. M. de Coupigny nous a récité le *Pain de chez nous*, le *Sou et le Louis d'or*, l'*Expulsé*; M. de Belcastel, un morceau sur la Judée et le Christ. La politique toutefois est absolument bannie du tapis.

Un de ces matins, une colombe affolée est venue se reposer sur le navire. Elle n'a pas dit son histoire; mais M. de Coupigny a immédiatement chanté les gloires de la blanche et gentille voyageuse :

La Colombe du bord.

> Ce matin, sur nos mâts, une blanche colombe
> Posait son aile avec bonheur,
> Comme un beau rayon d'or, comme un astre qui tombe,
> Comme un élan joyeux du cœur.

Venais-tu de bien loin, gentille messagère?
  Venais-tu de Génézareth?
Tes aïeux avaient-ils vu de Jésus la mère?
  Avaient-ils connu Nazareth?

Ou bien Jérusalem, la cité déicide
  Avait-elle abrité ton nid?
Venais-tu nous chercher pour nous servir de guide
  Vers le chemin saint et béni?

Allais-tu réjouir nos compagnons, nos frères,
  Qui voguent vers le même lieu?
Vas-tu du pèlerin écouter les prières
  Qui, comme toi, montent vers Dieu!

Réponds, belle colombe aux ailes si jolies,
  Réponds, colombe aux yeux si doux,
Toi qui vas aborder sur les plages fleuries,
  Colombe, va vite chez nous.

Va dire à nos enfants et va dire à nos femmes
  Que de loin nous les chérissons;
Mignonne, dis-leur donc que du fond de nos âmes,
  En Jésus nous les bénissons.

Puis, quand tu parviendras sous les jolis ombrages
  Qui, là-bas, protègent nos toits,
Tu leur diras de loin les échos des rivages
  Où tu nous as vus une fois.

Mais je sens que nous touchons au port. Nous avons volé d'un trait en Orient, sans point d'arrêt. De Malte en Palestine, nous n'avons aperçu que les montagnes et le phare de Candie, quelques bateaux voyageurs, cinq à six marsouins, des hirondelles de mer, et puis de l'eau et toujours de l'eau. La *Picardie*, plus preste que sa compagne la *Guadeloupe*, a pris les devants pour cingler directement sur Jaffa, y prendre une portion du matériel nécessaire pour Nazareth et la Samarie, et longer la côte jusqu'à Caïffa. Le bon Dieu nous a visiblement bénis : toujours un beau soleil, presque toujours une mer calme. Nous voici en face du mont Carmel; nous respirons une atmosphère nouvelle. Dans quelques instants nous baiserons une terre sacrée et nous prierons bien cordialement pour les amis.

— — —

Décembre 1882.

Je suis heureux de reproduire, d'après *la Croix*, le discours du Père Marie-Antoine. Sauf quelque légère modification, il est à peu près tel qu'il l'a prononcé sur le navire. *La Croix*, qui fait suite à la *Revue de l'enseignement chrétien*, est un excellent recueil mensuel qui marche parallèlement avec *le Pèlerin*. Les articles en sont sérieusement rédigés, et les illustrations appartiennent aux meilleurs maîtres.

« VIVE LA CROIX!...

» C'est le cri du chrétien!... Quand elle paraît, le chrétien la salue comme l'enfant salue son berceau! le soldat son drapeau! l'aveugle guéri la lumière! l'exilé la patrie et le captif la liberté! Chrétiens, saluons la croix!

VIVE LA CROIX!

» C'est le cri du Français!... C'est la croix qui a fait la France! C'est la croix qui refera la France! Français, salut à cette croix!

VIVE LA CROIX!

» C'est le cri du Croisé : il part avec elle. La croix brille sur nos poitrines! Elle marche, elle navigue avec nous! Nous sommes les pèlerins de la croix! Le Croisé combat pour elle, et avec la croix il triomphe! Croisés de la croix, salut à la croix!

VIVE LA CROIX!

» Mais il ne suffit pas de prendre la croix, il faut que Dieu la donne, il faut que la volonté de Dieu triomphe avec elle et par elle. Il faut prendre la croix lorsque Dieu le veut, à l'heure qu'il veut et pour accomplir ce qu'il veut. Les Croisés, nos pères, l'avaient bien compris; car c'est au cri de : *Dieu le veut!* que la papauté les arma pour la croisade.

» O croix, que tu es belle au milieu de ces mâts, de ces cordages, de ces nuages de vapeur! Nous t'avions plantée sur les collines, sur les montagnes, dans les vallées et dans les prairies de notre patrie, dans les cités et dans les hameaux. Aujourd'hui, pour la première fois, nous avons le bonheur de te dresser sur les flots, au-dessus de ces abîmes mouvants. Te voilà reine des mers, des vents et de l'espace. Quel spectacle! chers pèlerins, ce n'est plus l'exil, c'est une vision du paradis.

» Le ciel nous contemple, les nations de la terre nous suivent du regard, les anges applaudissent, les hommes tressaillent et l'enfer frémit! Mais comme l'écume de ces flots, sa rage, croix belle et glorieuse! sa rage expire à tes pieds.

» O flots de la mer, ce n'est pas assez de vous briser ici et de rendre hommage à cette croix, et vous, grandes vagues, de vous incliner devant elle, avec des tressaillements sublimes. Allez, allez porter à tous les rivages notre cri d'amour :

VIVE LA CROIX!

» O croix! tu n'es pas seulement notre reine, tu es notre gardienne et notre divine protectrice. Quand le voyageur qui doit traverser ces abîmes monte dans un vaisseau, il regarde si les mâts sont solides, les cordages bien établis, les voiles bien tendues, la machine bien outillée, et, s'il est satisfait, alors il s'embarque, disant : La traversée est assurée, elle sera bonne! Nous, nous ne regardons que toi, ô croix bien-aimée! Avec toi, plus de crainte, nous arriverons triomphants.

« Que crains-tu? disait César au nautonnier qui le conduisait sur la mer: Tu portes César et sa fortune! » Hélas! qu'est devenu César? où est allée sa fortune?

» Pour toi, croix immortelle, te voilà toujours victorieuse, jamais engloutie; tu surnages au milieu de toutes les tempêtes, tu survis à tous les événements, à toutes les révolutions, à tous les écroulements d'empires. L'orage a beau bouleverser les flots et entr'ouvrir des abîmes, tu es toujours debout: *Stat crux dum volvitur orbis*. Saluons l'éternelle victorieuse:

VIVE LA CROIX!

» En traversant ces mers, tu soulevas le monde. Un jour tu passas, pour la première fois, sur ce chemin mobile. Ce n'était qu'une barque fragile, sans mâts, sans rames, sans pilotes; là étaient Lazare et Marie-Madeleine, Marthe, les saintes mères de Jacques et de Jean, et d'autres disciples; on les avait mis dans cet esquif pour les envoyer à la mort; mais ils te portaient sur leur poitrine, ô croix, et avec toi un monde nouveau. Et les flots laissèrent passer la barque fragile, et les rives de la Provence tressaillirent en la voyant. L'Occident était conquis.

» Onze siècles plus tard, on te foulait aux pieds en Orient d'où tu nous étais venue, ô croix bénie! la France convertie par toi se leva et l'Europe avec elle, et le monde entendit les coups de cette épée formidable des Godefroy de Bouillon, des Tancrède, des Richard Cœur-de-Lion, des Saint-Louis. Aujourd'hui, le monde, plongé dans les folies, les insanités, les fureurs de nos nouveaux barbares, le monde entendra les grands coups d'épée de nos prières et de nos pénitences; et ceux-là seront plus terribles encore contre Satan et ses suppôts que ne le furent ceux des Croisés antiques! Vive le croix! O beau cliquetis de nos armes divines, fais encore une fois retentir les échos de cette grande mer:

VIVE LA CROIX!

» O vagues si belles, si diamantées, si resplendissantes! allez, allez redire aux rivages de tous les mondes, à l'Europe, à l'Asie, à l'Afrique, et par Suez et Gibraltar, à l'Amérique et à l'Océanie, allez leur dire que la croisade de la prière est commencée: Espérance! Résurrection!

» Les apôtres, en quittant le Calvaire, s'en allaient deux à deux, et prenant avec eux la croix, ils portaient au vieux monde son salut et sa régénération, la croix allait triompher de l'antique paganisme.

» Nouveaux apôtres du salut et de la résurection, nous venons deux à deux: nos deux vaisseaux apostoliques marchent ensemble. Dieu en a voulu deux, il a jugé sans doute qu'il les fallait pour la beauté et l'efficacité de l'apostolat. Et voilà que plus de mille pèlerins-apôtres, portés par eux, marchent parallèlement à la même conquête: *Misit binos ante faciem suam*, pour entrer dans tous les cœurs et toutes les régions, *in omnem civitatem et locum*.

» Laissez-les passer; ils portent de nouveau le salut et la résurrection : le moderne paganisme sera vaincu. Vous osez dire que le Christ s'en va ? et avec nos mille cœurs et nos mille voix, avec la voix de tous ces flots, avec le roulis de ce navire et le sifflement du vent dans ces cordages, avec le bruit de ces machines enflammées, nous vous disons : Non, non : il revient, il triomphe ! *In omnem civitatem et locum quò erat ipse venturus.*

» Et voici les noms choisis par la Providence pour les deux navires qui nous portent et sur lesquels nous dressons la croix.

» *Guadeloupe* nous rappelle la vierge miraculeuse de nos îles et de nos mers lointaines. La reine immaculée protègera avec amour notre pacifique croisade : Vive Notre-Dame de la Guadeloupe !

» Et toi, *Picardie* je veux te chanter aujourd'hui. Ta destinée est magnifique !

» Un jour, dans nos forêts de France, un bûcheron s'avance armé de la hache, il fait tomber les plus beaux chênes. On arrache en même temps le chanvre dans nos campagnes, et le fer des flancs de la terre. Et les chênes disaient : Pourquoi interrompre nos hymnes à Dieu qui nous créa ? Quand passe le zéphyr ou mugit la tempête, nous chantons sa gloire. Et le chanvre : Pourquoi ne pas me laisser refleurir ? Et le fer : Pourquoi me jeter dans le feu de vos fourneaux ? Et on a dit aux chênes, au chanvre et au fer : N'êtes-vous pas créés pour le service de l'homme ? Il est le roi de la création : réjouissez-vous; nous vous donnerons le baptême et un grand nom : les bénédictions du ciel descendront sur vous; on veut vous transformer en ce qu'il y a de plus beau, en un grand et beau navire aux mâts pavoisés. La mer sera votre empire, et vous porterez les enfants de Dieu d'un monde à l'autre.

» Et ce vaisseau, c'est toi, ô belle Picardie : ton nom est vraiment glorieux. Tu rappelles au monde Pierre l'Ermite, l'illustre promoteur des croisades, et le pauvre et humble pèlerin, saint Benoît-Joseph Labre, le dernier des grands saints de notre France, le grand méprisé du monde, mais son plus sublime mépriseur. Dans ton nom, ô Picardie, il y a une prédestination; oui tu seras grande et illustre à ton tour. Mais, comme tout ce qui doit être grand, tu enfanteras ta gloire dans la douleur.

» On lui a promis de porter les enfants de Dieu d'un monde à l'autre; et on commence à la faire servir au commerce. Forcément enchaînée par le dieu Mammon, elle gémit, *Ingemiscit.* Attends, attends encore : *et parturit usque adhuc!* L'heure de ta gloire n'est pas encore venue.

» Voici une autre épreuve : tu porteras à la Mecque les fils de Mahomet qui vont adorer son tombeau... Et *Picardie* pousse des gémissements plus douloureux. Encore ! Encore ! il faut souffrir pour enfanter ta gloire. Voici l'épreuve suprême.

» Il y a sur la terre une île où de malheureux coupables expient, pour eux-mêmes et pour tant d'autres, les crimes affreux de l'incendie, du pétrole et de la révolte. Et voilà que la *Picardie* est destinée à rendre à la France ces êtres dénaturés, qui furent les bourreaux de ses enfants.

» Maintenant l'épreuve est à son comble ! Pauvre *Picardie* ! console-toi : il fallait toutes ces douleurs pour arriver à la gloire qui aujourd'hui est ton partage.

» L'heure est venue : Parez ces mâts de banderolles, de verdure et de fleurs! au-dessus de toutes ces oriflammes et de tous ces drapeaux, voilà la croix, l'étendard du grand roi. Ce n'est plus seulement l'homme, ce roi de la création que tu porteras, beau navire, c'est le créateur lui-même : tu portes Dieu et les pèlerins de Dieu : l'eucharistie et la Vierge Immaculée sont avec nous. Vers toi se tournent les regards du monde entier : tu portes les croisés de la prière, de l'espérance et du salut, les croisés de la résurrection; et Dieu lui-même est au milieu d'eux.

» La Providence t'a donné un équipage choisi; commandants, officiers et matelots, tous ont des cœurs français, loyaux et catholiques; au milieu des tempêtes, ils ont gardé la foi.

» Et la Vierge est ton étoile. A la Salette dont je vois ici les Pères, elle parlait de ses douleurs; à Lourdes, dont les Pères sont là aussi, elle demandait la pénitence; à Pontmain, elle parlait d'espérance. Voici les Pères de l'Assomption qui nous conduisent, avec leur mère, de la terre au ciel. Tous réunis, soulevons le monde pour le faire arriver à une vie nouvelle : saluons par un dernier cri de bonheur et d'amour toutes ces joies et toutes ces espérances ! »

VIVE LA CROIX!

Février 1883.

Il semblait difficile à la *Picardie*, si merveilleusement chantée par le P. Marie-Antoine, d'arriver à des destinées plus brillantes. S'arrêter à temps, juste lorsqu'on est parvenu à l'apogée de sa gloire, est une science que peu d'hommes possèdent ici-bas. Nous n'adresserons pas ce reproche à la *Picardie*, dont nous avons fait l'éducation durant quinze jours sérieusement employés.

Elle a compris qu'elle n'avait plus qu'à se retirer de la scène du monde, et en janvier 1883, elle sombrait en plein Océan sur la route de New-York au Havre. L'équipage sauvé par le *Labrador*, autre steamer de la Grande Compagnie Transatlantique, débarquait sur les côtes de France le 21 du même mois.

III

Mont-Carmel.

Mont-Carmel, ce dimanche 7 mai 1882.

Nous avions cru arriver à Caïffa avant la *Guadeloupe*. Notre détour par Jaffa nous a retardés de quatre heures, et elle débarquait ses passagers lorsque nous nous présentions en face du Mont-Carmel. Grand avantage pour nous tous, puisque nous allions être enfin réunis et participer à des exercices communs. La direction suivie par la *Picardie* nous avait permis d'apercevoir les ruines de Césarée et les côtes de la Palestine, côtes, hélas ! désolées : des plaines qui nous paraissaient arides et sablonneuses, des montagnes bien tristes. Nous allions toucher terre un vendredi, vers trois heures, moment solennel pour un pèlerin des Saints-Lieux, le jour et à l'heure où les Croisés étaient descendus à Saint-Jean d'Acre, l'ancienne Ptolémaïs, que nous remarquions à quelques milles devant nous.

Le débarquement se fait assez rapidement, bien que l'entrée du port de Caïffa soit difficile et que les vaisseaux doivent s'arrêter à deux kilomètres environ de la ville. A peine descendus, nous nous prosternons, baisons avec attendrissement cette terre depuis longtemps l'objet de tous nos rêves, et nous transportons immédiatement à l'église paroissiale, desservie par les Carmes. On prie et, sur l'invitation du Directeur du Pèlerinage, on remercie Dieu de l'heureuse traversée : pas un de nos frères n'est souffrant.

L'ascension de la montagne commence aussitôt par une procession d'une longueur indéfinie; il était nuit grosse lorsque nous entrions dans l'église du *Carmel*, où les chants d'enthousiasme et les fortes harmonies de l'orgue soulèvent en nos cœurs les émotions les plus vives. Les décrire serait impossible. Nous étions sur cette terre des prophètes immortalisée par les austérités d'Elie, d'Elisée et de leurs nombreux disciples. Nous allions visiter les grottes qu'ils occupaient, et en particulier la célèbre *Ecole des Prophètes,* où ils tenaient sans doute leurs saintes réunions, où l'on montre l'endroit que la tradition assigne au repos de la sainte Famille. Et puis nous nous trouvons sous cette coupole du Carmel, qui nous rappelle Marie, la reine de ces lieux. Le maître-autel lui est consacré; au-dessous, une crypte peu profonde contient la *grotte d'Elie;* on dit la sainte messe sur la pierre ou sur le lit qui servait à son repos. L'église est une rotonde dessinant par ses chapelles et son porche les formes d'une croix grecque. Bien éclairée, elle nous semblait merveilleusement refléter les célestes demeures. Elle est cependant moins riche qu'elle ne paraît; et, le lendemain de notre arrivée, en plein jour, nous pûmes constater la réalité vraie. Le couvent lui-même, d'un aspect monumental, est très pauvre, et les Carmes, une douzaine environ, ne vivent que très difficilement de quêtes et d'aumônes. Nous allions leur laisser deux confrères, dont l'un, le P. Marie-Ange Cahuzac, est si connu dans le sud-ouest de la France. C'est la voix pleine et forte du Père Cahuzac, qui n'a cessé de faire retentir les voûtes de la basilique des couplets d'un cantique dont le refrain si populaire était répété par un millier de voix :

> O Notre-Dame
> Du Mont-Carmel!
> Pour toi mon âme
> D'amour s'enflamme;
> De cet autel,
> Brillante étoile,
> Guide ma voile   } *bis.*
> Au port du ciel.

Nous avons passé le samedi tout entier au Mont-Carmel. Délicieuse journée, toute de Marie et du Ciel. Le matin, à la sainte m...., le P. Joseph, au nom de tous les Carmes, nous souhaita la bienve... : nous explique les traditions qui se rattachent à ce lieu béni. « Exue pour la plus sainte des causes, nous dit-il en terminant, vous m'apportez le parfum de mon pays, de cette chère France que j'aime tant et vers laquelle me ramène si souvent ma pensée. Oh! Dieu ne permettra pas que ce beau pays perde sa foi; il y reste, vous en êtes la preuve, des éléments incontestables de résurrection et de salut. »

La journée s'écoule dans la prière, dans la visite des grottes, de la chapelle de saint Simon Stock, de la fontaine d'Elie, du cimetière des Pères, sorte de bibliothèque où on les case pour dix, quinze ans, en attendant qu'un nouvel occupant les expulse et envoie leurs ossements dans les caveaux de l'église. Nous portons nos regards sur cette mer qui nous a bercés et où le prophète Elie aperçut l'image de la Vierge, la nuée bienfaisante qui vint si à propos mettre un terme à une sécheresse de trois longues années. Elie nous fournit encore le symbole de l'Eucharistie dans ce pain mystérieux qui lui permit un jeûne de quarante jours et de quarante nuits, jusqu'à son arrivée à la montagne d'Horeb.

Nous savons par la tradition que sainte Anne avait ici une maison pour elle et pour ses pasteurs; elle y venait de temps en temps avec son auguste fille. Dès le premier siècle, nous dit Jean d'Antioche, qui vivait l'an 130, les solitaires du Carmel devinrent des prédicateurs de l'Evangile; et, dans les siècles suivants, nous le voyons habité par saint Narcisse, saint Spiridion, saint Euthyme, saint Cyriaque et saint Jacques. Le roi de France saint Louis le visita vers 1252; mais, après les Croisades, en 1291, tous les Religieux furent massacrés par les Sarrasins, pendant qu'ils chantaient le *Salve regina*. Cette dernière période avait vu fleurir saint Berthold de Limoges, saint Brocard, saint Ange et l'Anglais saint Simon Stock. Depuis le commencement du dix-septième siècle, qui le vit sortir de ses ruines, le Carmel a passé par bien des vicissitudes. Bien que la protection de la France lui eût été enlevée sous la Révolution, il n'en reçut pas moins les soldats de Bonaparte blessés sous les murs de Saint-Jean d'Acre. Les Carmes expièrent chèrement cet acte de générosité; car, le 22 mai 1799, les musulmans massacrèrent les Français, dispersèrent les religieux et ruinèrent le couvent. Il a été rebâti depuis 1827.

Le Carmel est à l'extrémité nord-ouest de la montagne de ce nom, ayant à ses pieds la baie de Caïffa et les villes de Caïffa et de Saint-Jean-d'Acre; à sa droite, le grand Hermon et les hauteurs du Liban; en face, les flots azurés de la Méditerranée.

Nous descendons jusqu'à la mer, et presque tous les pèlerins y baignent leurs pieds. Il semble que cela nous remet, car nous étions rudement fatigués; et nous avions trouvé pour tout potage du riz à la turque, pour couchette une mauvaise natte ou le pavé des corridors du monastère. Les bons Pères avaient mis à notre disposition toute leur fortune. Nous voulions emporter quelques souvenirs du Carmel; mais c'est à grand peine si quelques privilégiés parviennent à se procurer des médailles ou un scapulaire : la provision des objets religieux était épuisée. Ce qui ne l'était pas, c'étaient les coquillages du bord de la mer et les plantes aromatiques de la montagne; nous nous pourvoyons sans la moindre réserve.

Notre arrivée n'a pas été sans produire quelque émotion en Orient, et un vaisseau de guerre français s'était transporté la veille de Beyrouth à Caïffa pour protéger notre débarquement. Un voyageur venu de Tbibériade a dit avoir vu sur sa route cinq cents Bédouins armés; mais on ne bougera pas, la France est encore respectée ici. Notre entrée à Caïffa, que l'on dirait un bourg de huit à neuf cents habitants et qui en renferme six mille, avait attiré de nombreux Turcs sur notre passage. Tous sont sympathiques, et bon nombre nous saluent. Les enfants font le signe de la croix pour que nous leur donnions un bakchiche: certains se trompent et s'y prennent à rebours; on leur frappe sur la joue, et ils se retirent à demi satisfaits. Un de nos pèlerins voit des nuées de ces petits drôles courir après lui, lui baiser la croix, qu'ils portent ensuite à leurs fronts; la ville a bien deux mille catholiques. Nous assistons à des traits de mœurs inimitables. On apporte après notre repas du Carmel une immense chaudière remplie de riz pour les nombreux Arabes qui toute la journée rayonnaient autour de nous et de nos effets. Ils s'y précipitent à l'instant, comme l'eussent fait certains animaux de nos basses-cours, entourent cette sorte de baquet, y plongent leurs mains noircies, et en un clin d'œil le récipient est vide; en deux minutes, ils ont fait un dîner succulent, et la cruche d'eau qu'ils se font passer les désaltère.

Je viens de parler des Arabes. Hélas! notre histoire ne diffère pas beaucoup de la leur. Notre arrivée un peu subite à Caïffa, — on ne nous attendait que pour le lendemain, — a déconcerté bien des prévisions; et vers neuf heures du soir, lorsque nous espérions un souper copieux et délicat, nous avons eu après une longue attente, qui de l'eau, qui du pain, qui du riz, qui du vin, tous enfin une moyenne de quelque chose. Nous étions plus de mille, répandus sur une vaste plateforme éclairée par une modeste bougie et limitée par des murs à mi-hauteur d'homme qui nous empêchaient de crouler en bas de la montagne. Au dîner du samedi, le confortable se composait d'une trentaine de moutons cuits sur place, de dattes et d'oranges. Un tiers d'entre nous étaient assis sur des bancs au grand soleil, le long de la façade du monastère; les autres par terre, ou se tenaient debout. On fait d'abord passer une grande jatte de bouillon. M. de Belcastel est au service: il tient une anse d'une main, et de l'autre son écuelle; mais il a oublié de nous apporter une machine à extraire le fameux liquide qui nous regarde avec de gros yeux qui font peur; il faudra bien trois heures avant que chacun ait puisé sa ration avec une cuiller ordinaire. C'est tout simple; on plonge son plat de fer dans le bassin et l'on est servi. — Et si l'on n'a pas de cuiller? on avale d'un trait. — Et si l'on n'a pas de plat? on prend celui du voisin, on replonge et on ravale. — Comme les camarades. J'ai vu un grand-vicaire faire la moue en présence d'un extrait de gigot que le sort lui avait départi. L'aristocrate! Il lui eût fallu une fourchette! Et comment faisait notre père Adam!... Que nous rirons de bon cœur dans six mois d'ici!

Dès ce moment, le pèlerinage se divise en trois sections : les Jérosolimites, les Nazaréens et les Samaritains.

Les *Jérosolimites* se contentent de la visite du Carmel; ils se rembarquent à Caïffa pour Jaffa, d'où ils iront à Jérusalem par la voie la plus courte.

Les *Nazaréens* vont jusqu'à Nazareth; de là, ils reviendront sur leurs pas à Caïffa, d'où ils prendront la route déjà suivie par les Jérosolimites.

Les *Samaritains*, les plus intrépides, se sépareront des Nazaréens à Nazareth et iront à Jérusalem par la Samarie. Ils sont les plus nombreux, plus de cinq cents; les deux premiers groupes sont, l'un et l'autre, de deux cent cinquante pèlerins environ. Nous nous retrouverons tous à la Ville-Sainte, s'il plaît à Dieu.

Sept heures vont sonner. Je cours dire un dernier adieu à la Vierge du Carmel. Le grand voyage va commencer.

IV

Du Mont-Carmel à Nazareth.

Nazareth, le mardi 9 mai 1882.

Nous avons fait une journée du grand voyage à travers la Galilée, la
Samarie et la Judée; et je vous écris quelques instants avant d'entreprendre la deuxième étape. Mes impressions sur le parcours effectué ont
eu ainsi le temps de se grouper en mon esprit; et, dans la suite, comme
aujourd'hui, ce sera à l'heure du départ que j'aurai le plaisir de vous
entretenir, si toutefois Dieu et les fatigues n'y mettent obstacle.

Nous avons quitté le Carmel dimanche, 7 mai, après avoir dit ou entendu la sainte messe. Le samedi tout entier avait été consacré à Marie.
Un dernier coup d'œil jeté sur la côte qui se poursuit devant nous, dans
la direction de Saint-Jean-d'Acre, Tyr, Sidon, Beyrouth et Tripoli de
Syrie, nous descendons rapidement le versant le plus abrupte de la montagne, et nous voici sur la plage, en face de nos montures et de nos bagages. Reconnaître ces derniers, nous emparer des premières fut l'affaire
d'un moment. Nous grimpons successivement sur le genou et sur les
épaules d'un Arabe, qui sert de moukre, et ainsi, d'échelon en échelon,
nous parvenons au faîte de notre grandeur. Nous y resterons tant que
nous pourrons.

La caravane se met en marche. Nos bêtes, chevaux, ânes, mulets, au
repos depuis quelques jours, partent avec entrain; les chameaux précè-
dent avec le matériel. Le défilé occupe bientôt une longueur de plusieurs
kilomètres. La variété de nos costumes, où le blanc domine, donne à
l'ensemble une tournure éminemment pittoresque. La joie est universelle.

Nous n'avons ni brides ni étriers; il importe peu; nous débutons à merveille; nous sommes splendides.

Hélas !...

Après avoir longé les maisons bâties à l'européenne de la colonie prussienne, nous entrons dans *Caïffa*, et, en présence d'une multitude de curieux, traversons cette cité, dont les rues sales et étroites nous font revenir d'un premier jugement trop avantageux fourni par l'aspect gai qu'elle nous offrait en pleine mer. Nous passons entre deux haies de cactus. Quelle différence entre ces plantes qui ont grandi en plein soleil d'Orient et celles que nous cultivons avec tant de soin dans nos serres de France! Ici, elles montent d'ordinaire à 3 et 4 mètres, et par leurs larges feuilles et leurs piquants opposent au maraudeur une barrière infranchissable.

Nous traversons le *Cisson*, qui roule à peine quelques gouttes d'eau. Ce torrent et tous ceux que nous apercevrons sont généralement à sec pendant l'été. Un bien intéressant souvenir se rattache au Cisson : ici furent égorgés les prêtres de Baal que le prophète Elie confondit aux sommets du Carmel [1].

Nous suivons la grande route nationale de Palestine, c'est-à-dire des allées, des prairies, des marécages, des champs de blé, des rochers que nos bêtes ont grand'peine à gravir une à une, parfois à côté de précipices semés de pierres hérissées..... Et enfin, nous voilà au lieu du déjeuner, à *Jedda*, l'ancienne Jédala de la tribu de Zabulon [2]. Jedda est un village druse bien insignifiant; nous ne l'oublierons pas cependant, à cause des 52 degrés de chaleur qui nous abritaient sous la voûte du ciel et de l'eau saumâtre et singulièrement poissonneuse qui nous désaltéra. Nous avions traversé Yasour, gros village reconnaissable à ses quatre palmiers, et nous marchions vers Simoniade. C'est dans cette localité que se fixa, en 1807, une colonie prussienne, avec l'intention de cultiver la belle plaine d'Esdrelon, qui si souvent se rencontrera sur notre route. Sur douze personnes, onze moururent dans l'année; la douzième n'insista pas, et leva le camp.

Nous laissons sur notre gauche l'ancienne *Séphoris* (Safourieh), où saint Joachim et sainte Anne avaient une maison; deux absides du iv⁰ siècle en occupent l'emplacement. Saint Antonin y trouva un siège ayant appartenu à la Sainte-Vierge. Une riche matrone romaine, sainte Mélanie, eut l'occasion, vers la fin du iv⁰ siècle, d'exercer en cette ville sa charité envers une centaine de solitaires que l'empereur Valens avait fait emprisonner. Aujourd'hui, Séphoris est habitée par quatre mille musulmans fanatiques.

Le chemin devient de plus en plus difficile; mais, ô bonheur! du sommet d'une colline raboteuse, nous apercevons le Thabor, et l'on nous dit que dans vingt-cinq minutes nous serons à Nazareth. Nous reprenons nos forces et notre énergie, et bientôt, en effet, *Nazareth* se découvre à nos regards éblouis. Les maisons en sont coquettement éparpillées sur les flancs d'une montagne au sommet de laquelle nous sommes perchés, et notre ravissement est au comble lorsque nous nous entendons saluer cha-

[1] III Rois, xviii. — [2] Josué, xix. 15.

cun à notre tour par les voix gracieuses de tout un pensionnat de jeunes
filles, et peu après par deux haies d'indigènes : *Bonsoir, monsieur,* les
souls mots français qu'ils connussent sans doute. C'était dimanche; les
Arabes avaient mis leurs plus beaux habits; leurs figures étaient sou-
riantes. N'étaient-ils point les parents de la Sainte-Vierge? comme ils le
prétendent tous, à ce que l'on assure. Leur sympathie nous fit du bien,
car nous n'en pouvions plus. Nos montures nous avaient martyrisés;
l'absence d'étriers avait rendu rigides les membres inférieurs; nos jambes
paralysées nous refusaient tout service. Grosse difficulté pour descendre;
plus grosse encore pour se tenir debout. Et la malheureuse compagnie
Coock nous fit attendre trois mortelles heures, jusqu'à la nuit avancée,
sous prétexte de vérifier nos cartes, de peur qu'un pèlerin audacieux n'eût
eu l'idée de se procurer furtivement un logement gratuit. Ce fut un acte
barbare; et, sans l'esprit de pénitence qui nous soutenait au milieu de nos
fatigues, les Coocks et leurs tentes eussent chèrement expié pareil forfait.

Enfin, nous nous installons tant bien que mal. Le repas est servi à
terre sur des tapis turcs; on s'assied sur ses talons. Nourriture suffisante
et substantielle; mais ni vin ni café; or, nous ne pouvions pas manger;
la soif et la chaleur nous avaient empâté la bouche; et c'est à un prix
exorbitant que la compagnie Coock nous cède quelques bouteilles de vin.
— Vite sur nos couchettes, sous la tente; à demain les saintes émotions.

En effet, elles ne nous ont pas manqué. La nuit nous avait délassés, et,
sans les aboiements presque continus d'une multitude de chiens, de toutes
les meutes du pays sans doute, qui s'étaient donné rendez-vous à côté du
camp, nous eussions dormi. Le soleil paraît à l'horizon et illumine les
blanches maisons de Nazareth, surtout la belle *église de l'Annonciation,*
qui nous sourit et vers laquelle nous avons hâte de nous diriger. Des
messes nombreuses s'y disent depuis minuit; c'est le sang divin qui coule
à flots dans le sanctuaire où le Fils de Dieu s'est fait homme. Se proster-
ner, baiser la terre et adorer, tel est le premier mouvement du pèlerin;
après quoi, il regarde et il admire. Nous sommes dans une riche basilique à trois nefs, genre italien. Les démolitions des basiliques antérieures
à celle-ci ont élevé le terrain; aussi la *crypte de l'Incarnation* est-elle
dans l'enfoncement, sous le maître-autel, et creusée dans le roc, comme
la plupart des habitations du pays; on y descend par une quinzaine de
degrés. La maison de Lorette occupait une partie de cet escalier et le
plein-pied qui vient après; l'emplacement en est indiqué par des plaques
de marbre noir. On y voit deux autels : l'un à gauche, dédié à l'ange
Gabriel; l'autre à droite, à saint Joachim et sainte Anne: C'est la chapelle
de l'Ange.

Vient ensuite la chapelle de l'Annonciation. Au fond, à la place occupée
par l'autel, la Sainte-Vierge reçut, d'après la tradition, la salutation de
Gabriel, qui se tenait dans la pièce précédente. L'oratoire de Marie n'a
pas été transporté à Lorette par les anges; Lorette ne posséderait pas dès
lors le lieu précis de l'Incarnation. Sous l'autel et sur la paroi du mur,
une inscription éclairée par des lampes d'argent: *Hic Verbum caro fac-
tum est :* c'est ici que le Verbe s'est fait chair. On lit ces paroles, on les
répète dans son âme, et l'on est abîmé dans l'émotion.

On passe de là dans une chapelle obscure: l'autel de la Fuite en Egypte est adossé à celui de l'Annonciation. On y lit cette inscription : *Hic erat subditus illis* : c'est ici qu'il leur était soumis. On monte encore dix degrés, d'où l'on pénètre dans un appartement communément appelé *la cuisine de la Sainte-Vierge*, tandis que, par un chemin latéral et quelques nouvelles marches, on peut arriver dans la sacristie de la basilique. C'est ce chemin que nous avons suivi plusieurs fois dans la journée, surtout à la grande et magnifique procession de dix heures, durant laquelle le cri de l'ange *Ave Maria* n'a cessé de résonner. Nous étions heureux de voir les indigènes se mêler à nos chants et dire aussi le pieux refrain : *Ave, ave, ave Maria.*

La journée est employée, partie à se reposer des fatigues de la veille, partie à visiter les sanctuaires de Nazareth.— A cinquante pas de la basilique, au nord-est, se trouve *l'atelier de saint Joseph*; on y a élevé une chapelle catholique avec trois autels; du temps de la Sainte-Famille, comme aujourd'hui, les hommes tenaient à être tranquilles dans leur ménage, et l'atelier était généralement éloigné de la maison d'habitation. — Au nord-ouest, l'on rencontre *l'ancienne synagogue*, devenue l'église des Grecs unis. Ici, Jésus interpréta une prophétie d'Isaïe; ses explications convinrent médiocrement à ses compatriotes, qui le poursuivirent jusqu'à une montagne voisine, la montagne du *Précipice*[1]; le rocher est à pic. Jésus, au moment d'être lancé dans l'espace, disparut de leurs mains. Et tout près de là, sur une colline à quinze cents mètres de la ville, la chapelle de *Notre-Dame-de-l'Effroi* nous rappelle la grande terreur de Marie, qui accourut jusqu'à ce lieu pour voir ce qu'allait devenir son divin Fils.

A l'extrémité nord-est de Nazareth, coule la *fontaine de Marie*, dans la riche église des Grecs schismatiques. C'est là qu'elle allait puiser, d'après la tradition, tradition d'autant plus probable que la ville n'a pas d'autre source. Un canal en conduit l'eau à un bassin public.— A un demi-kilomètre au sud-ouest de la synagogue, on remarque dans une chapelle le *Mensa Christi*, bloc considérable de pierre sur lequel Jésus aurait pris un repas avec ses Apôtres. Les Franciscains sont les gardiens de ce sanctuaire; ils desservent aussi la basilique de l'Annonciation et l'atelier de Joseph.

Nous fuyons à grands pas les rues de Nazareth, peu attrayantes avec leurs larges rigoles, réceptacle de toutes les saletés et destinées au passage des chameaux. Nous revenons instinctivement vers l'église de l'Annonciation. Ici, tout est suave et beau; on y passerait des mois entiers. Les vêpres, sur les quatre heures, sont suivies d'une instruction donnée par le P. Claude Maumus. Le soir, la procession aux flambeaux se déroule sur les terrasses, et les litanies de la Sainte-Vierge, chantées par les indigènes, sont d'un effet indéfinissable.

Adieu, bonne et tendre Mère; adieu, famille auguste, trinité de la terre; nous allons vous quitter. Et nos paupières se mouillent, car nous n'osons vous dire : Au revoir!

[1] Luc, IV, 14.

Avril 1883.

On sait qu'une partie de la maison de la Sainte-Famille à Nazareth fut miraculeusement transportée en Europe par les anges vers la fin du XIIIe siècle. Les derniers Croisés venaient d'être expulsés de la Palestine. Les musulmans avaient envahi de nouveau les Saints-Lieux. A Nazareth, la basilique de Sainte-Hélène était tombée sous le marteau destructeur, et la sainte maison semblait sérieusement menacée, lorsque le 10 mai 1291, aux premières lueurs de l'aurore, des paysans de Dalmatie aperçurent près de la ville de Tersatz une maisonnette de singulière apparence, formée d'une pièce unique, construite en petites pierres rouges et carrées, reliées entr'elles par du ciment, debout sur la terre nue et sans aucun fondement. Un petit autel surmonté d'un vieux crucifix, quelques ustensiles de ménage dans une petite armoire, une sorte de cheminée ou de foyer, des peintures murales et une antique statue de la Vierge tenant l'Enfant-Jésus dans ses bras, en faisaient tout l'ornement.

On devine le concours qui se fit à cette mystérieuse apparition, ainsi que le prodigieux étonnement de la foule, lorsque tout à coup apparut l'évêque de Saint-Georges, Alexandre, que l'on savait malade à toute extrémité. Dans la nuit, la Mère de Dieu lui était apparue, lui révélant l'origine céleste du prodige et lui disant : « C'est là que j'ai passé une partie de ma vie avec le divin Enfant. L'autel y a été dressé par saint Pierre, le crucifix y fut placé par les Apôtres; la statue en bois de cèdre est l'œuvre de l'évangéliste saint Luc. La chambre qui m'abrita vient d'être transportée de Nazareth sur ces rivages, afin d'être soustraite à la profanation des méchants. Reçois ta guérison comme gage de la vérité de mon assertion. »

Nicolas Frangipane, sur les terres duquel le saint édifice s'était arrêté, se transporte sur les lieux : il interroge, il écoute les témoins, et pour plus ample garantie du fait surnaturel, il choisit une commission de quatre personnages illustres chargés de se rendre à Nazareth. Là la chambre de la Vierge n'existait plus, les bases seules restaient fixées au sol ; nulle différence dans la nature des pierres des fondations et de celles qui composaient la maison de Tersatz; absolue conformité dans l'épaisseur des murs, dans la mesure des diverses dimensions.

Trois ans et demi plus tard, le 10 décembre 1294, la sainte demeure quittait la Dalmatie et, franchissant l'Adriatique, venait se reposer sur les côtes d'Italie, par une nuit resplendissante des clartés célestes et au son des divines harmonies. C'était dans un bois de lauriers, près de Récanati. Durant plusieurs mois, le concours fut immense, et la Sainte-Vierge y multiplia ses prodiges. Malheureusement, des brigands infestèrent le pays, et la sainte maison ne tarda pas à quitter ce lieu pour tomber sur une colline voisine, dans le domaine de deux nobles frères, Etienne et Siméon Rainaldi de Antiquis. Les démons de la discorde et de l'avarice s'étant mis de la partie, un duel allait s'ensuivre entre les deux frères, auparavant si unis et si pieux, lorsque, par une quatrième translation, l'édifice fut porté pour la dernière fois par les Anges à la distance d'un jet de pierre sur la voie publique. Il y est encore, entouré d'une splendide basilique merveilleusement décorée par les pontifes de Rome et par la générosité des peuples chrétiens. Les Italiens l'appellent la *Santa-Casa*.

Telle est l'origine de la ville de *Lorette*, non loin d'Ancône, et de son auguste pèlerinage, l'un des plus célèbres et des plus vénérables de l'univers. L'authenticité de la sainte maison de Lorette, plusieurs fois étudiée et discutée dans tous ses détails par les savants, les hérétiques et les incrédules, canoniquement reconnue par les papes des six derniers siècles, est aujourd'hui à l'abri de toute contestation sérieuse. Lorette et Nazareth se complètent dans les desseins de Dieu, et le cœur du catholique les associe dans un même sentiment de respect et de tendresse.

3

V

Vers le Thabor et Tibériade.

Djennin, du pied des monts Gelboë, le 10 mai 1882.

Il nous a été pénible de quitter Nazareth. Les souvenirs précieux qui
s'y rattachent semblaient vouloir nous y retenir; l'élégance extérieure de
la cité, les quelques arbustes de la vallée qui donnent exceptionnellement
un peu d'ombre, nous représentaient une oasis dans le désert; et nous
sommes partis tout contristés.

Après une marche dans les sentiers difficiles de la montague, nous
laissons sur notre droite Yafa, l'ancienne Japhieh [1], que l'on croit avoir
donné le jour à Zébédée, père de Jacques et de Jean; et, descendant par
des pentes abruptes, nous pénétrons dans la plaine d'*Esdrelon*. Cette
plaine, autrefois le grenier de la Syrie, nous l'avions déjà rencontrée sur
notre route entre le Carmel et Nazareth; elle a une longueur d'environ
50 kilomètres. Sa fertilité était jadis prodigieuse, et le serait encore si une
culture sérieuse y était mise en œuvre. Le sol est du terreau; le blé,
l'orge, quelques légumes y réussissent assez bien. Mais le Turc, naturellement paresseux, ne laboure qu'à une profondeur insignifiante et ne fait
que les travaux rigoureusement indispensables. Nous avons vu des vaches
malingres et sans cornes traîner avec une certaine rapidité de petites
charrues de bois. Parfois une femme suivait le laboureur, déposant dans
le sillon des grains de maïs ou d'une autre plante quelconque, à l'aide
d'un long tube muni d'un entonnoir à la partie supérieure : méthode assez
ingénieuse qui la dispensait de se courber.

La plaine d'Esdrelon a été le théâtre des plus solennels événements de
l'histoire; de nobles guerriers y ont versé leur sang. Rappeler Gédéon,
Débora, Saül, David, Jonathas, Godefroy de Bouillon, Raymond, Tancrède, saint Louis et Napoléon, c'est dire les grands noms dont le souvenir
retentit encore autour de nous. Tous ont passé par ici.

---

[1] Josué, xix, 13.

Mais tout à coup se montre à notre gauche une montagne de forme conique, aplatie à son sommet ; elle offre un aspect des plus riants en face du petit Hermon et dans la direction des sombres montagnes d'au-delà du Jourdain, qui limitent notre horizon. C'est le *Thabor*; les hauteurs de Nazareth l'avaient dérobé à notre vue. Sur ce plateau, Jésus apparut un jour transfiguré à trois disciples de son choix, et Pierre, dans le ravissement, lui dit cette parole : « Maître, que l'on est bien ici ; dressons-y trois tentes : l'une pour vous, l'autre pour Moïse, l'autre pour Elie. » Cette pensée fut merveilleusement interprétée dans les premiers siècles chrétiens, et saint Antonin y trouva trois basiliques, dont l'une du moins avait été bâtie par l'impératrice sainte Hélène vers l'an 326; il en reste encore deux absides qui terminent deux des trois nefs d'une église construite en 1867 par les Grecs non-unis. Une petite chapelle latine et un couvent de Franciscains occupent le lieu de la Transfiguration. Les anciennes fortifications du mont Thabor, très-redoutables du temps des Croisés, ont presque entièrement disparu.

Il nous était donné de voir le Thabor ; mais, comme Moïse des hauteurs du Nébo considérait la Terre promise sans espoir d'y pénétrer, ainsi des bases de la montagne nous en contemplions le sommet avec la triste certitude que nous ne le gravirions pas. Le programme déjà fixé des étapes qui nous séparaient de Jérusalem ne nous permettait pas cette ascension, qui eût réclamé un jour de plus ou exigé quatorze heures d'une marche continue par des chemins innommés, sur les montures que vous savez; nous ne nous sentions pas de force à soutenir une pareille fatigue.

J'éprouve cependant le besoin de franchir par la pensée ces hauteurs sanctifiées par l'un des plus étonnants prodiges de la vie du Sauveur, et de vous décrire le panorama dont quelques-uns de nos braves ont pu jouir en consacrant à la visite du Thabor une bonne partie de leur séjour à Nazareth.

Et d'abord, en face et à l'est, vous apercevez l'extrémité sud du lac de *Tibériade*, ancien lac de Génézareth; Tarichée, où Flavius Josèphe, gouverneur de la Galilée, faillit être mis à mort par les Juifs; le pays des Géraséens, où Notre-Seigneur guérit un homme possédé de l'esprit impur [1].

Vous jetez un coup d'œil sur le lac, vous évoquez tous les vieux souvenirs de pêche miraculeuse, de tempête apaisée, de marche sur les eaux; et, remontant vers le nord le long de la rive, vous tombez à Tibériade, aujourd'hui la plus sale ville de l'univers; elle a trois cent soixante catholiques grecs; leur curé, M. J. Frégiat, est venu nous faire visite à Nazareth et quêter pour sa chrétienté très pauvre; son traitement s'élève à 17 francs par mois, que lui fournit le patriarche de Jérusalem. — Saint Pierre reçut à Tibériade le gouvernement spirituel du monde, en un lieu sur l'emplacement duquel est bâti le couvent des Franciscains. — Du temps des Croisés, Tancrède en fit sa capitale.

Viennent ensuite Medjdel (Magdala), patrie de Marie-Madeleine; Bethsaïda, patrie des apôtres Pierre, Philippe et André [2], où Jésus-Christ fit plusieurs miracles [3]; *Capharnaüm*, où il habita quelque temps [4]; il y

[1] Marc, v. — [2] Jean, i, 29. — [3] Math., xi, 20. — [4] Math., iv.

guérit un paralytique que l'on avait descendu par le toit d'une maison, la belle-mère de saint Pierre[1] et le serviteur du centenier[2]. C'est encore à Capharnaüm qu'il enseigna l'admirable doctrine du sacrement de l'Eucharistie[3] et donna ordre d'aller chercher dans le corps d'un poisson le statère destiné au paiement de l'impôt[4].

Je mentionnerai, simplement pour mémoire, la direction de Damas et de Balbeck (Héliopolis), vers le nord-est. Damas est à 70 kilomètres environ de la mer de Tibériade.

En quittant le lac pour se diriger vers le nord-ouest, on arrive au lieu de la multiplication des pains[5] et à la *montagne des Huit-Béatitudes*; ici fut prononcé le remarquable discours que nous lisons le jour de la Toussaint : « Bienheureux les pauvres..... bienheureux les cœurs purs..... bienheureux ceux qui pleurent..... bienheureux ceux qui souffrent persécution pour la justice[6]..... » Plus au nord, on trouve Saphet, ville voisine de Nephtal, patrie de Tobie.

Le mont des Béatitudes termine la *plaine d'Hattine*, tristement célèbre par la défaite de Lusignan et des Croisés, battus par les hordes de Saladin en 1187. Lusignan et son frère Geoffroy, qui avaient leurs tentes sur la montagne, furent faits prisonniers; Renaud y fut décapité d'un coup d'épée par Saladin lui-même. Les soldats, dispersés dans la plaine et adroitement exposés par les Infidèles aux ardeurs d'un soleil de juillet, qu'ils regardaient en face, furent réduits à l'impossibilité de se défendre, et périrent presque tous.

C'est dans cette même plaine que, le 11 mai 1799, Junot, secouru à temps par Kléber, put battre les Musulmans et les refouler au-delà du Jourdain. Kléber arrivait des environs de *Cana*, petit village situé à 6 kilomètres de Nazareth.

A Cana, un officier de Capharnaüm était venu demander au Sauveur de guérir son fils. C'est là qu'à la prière de sa divine Mère, Jésus fit son premier miracle[7]. La maison de Simon le Cananéen, qui plus tard fut l'un des douze et chez qui s'était opéré le prodige, se reconnaît à des ruines non loin de l'église des Grecs non-unis; dans cet édifice se trouvent deux urnes coniques en pierre, assez grossièrement travaillées et prises, à tort ou à raison, pour les véritables urnes de l'Evangile. A cinq minutes du village jaillit la source qui dut fournir l'eau.

Non loin de là, au sommet d'une colline, on distingue l'ancienne Gethépher, patrie de Jonas[8], et, après une marche d'un quart-d'heure par un chemin très-accidenté, la célèbre *fontaine du Cresson*. Ce lieu fut immortalisé, le 1er mai 1187, par la défense héroïque de Jacquelin de Maillé qui, avec cent quarante chevaliers et quatre cents fantassins, tint tête, l'espace d'une journée, à toute une armée de Sarrasins; il échappa presque seul du carnage.

Mais reprenons notre route au pied du Thabor; ou plutôt, comme disent les journalistes, la suite au prochain numéro.

---

[1] Marc, ii. — [2] Math., viii. — [3] Jean, vi. — [4] Math., xiii, 23. — [5] Math., xv. — [6] Math., v, vi, vii. — [7] Jean, ii. — [8] IV Rois, xiv, 25.

VI

Du Thabor à Sébaste.

Naplouse (Sichem), le 11 mai 1882.

Dans ma dernière lettre, datée du pied des monts Gelboë, retenu par mon excursion vers le lac de Tibériade, je n'ai pu compléter le récit du voyage de Nazareth à Djennin, où nous avons campé.

Reprenant notre route à la base du Thabor, nous marchons toute la journée dans la plaine d'Esdrelon, laissant sur notre gauche les montagnes célèbres du petit Hermon et de Gelboë. Elles s'avancent vers nous comme deux audacieux promontoires et s'arrêtent pour nous livrer passage; les vallées qu'elles décrivent sont les ramifications de la plaine.

La première d'entre elles donne naissance à l'un des bras du *Cisson*. C'est à l'endroit où nous traversons le torrent que Débora et Barac défirent, avec dix mille combattants, l'innombrable armée de Sisara, général des Chananéens; ses neuf cents chariots armés de faux ne purent le sauver; il se cacha dans la tente de Jahel, qui, pendant son sommeil, lui enfonça un gros clou dans la tempe. Le cantique de Débora[1] nous dit que le torrent entraîna ce jour-là de nombreux cadavres. — Il est à sec aujourd'hui.

Nous touchons à *Naïm*, sur les flancs et au nord du petit Hermon. Le village n'a que quelques misérables huttes et une centaine de musulmans. Le lieu sanctifié par la résurrection du fils de la veuve se reconnaît aux ruines d'une mosquée, qui fut primitivement une église catholique. Un

[1] Juges, IV, V.

peu plus loin, dans la gorge, on aperçoit *Endor*, où Saül consulta la pythonisse, la tireuse de bonne aventure, comme nous dirions.

Le *petit Hermon* ou ses alentours auraient été le refuge de Caïn, d'après la tradition ; là seraient nés les Géants, de l'union des enfants de Seth avec les filles du fratricide.

Nous déjeunons près d'une mauvaise source, toujours en plein soleil et à quelques pas d'*El-Fouleh*. Ce village avait une forteresse fameuse du temps des Croisés. On l'appelait le Château de la Fève, *Castrum Fabæ;* elle fut détruite par Saladin en 1187. C'est de là qu'étaient partis Jacquelin de Maillé et sa petite troupe, faisant d'avance le sacrifice de leur sang, qu'ils devaient presque tous verser à la Fontaine du Cresson pour conserver intact l'honneur des chevaliers du Temple. — Là commença en 1799 la bataille du Thabor, où Bonaparte, Junot et Kléber, avec quatre mille hommes, battirent trente-cinq mille mamelucks. Bonaparte, d'après ce que nous disent les indigènes, avait dressé ses tentes au lieu même où nous campons.

Nous montons au village d'El-Fouleh et visitons les ruines de la forteresse ; une partie du mur d'enceinte, le profond et large fossé qui l'entouraient existent encore. Un indigène nous permet d'entrer dans sa cahute, dont la propreté et la simplicité nous frappent ; il étend par terre une natte roulée dans un coin et nous offre de l'eau de sa cruche. La lui refuser, c'eût été lui faire de la peine, et nous avons le plaisir de savourer la joie qu'il éprouve à nous voir accepter son hospitalité. Il ne veut rien pour lui, mais il tolère que nous présentions à ses enfants des bonbons ou quelque petite pièce. Les enfants sortent tout heureux et courent les montrer à leur mère, accroupie près de la porte, à l'extérieur. Celle-ci fait un signe d'assentiment, mais reste immobile. Il n'est pas reçu que les femmes qui se respectent fassent les honneurs de la maison; leur condition touche d'ailleurs de trop près à l'esclavage pour qu'elles puissent prendre une initiative quelconque. Plusieurs d'entre elles ont le menton voilé jusqu'au dessus de la bouche; d'autres y mettent moins de façon, viennent, le visage découvert, jusque dans notre camp, et n'offrent rien de cette pruderie tant vantée chez les femmes de l'Islam. Les enfants, les filles surtout, ont les bras et la figure tatoués; au nez est suspendue une sorte de breloque qui leur donne un aspect des moins intéressants. Affaire de convention, après tout : pourquoi ne pas porter des pendants de nez puisque l'on porte des pendants d'oreille ?

El-Fouleh est très-probablement l'ancienne ville d'Aphec, près de laquelle Bénadab de Syrie perdit cent mille hommes contre le roi d'Israël Achab; une muraille, en s'écroulant, écrasa une partie des vingt-sept mille soldats qui lui restaient [1].

Nous passons près de Soulem, *Sunam* de la tribu d'Issachar, où campèrent jadis les Madianites et les Amalécites avant de se battre contre Gédéon; les Philistins avant la bataille contre Saül. Là fut ressuscité par Elisée, venu tout exprès du mont Carmel, le fils de la Sunamite, chez qui le prophète trouvait toujours bonne hospitalité. Elisée lui fit plus tard

[1] III Rois, xx, 30.

quitter ce pays pour la soustraire aux sept années de famine qui châtièrent le peuple d'Israël [1].

Nous laissons sur notre droite Aïn-Djaloud, dont les eaux désaltérèrent les trois cents braves de Gédéon. « Ceux qui auront pris de l'eau avec la langue, comme les chiens ont coutume de le faire, mets-les d'un côté, » avait dit le Seigneur. Ils entourent l'armée de Madian, et avec leurs trompettes, des vases de terre et quelques lampes, la dispersent entièrement. Les soldats s'entre-tuèrent dans leur fuite.

Nous entrons dans *Jezrahel* (Zéraïn), assez gros village mal bâti ; il y reste une vieille forteresse ruinée. Ici, que de souvenirs ! Le palais d'Achab et de Jézabel ; Naboth, mis à mort pour n'avoir pas voulu vendre sa vigne ; Joram, fils de Jézabel, tué par Jéhu dans la vigne de Naboth ; Jézabel, précipitée de sa fenêtre et mangée par les chiens ; Ochozias, blessé à mort ; les têtes des soixante-dix fils d'Achab, mises en deux tas aux portes de la ville [2].

Puis c'est la montagne de *Gelboë*. Saül y périt avec ses trois fils dans un combat contre les Philistins. Elle porte encore les traces de la malédiction de David pleurant son ami Jonathas : « Que jamais la pluie ni la rosée ne tombent sur toi. » Vit-on quelque part rochers plus arides ?

Djennin est le lieu de notre campement. La ville termine la plaine d'Esdrelon : il y a de la fraîcheur et de la verdure ; mais le site est malsain et les eaux en sont fiévreuses. Sa population, de trois mille habitants, n'a que deux familles catholiques. On la dit hostile, et je ne sais quelle rumeur vague nous apprend qu'il a fallu faire bonne garde pendant la nuit. A Djennin, très-probablement l'ancienne Engannin, Notre-Seigneur guérit les dix lépreux [3] ; on ne saurait fixer le lieu précis du miracle.

De Djennin à *Jéba*, où nous faisons halte, rien de bien saillant, sauf la belle vallée de Sanour et la petite ville de ce nom sur une colline. Sanour est l'antique *Béthulie*. Judith sauva ses concitoyens et tout le peuple d'Israël en tranchant la tête d'Holopherne, qui l'avait attirée dans sa tente. Judith mourut à Béthulie, à l'âge de cent cinq ans, et fut inhumée dans le tombeau de son mari, mort d'une insolation quelques années auparavant.

Raconterai-je toutes les péripéties de la deuxième étape de la journée d'hier, des six heures de route entre Jéba et Naplouse ? Les historiens du pèlerinage, malgré leur meilleure volonté, laisseront de côté bien des faits mémorables ; et si je ne prenais soin de vous dire, de vous faire entrevoir du moins mes exploits personnels, ils s'en iraient sans doute comme tant d'autres grossir le domaine de l'oubli. Sachez que j'ai vu tomber sous moi quatre chevaux ; peut-être était-ce des ânes ou des mulets, il n'importe, mais toujours quatre montures ; naturellement, le cavalier a dû les suivre dans leur chute, peut-être les précéder, on ne le saura jamais au juste. Ni Alexandre le Grand ni Napoléon, qui ont passé par ici, n'ont été à si rude combat. Je ne parlerai ni du marais où je pataugeai à la recherche de l'une de ces bêtes infortunées, ni de mon bagage perdu dans la mêlée, — il se retrouvera, — ni des trois heures que je dus faire

---

[1] IV Rois, iv, 36 ; V Rois, viii. — [2] IV Rois, ix, x. — [3] Luc, xvii.

à pied, jusqu'à ce qu'enfin, n'en pouvant plus, je me couchai sur les ruines de Sébaste..... J'étais fier tout de même, allez! Je vis la dernière de
ces montures mordre jusqu'à trois fois la poussière et me procurer, en fin
de compte, ce même agrément au milieu des rues de Naplouse. Nous
étions à dix minutes du camp; nous entrâmes tous deux en triomphateurs, l'un traînant l'autre. La pauvre bête avait été au combat, il était
juste qu'elle fût à la gloire. La Providence voulut cependant que la plus
grande somme d'honneur me fût réservée : je marchais devant.

Pardon de la digression! Il est des moments où l'on éprouve un légitime orgueil à narrer ses prouesses. Mais cela m'a fait perdre de vue Samarie et Sichem, qui sont devenus Sébaste et Naplouse. Ce sera pour
bientôt.

VII

De Sébaste à Sendjil.

Sendjil, près Silo, ce vendredi 12 mai 1882.

Sébaste (Sébastieh) n'est autre que l'ancienne Samarie. Elle fut bâtie par Amri, cinquante-sept ans après la fondation du royaume d'Israël, dont elle devint la capitale, et donna bientôt son nom à toute la contrée. Elle succédait à Soméron, la cité dont Josué fit mourir le roi dans la guerre d'extermination contre le pays de Chanaan[1].

On aperçoit à l'entrée de la ville les restes de deux tours entre lesquelles eut lieu la célèbre consultation qui précéda la guerre d'Achab, roi d'Israël, et de Josaphat, roi de Juda, contre Ramoth de Galaad. Les deux princes étaient sur leurs trônes. Achab voulut avoir l'avis des faux prophètes de Baal, au nombre de quatre cents; ils promirent la victoire. Josaphat fit appeler le prophète Michée; il annonça une issue désastreuse. « Ne vous l'avais-je pas assuré, dit le roi d'Israël, que cet homme ne me prédit jamais que du mal? Qu'on l'emprisonne jusqu'à la conclusion de la paix. » La guerre eut lieu, et le cadavre d'Achab fut rapporté sur son char inondé de sang, que les chiens vinrent lécher[2].

Sous le règne de Joram, la ville fut assiégée par Bénadab de Syrie et trente-deux autres rois. Ils la bloquèrent si bien qu'une épouvantable famine menaça d'en détruire les habitants. Une tête d'âne y fut payée quatre-vingts pièces d'argent, et l'on donna cinq pièces du quart d'une mesure de fiente de pigeon; une mère mangea même son propre fils. Elisée annonça la délivrance prochaine de la ville et la fuite miraculeuse des assiégeants[3].

[1] Josué, xi, xii, 20. — [2] III Rois, xxi, 21. — [3] IV Rois, vi.

Elie, Elisée et de nombreux prophètes prédirent à Samarie les malheurs qui tomberaient sur elle, si elle n'abandonnait le culte des faux dieux; toutes les menaces furent inutiles. Jéhu, Salmanasar d'Assyrie et Alexandre de Macédoine l'assiégèrent successivement et y semèrent des ruines. Relevée par Hérode le Grand, qui lui donna le nom de Sébaste, et devenue la patrie de Simon le Magicien, elle fut plus tard renversée par les Perses et par les disciples de Mahomet. La population de Sébastieh ne dépasse pas aujourd'hui trois cents habitants.

Ce village, au sommet d'un coteau, renferme de nombreuses traces de sa splendeur passée, entre autres seize colonnes monolithes que l'on voit encore debout au milieu d'un champ fraîchement labouré. Elles supportaient très-probablement la voûte du palais où venait danser la fille d'Hérodiade; là fut présentée la tête coupée de Jean-Baptiste (1). Les Croisés firent bâtir une splendide église, à l'extrémité supérieure du village, en l'honneur de ce saint, sur les débris d'une basilique du ive siècle. Il en demeure de beaux restes : l'abside du sud, presque toute la façade occidentale, des archivoltes brisées et les quatre murs jusqu'à une hauteur considérable. Le monument a trois nefs, un transsept et 50 mètres de longueur. Le voyageur est tout surpris de rencontrer chez des sauvages un travail de cette nature. Une partie a été convertie en mosquée.

Un escalier de vingt marches conduit dans le caveau sépulcral de saint Jean-Baptiste, fort en vénération chez les Musulmans; il renferme trois loges funéraires : à droite, le tombeau du Précurseur; au milieu, celui du prophète Abdias; à gauche, celui d'Elisée. C'est dans ce dernier sépulcre que les habitants, poursuivis par les Moabites, jetèrent en toute hâte un mort, qui ressuscita au contact des cendres du Prophète. Les ossements de Saint-Jean-Baptiste furent dispersés par Julien l'Apostat, en 361. Des Religieux venus de Jérusalem en purent préserver une faible partie, qu'ils envoyèrent à saint Athanase.

Trois villes se disputent la gloire de posséder le chef de saint Jean-Baptiste; elles ont tort et raison toutes les trois. Une vieille tradition oubliée, qu'un voyageur anglais du xive siècle, John Mandevill avait recueillie à Sébaste même, voulait que cette tête vénérable eût été divisée en trois parts, dont l'une se trouvait à Rome, l'autre à Gênes et la troisième à Amiens. Le cardinal Wiseman, du titre de sainte Prudentienne, put constater que les deux chefs détenus, le premier dans son église cardinalice à Rome, et le second dans la cathédrale d'Amiens, ne sont que deux parties différentes, se raccordant parfaitement, d'un seul et même crâne. Les fragments qui manquent constituent évidemment la précieuse

---

(1) Rien dans l'Évangile ne démontre que saint Jean Baptiste ait été décapité à Jérusalem ou à Machéronte, au-delà du Jourdain. Bien des raisons, au contraire, militent pour Sébaste. D'abord la présence du tombeau du saint en cette ville me paraît un argument du plus haut poids. De plus, bien que le palais ait été bâti par Hérode le Grand ou l'Ascalonite qui fit périr les Saints-Innocents, son fils, Hérode-Antipas, qui fit mourir saint Jean et devant qui comparut Jésus, jouissait certainement de ce palais comme Tétrarque de la Galilée et y donnait des fêtes.

relique conservée dans la cathédrale San-Lorenzo de Gênes. Les vides ont été garnis de cire, de sorte que le coup d'œil donnerait à supposer l'existence de trois têtes distinctes.

De Sébaste à Naplouse, la distance est de deux heures de route. Rien d'intéressant, sauf une montée très rude, mais très-gracieuse par ses épais ombrages, à l'arrivée d'un village dont je n'ai pu retenir le nom. Enfin, nous voici dans une vallée qui semble assez bien cultivée, très-fertile, dit-on, et d'une fraîcheur relative, qui jure avec les campagnes arides que nous avons traversées. Un télégraphe soutenu par des poteaux primitifs là parcourt dans sa longueur; nous sentons que quelque chose se prépare. En effet, nous approchons de *Naplouse*, ville aux dimensions assez restreintes, puisqu'elle n'a pas plus de 1 kilomètre de long sur 500 mètres de large, mais dont la population est très considérable : seize à vingt mille habitants, parmi lesquels quatre-vingt-dix catholiques à peine. On les dit peu sympathiques, et l'on recommande généralement de ne pas s'aventurer seul dans les rues. Nous n'avons eu cependant qu'à nous louer de leur bon accueil. Une foule de gens en habits de fête, les autorités en tête, sont venus nous souhaiter la bienvenue, et, soit le soir, soit le lendemain, pas un d'entre nous n'a reçu l'ombre même d'une insulte.

Nos tentes sont dressées à cinq minutes hors de la ville. La tête et la queue de la caravane se rejoignent. On fait le bilan de la journée. Pas trop mal : cent cinquante chutes environ, dont aucune n'est mortelle; des cacolets, sorte de paniers à double compartiment pour dames ou pour invalides, renversés des montures et mis en pièces le long des rochers; les dames ou les invalides sortis sans blessures de la mêlée et arrivés au camp sains et saufs. Peut-être appellera-t-on ce voyage *le voyage miraculeux*; il est certain que la Providence était avec nous tous ces jours-ci et que nous lui avons donné du travail.

On nous laisse toute la matinée pour dire nos messes et visiter la ville; nous ne repartirons qu'après 10 heures, et d'une seule volée, sans mettre pied à terre, nous irons à Sendjil, où nous passerons la nuit.

Naplouse n'offre guère qu'une rue importante, le bazar, série de petits magasins où toute l'industrie du pays se trouve entassée; il serait difficile de le comparer à quoi que ce soit de notre Europe. Beaucoup de maisons ont plusieurs étages; l'ensemble offre assez l'aspect d'une ville du moyen-âge. Le curé catholique, qui relève du patriarcat de Jérusalem, nous accueille cordialement; son presbytère est attenant à l'église et à un petit jardin intérieur convenablement tenu. Il dessert à trois quarts d'heure une chrétienté de cent âmes. Il est originaire de Nazareth. Nous disons la sainte messe et prenons chez lui notre café; pour une fois, nous déjeunons tranquilles et avec appétit; nous nous passons même le luxe du narguilhé. C'est une espèce particulière de tabac que les Arabes, même les femmes, fument communément sur la porte de leurs demeures. A terre repose une carafe à moitié remplie d'eau; le goulot est surmonté d'une tige en métal dont la partie supérieure contient de la braise et du narguilhé, tandis qu'un boyau de 1 à 2 mètres vient jusqu'aux lèvres du fumeur et aspire au-dessus de l'eau la fumée rendue ainsi plus douce et plus suave

A quelque distance de l'église catholique, on rencontre la synagogue des Samaritains; l'on y peut voir un exemplair du *Pentateuque* dont l'origine est très-reculée. Il remonterait, s'il faut en croire les traditions du crû, à Abischa, arrière-petit-fils d'Aaron, c'est-à-dire à quinze cents ans avant Jésus-Christ. Il paraît plus probable qu'il daterait de Manassé, premier grand sacrificateur du temple de Garizim (330 avant Jésus-Christ). Le Pentateuque est un parchemin de plusieurs mètres qui s'enroule et se déroule autour de deux baguettes d'argent. Le texte, écrit en caractères samaritains, renferme les cinq livres de Moïse, et n'est lu que très difficilement par les connaisseurs de nos jours.

Les *Samaritains*, au nombre de deux cent quarante environ, forment une secte qui remonterait à Assaraddon, fils de Salmanasar; ils seraient issus du mélange des Juifs maintenus dans la ville de Samarie après la destruction du royaume d'Israël avec les peuplades idolâtres de Babylone. Ils sont sous la juridiction d'un grand-prêtre et détestent les Juifs.

Un monument remarquable de Naplouse, c'est la mosquée Djémel-el-Kébir, église bâtie en 1187 par les chanoines du Saint-Sépulcre en l'honneur de la Passion et de la Résurrection de Jésus-Christ. Elle a conservé une grande partie de son architecture, en particulier la façade, que l'on dit très-ressemblante à celle de la Basilique du Saint-Sépulcre.

Naplouse est l'ancienne *Sichem*, encaissée entre le mont Garizim à l'ouest et le mont Hébal à l'est. Les fils de Jacob, pour venger l'insulte faite à leur sœur Dina, en massacrèrent les habitants dix-huit siècles avant notre ère [1]. — Jacob y enfouit les idoles des siens sous un térébinthe [2]. — Josué, avant de mourir, y tint, à l'endroit même où nous campons, une réunion plénière des douze tribus, dans laquelle il annonça les bénédictions dont Dieu récompenserait leur fidélité, lançant des anathèmes contre les futurs prévaricateurs de la loi [3]. — C'est à Sichem que les dix tribus se révoltèrent contre l'autorité de Roboam et donnèrent le sceptre à Jéroboam; durant cinquante-sept ans, Sichem fut la capitale du royaume d'Israël, jusqu'à ce que Amri en eût fixé le siège à Samarie. Depuis lors, elle a passé par bien des phases, comme Sébaste sa voisine. — Saint Justin le Philosophe, qui mourut l'an 167, était de Naplouse.

Levons le camp en toute hâte; de nouvelles émotions nous attendent. Après un quart d'heure de marche, nous atteignons le *champ de Jacob*. — Abraham, venu de Haran avec Sara son épouse et Loth son neveu, y avait dressé ses tentes et élevé un autel au Seigneur (vingt siècles avant Jésus-Christ). — Jacob, de retour de la Mésopotamie, l'avait acheté cent agneaux aux enfants d'Hémor, père de Sichem. — Ici, Joseph était venu de la vallée de Mambré, aux environs d'Hébron, pour prendre des nouvelles de ses frères qui gardaient les troupeaux; il ne les trouva qu'à Dothaïm, où il fut vendu à des marchands ismaélites. — Sur notre gauche, le *tombeau de Joseph*; il avait donné ordre que ses ossements fussent transportés d'Egypte dans ce même champ qu'il avait reçu en héritage de son père [4]. Le tombeau du prophète Joseph, soigneusement gardé

[1] Genèse, xxxiv, 27. — [2] Genèse, xxxv, 4. — [3] Josué, xx, 7. — [4] Gen., xxxiv, viii, 4. — Josué, xxiv, 32.

par les Musulmans, se compose d'une chambre extérieure carrée, dans laquelle on voit le dessus d'une voûte blanchi à la chaux. — A côté de nous, le ; puits de Jacob ou de la Samaritaine; les démolitions d'une ancienne église bâtie par sainte Hélène en encombrent les alentours. Là margelle est à deux mètres au-dessous du niveau du sol; nous descendons jusque-là et en retirons quelque petite pierre à titre de souvenir; il est à sec pendant tout l'été. Sa profondeur actuelle est de vingt et un mètres; il a tout au plus un mètre de diamètre.

Nous lisons avec attendrissement le récit du quatrième chapitre de l'évangile selon saint Jean : Jésus demande à boire à la Samaritaine et lui dit : « Si vous saviez le don de Dieu et quel est celui qui vous dit: Donnez-moi à boire, peut-être lui en eussiez-vous demandé vous-même, et il vous aurait donné d'une eau vive. » Notre-Seigneur se dirigeait alors vers la Galilée.

Nous baisons la terre foulée par les pieds du Sauveur et récitons *Pater*, *Ave* et *Gloria* pour gagner l'indulgence plénière. Après avoir jeté un dernier coup d'œil sur le champ de Jacob, dont les limites ne nous sont point connues, mais qui s'étendait très certainement entre le puits creusé par le Patriarche et le tombeau de son fils, l'un et l'autre à la distance de moins d'un kilomètre, nous reprenons nos montures et continuons notre route.

Du puits de la Samaritaine à Sendjil, pas un village qui nous rappelle un souvenir biblique. Nous parcourons dans sa longueur la plaine étriquée de Sichem, gravissons des montagnes abruptes par de perpétuels zigzags et des chemins impossibles. Enfin, parvenus à quelques pas du sommet d'une dernière colline, nous sommes à *Sendjil*. C'est là que nous attendent nos tentes et que bout notre cuisine. L'étape a été bien longue et bien fatigante; encore un peu de courage : demain soir nous serons à Jérusalem...

Et la nuit a passé là-dessus, et nous reprenons gaiement notre route en chantant le refrain de chaque jour :

> Dieu le veut, Dieu le veut, en marche, pèlerin;
> Il nous faut des Saints-Lieux reprendre le chemin.

VIII.

Voyage en caravane.

Jérusalem, ce vendredi soir 12 mai 1882.

Nous assistions ce matin, pour la dernière fois, à la levée des tentes.
Rendons ce témoignage à la compagnie Coock, qu'elle ne nous a pas traités
comme de vulgaires Bédouins ; il existe une différence notable entre notre
campement et celui de ces tribus nomades que nous rencontrons de temps
en temps sur notre route. Que c'est hideux ! Des pièces de toile noircies,
par le temps et la fumée, des nattes en morceaux, et, pour terminer le
tableau, des enfants en guenilles qui grouillent tout autour, des hommes
et des femmes brunis par le soleil et décomposés par la saleté.

C'est d'ailleurs, aux tentes près, le coup d'œil que nous offrent les villages que nous traversons. Ne parlons pas des maisons isolées ; il n'en
existe pas. Dans les agglomérations, les habitants sont entassés les uns
sur les autres ; où nous, Français, nous tiendrions deux cents, ils sont de
mille à quinze cents. Les rues étroites, tortueuses, donnent un nuage mé-
langé de poussière et de fumier dont l'odeur nauséabonde vous suffoque ;
les animaux sont à côté dans une cour d'honneur.

Notre campement n'est pas sans offrir une certaine élégance. Les toiles
sont neuves, les piquets peints et historiés ; le drapeau français et le drapeau des Coocks dominent au centre. Nous sommes dix sous chaque
tente ; chacun de nous a son petit matelas ; si nous avons pris soin de
nous munir d'une paire de draps et d'une couverture, tout va bien ; nos
sacs serviront d'oreiller. L'ensemble renferme cinquante pièces séparées
pour le moins, sans compter les cuisines et les salles à manger. Et le
matin, avant l'heure du départ, il faut voir tout cela se démonter comme
par enchantement ; les Arabes sont passés maîtres dans la partie. En un
instant, les piquets tombent, les toiles s'affaissent ; le tout est artistement

ficelé ; plats en fer, gobelets, provisions, fourneaux sont enfouis dans des caisses. Des files de chameaux arrivent stupidement à la queue l'un de l'autre, se couchent à terre, reçoivent leur charge, qui peut aller jusqu'à trois cents kilos et se relèvent en grommelant. Pour les chars et les voitures n'en parlons pas : où passeraient-ils ? Puis nous partons. Au début, on nous organise par groupes de cinquante ; on espère que nos montures saisiront les précieux avantages du système, il n'en est rien. Il arrive bientôt que tel, parti aux avant-postes, est tout surpris de se trouver en queue, et réciproquement. Le premier jour, on a un peu l'air de s'en prendre aux cavaliers ; je lis même le mot *brouillons* par dessus l'épaule d'un de nos excellents directeurs, écrivain à ses heures, qui comme moi rédigeait des notes au galop, pour son cher *Pèlerin* peut-être. Brouillon ! gros mot qu'il effacera en se relisant, j'en suis sûr ; car s'il a pour son compte un assez bon cheval avec selle, bride et étriers, il remarquera que bon nombre de ses amis, moins fortunés, sont absolument à la merci de leurs bêtes, et que pour eux l'ordre de la création a été provisoirement interverti.

L'entente n'était donc pas parfaite entre les cavaliers et leurs montures. Je plaiderai cependant très volontiers les circonstances atténuantes et pour les uns et pour les autres : pour les montures d'abord, dont le jeûne m'a paru perpétuel ; pour les cavaliers ensuite qui, sans expérience pour la plupart, mal ajustés sur de larges plateformes, sans arçons, sans point d'appui, couraient sans cesse le risque d'être lancés sans avertissement préalable à l'un des quatre vents du ciel.

La raison péremptoire de tout cela c'est que, dans un pays comme la Palestine, l'on ne groupe pas facilement un millier de chevaux en bon état et bien harnachés. N'oubliez pas, à votre prochain voyage, de vous pourvoir d'une sangle à étriers, que vous agencerez à votre point et d'une bonne cravache. Ce dernier objet est presque aussi indispensable que le premier, et, à dix lieues à la ronde, vous ne trouverez pas un bout d'arbuste pour le suppléer.

Nous ne nous plaignons pas trop : la pénitence est dans le programme. La prière s'y trouve aussi. Chaque matin, la messe précède le départ ; nous disons notre chapelet dans le voyage ; les premiers arrivés le récitent encore en attendant les derniers venus. Et quand tout le monde est à son poste — et l'on s'en assure aisément puisque le P. Picard et le P. Hippolyte, avec leurs drogmans et leur maison spéciale, occupent les deux extrémités de la caravane — quand tout le monde est à son poste, on chante un cantique ou le *Magnificat* et, après le repas du soir, la prière en commun clôture la journée.

Dans la route une dizaine de drogmans, suffisamment initiés à la langue française, dirigent la marche, échelonnés de distance en distance ; ils ont toujours été très convenables pour les pèlerins. Il n'en était pas de même de leurs sous ordres, les moukres, spécialement chargés de surveiller les détails, de venir en aide à quiconque les requérait. Souvent ils restaient sourds à toute interpellation et semblaient vous dire : « Je ne comprends pas. » Un mot électrique cependant avait la propriété de réveiller leur instinct, et nous en usions quand nous avions besoin de leurs services :

Backchiche (pourboire). A l'instant ils accouraient avec l'avidité de l'animal qui sent venir sa pitance. Rien n'égale la cupidité de l'Arabe, si ce n'est peut-être son esprit de rapine. Il s'arrêtera à toutes les fontaines, fera ses ablutions, joindra ses mains vers le soleil levant, mais recherchera toutes les occasions de vous voler ; le vol est pour lui un dogme. Tel demande un couteau pour rajuster une mauvaise selle. On le lui prête ; il s'en sert, le met dans sa poche et s'en va. Quand on le reconnaît et qu'on lui réclame l'objet prêté : « Backchiche, » répond-il, et il refuse ; la menace d'être assommé peut seule le réduire à la raison. Les drogmans font leur possible pour humaniser ces créatures incorrigibles. On nous interdit de leur donner quoi que ce soit : « Si demande backchiche, frappez fort lui ; backchiche ça. » Nous nous plaignons de quelqu'un de leurs procédés : « Si rencontre lui, moi casser son tête. » — Et c'était à recommencer.

Tout de même ces gens-là, moukres, drogmans et bachi-bouzoucks (soldats turcs), se fatiguaient beaucoup ; ils nous servaient d'escorte pendant le jour, marchant la plupart à pied, présidaient à notre repas le matin, à midi et le soir, mangeaient quand ils pouvaient, faisaient bonne garde autour du camp pendant la nuit. Nous avons dû laisser l'un d'eux, un drogman, chez le curé de Naplouse ; nous apprenons avec tristesse qu'il est mort deux jours après d'une insolation.

Avant de vous introduire dans Jérusalem, j'ai voulu vous indiquer en quelques traits ce qu'était la marche d'une caravane à travers les montagnes de la Palestine. Dans le pays que nous traversons, mes lettres précédentes ont pu vous le décrire, on saisit presque partout la malédiction de Dieu. Les guerres des premiers siècles de notre ère et l'invasion musulmane ont tout désolé. Les arbres ont généralement disparu ; les terres des coteaux ont par suite cédé comme une avalanche, les pluies n'humectent plus les vallées, les chaleurs et l'inertie naturelle des habitants ont fait le reste. Les traces de culture que l'on aperçoit encore sont tellement imparfaites que ce sol pourtant très fertile ne produit que de médiocres revenus. Pas de route, pas de sentier digne de ce nom ; et il serait si facile d'en établir ! Mais qui en prendrait l'initiative?... Comme conséquence, pauvreté excessive des habitants et disposition effrénée à la mendicité. Vous dirai-je qu'avec tout cela, des femmes, dont les haillons ne valent pas cinquante centimes, portent journellement sur leurs têtes, en forme de couronne, toute une fortune. Ce sont des pièces d'or ou d'argent juxtaposées en nombre considérable, un vrai poids qui les surcharge. J'ai vu, suspendues au cou de petites filles en guenilles et demandant backchiche, des pièces françaises de cinq francs jointes à d'autres monnaies de tout pays.

Je ferme ma lettre, il en est temps ; à bientôt les détails sur les dernières heures de notre voyage et sur notre entrée triomphale dans la Ville-Sainte.

IX

De Sendjil à Jérusalem.

Jérusalem, le 13 mai 1882.

Mon avant-dernière lettre était datée de Sendjil. A une demi-heure de là, au nord-ouest et sur les hauteurs, se dresse l'importante bourgade de Siloum (Silo), si riche par ses souvenirs. C'est à *Silo* que Josué, maître de la Terre promise, déposa l'Arche d'alliance, qui y demeura trois cent vingt-huit ans. Là se tenaient toutes les grandes assemblées du peuple juif. — Anne, femme d'Elcana, y vint demander au Seigneur un fils, qui fut Samuel. [1] — A Silo, le grand-prêtre Héli apprit la mort de ses enfants, Ophni et Phinées, victimes de la guerre contre les Philistins. Héli tomba à la renverse et se brisa la tête; l'Arche sainte resta au pouvoir des ennemis. [2] — Le prophète Ahias était de Silo; il fit douze parts de son manteau et en donna dix à Jéroboam, lui présageant ainsi le gouvernement des dix tribus. [3] — Silo ne comptait plus du temps de Jérémie, et saint Jérôme n'y vit que des ruines; il en existe pas mal encore de nos jours; il serait difficile de préciser à quel genre de monuments elles ont appartenu.

Reprenant la route de Jérusalem, nous touchons à Ephrem, aujourd'hui Taïbech, où Notre-Seigneur se retira après la résurrection de Lazare, et laissons sur notre droite Jifna (Gofna) et la *montagne du Coq.* A cette élévation se rattache une curieuse légende. Un habitant de Gofna, revenant de Jérusalem, se mit à raconter à ses concitoyens les détails de la passion et de la mort de Notre-Seigneur. Lorsqu'il fut arrivé à dire que, le troisième jour, Jésus était ressuscité, il trouva beaucoup d'incrédules,

---

[1] I Rois, I. — [2] I Rois, IV, 2. — [3] III Rois, XI, 29.

4

entre autres sa femme, qui lui parla en ces termes : « Ce que tu nous racontes là est si peu vraisemblable, que lors même que ce coq que je plume reviendrait à la vie, je n'y croirais pas encore. » Et aussitôt le coq s'échappa de ses mains; et la bonne femme dut le poursuivre jusqu'au sommet de la colline qui a conservé son nom.

Nous quittons le pays et les montagnes d'Ephraïm. Les habitants de ces contrées entreprirent jadis au-delà du Jourdain une guerre désastreuse contre Jephté. Ils durent reprendre le chemin de leur patrie; mais les habitants de Galaad gardaient les gués du Jourdain, et à chaque soldat qui se présentait ils faisaient prononcer le mot *schibbolet* (épi); un défaut de langue naturel à tous les Ephraïmites leur faisait dire *sibbolet*. Aussitôt reconnus, ils étaient mis à mort; il en périt ainsi quarante-deux mille [1].

Sur notre gauche, un petit village de trois cents habitants, où se voient encore des ruines assez imposantes d'une ancienne église : c'est *Béthel*. — Sur l'emplacement de ces ruines, Jacob avait vu cette échelle mystérieuse qui reliait la terre au ciel, et par laquelle les anges montaient et descendaient [2]. — C'est là que Loth s'était séparé de son oncle Abraham, pour se diriger vers le pays de Sodome, que nous apercevons là-bas [3]. — Abraham avait dressé ses tentes et élevé un autel à l'orient de Béthel. — Débora, nourrice de Rébecca, y mourut et fut inhumée sous le *chêne des Pleurs* [4]. — Jacob, à son retour de Mésopotamie, y érigea un autel à Jéhovah [5]. — Samuel y venait tous les ans rendre la justice. — Jéroboam y fit placer le veau d'or; sa main y fut desséchée au moment où il essayait de saisir le prophète qui lui reprocha son culte idolâtrique [6]. — Sur la route de Béthel à Jéricho, furent dévorés par deux ours les quarante-deux enfants qui avaient insulté le prophète Elisée : « Montez, chauve, montez [7]. »

Djennin nous avait séparés de la Galilée; avec Béthel, nous quittons définitivement la Samarie pour entrer dans la Judée, où s'écouleront les derniers jours de notre pèlerinage. Notre halte se fait à El-Bireh, *Béroth* de la tribu de Benjamin [8]. — Tout près d'ici, la prophétesse Débora, assise sous un palmier, jugeait le peuple d'Israël [9]. — Les deux chefs de brigands qui coupèrent la tête d'Isboseth, fils de Saül, et la portèrent à David, étaient de Béroth [10]. — La tradition assigne à ce lieu la grande douleur de Joseph et de Marie, qui s'y aperçurent de l'absence de Jésus, resté à Jérusalem parmi les docteurs et les interprètes de la loi. Une source abondante, tout près de là, dut désaltérer nos deux illustres voyageurs. Elle sert aujourd'hui aux pèlerins de la Pénitence, qui boivent à tous ces vieux souvenirs et se disposent à suivre Marie et Joseph dans leur pénible retour vers la Ville-Sainte. El-Bireh possède les ruines d'un château-fort bâti par les Croisés et une bonne partie d'une ancienne église à trois nefs.

---

[1] Juges, xii, 6. — [2] Gen., xviii, 13. — [3] Gen., xiii, 8. — [4] Gen., xxxv, 8. — [5] Gen., xxxv, 14. — [6] III Rois, xii, 32. — [7] IV Rois, ii, 24. — [8] III Rois, xv, 17. — [9] Juges, iv, 4. — [10] II Rois, iv.

Viennent ensuite Rama, où le prophète Jérémie fut délivré par un général babylonien; les deux Béthoron, célèbres par une pluie de pierres qui tomba sur les Amorrhéens et par la victoire de Judas Macchabée sur Séron l'Assyrien; Remmon, et El-Gib, l'ancienne *Gabaon*, où Josué arrêta le soleil dans la bataille contre Adonizedec, roi de Jérusalem [1]. — Les armées de David et d'Isboseth se rencontrèrent à Gabaon; douze jeunes gens s'y provoquèrent en combat singulier, et leur rage fut telle que pas un ne survécut; ce lieu fut le *champ des vaillants*; une piscine très ancienne, l'unique de Gabaon, est probablement la piscine qui séparait les deux armées [2].—Ici fut tué dans le tabernacle, accroché à la corne de l'autel, le perfide Joab [3]. — Ici encore Salomon demanda et obtint la sagesse.

Nous laissons sur notre gauche Anatoth, patrie d'Abiézer et du prophète Jérémie, ainsi que *Gabaath*, patrie de Saül. Gabaath est célèbre par les outrages que ses habitants firent subir à l'épouse du lévite d'Ephraïm et par la guerre d'extermination contre la tribu de Benjamin qui en fut la suite, après que le corps de la malheureuse victime, divisé en douze parts, eut été envoyé par son mari aux douze tribus d'Israël [4]. — C'est en ce lieu que les habitants de Gabaon crucifièrent les deux fils que Saül avait eus de Respha et les cinq fils de Michol. Respha, pour empêcher qu'ils ne fussent dévorés par les oiseaux de proie durant le jour et par les animaux carnassiers durant la nuit, resta près de leurs cadavres depuis le commencement de la moisson jusqu'aux premières pluies; après quoi, David fit transporter leurs os avec ceux de Saül et de Jonathas dans le tombeau de Cis, père de Saül [5].

Nous gravissons une dernière pente : c'est le mont Scopus. Du sommet, l'horizon se déploie devant nous, et sur une double série de hauteurs, dont l'ensemble forme une sorte de plateau, nous contemplons pour la première fois la Jérusalem de la terre.

Que d'émotions, que de saintes pensées, que de souvenirs s'entremêlent dans notre esprit! Nos yeux se mouillent; je ne sais quoi d'indéfinissable se passe dans nos âmes, et c'est à peine si nous nous sentons la force de réciter le cantique de l'allégresse qu'entonnait ici-même, sans doute, le saint roi David : « *Lœtatus sum in his quœ dicta sunt mihi : in domum Domini ibimus :* Je me suis réjoui de cette parole qui m'a été dite : nous irons dans la maison du Seigneur. Nous établirons notre demeure dans tes parvis, ô Jérusalem! Jérusalem, ville auguste, bâtie comme une forteresse, etc .. »

Sur ce même mont Scopus, Alexandre le Grand fut arrêté par le grand-prêtre Jaddus, dont il avait vu en songe l'imposante majesté, adora le nom de Dieu inscrit sur sa tiare, et entra en ami dans cette ville qu'il devait fouler en vainqueur (333 ans avant Jésus-Christ).

Nous suivons la route qu'Alexandre et Jaddus durent parcourir, longeons le mont des Oliviers, et, par des chemins encombrés de rochers et de pierres roulantes, traversons la partie supérieure de la vallée de Josaphat, pour bientôt pénétrer dans un faubourg de Jérusalem, le seul qui

[1] Josué, x, 6. — [2] II Rois, 2. — [3] III Rois, ii, 34. — [4] Juges, xix, 20. — [5] II Rois, xxi, 11.

existe probablement. Nous espérions des voies larges et bien entretenues; nous n'avons que des fondrières et des sentiers sans issues. Nous suivons nos guides; mais notre regard ne se détache pas de la Ville-Sainte; ses hautes murailles, ses vastes coupoles, ses minarets maigres et élancés lui donnent un aspect qui ne ressemble à rien de connu. Le drapeau français flotte au-dessus du consulat; nous le saluons avec respect. On ne peut s'imaginer la joie que l'on éprouve à retrouver loin de son pays ce symbole de la patrie absente, qui semble encore veiller sur vous. Je n'oublierai jamais notre vive émotion lorsque de la pleine mer nous l'aperçumes pour la première fois sur le rocher du Carmel.

Nos yeux cherchent le Saint-Sépulcre : or, tout renseignement nous fait défaut, et nous n'osons rompre le silence, de peur de troubler le recueillement profond de la caravane tout entière.

Enfin, la ville est contournée, et nous voici à l'ouest, sur le plateau correspondant à la route de Jaffa. Le chemin s'élargit et devient très-praticable; nous avançons sur deux longues haies. Chose étonnante, l'approche de Jérusalem a produit jusqu'aux derniers hommes de l'arrière-garde l'effet de l'étincelle électrique; pas un seul traînard, pas un pèlerin qui manque à l'appel. Les premiers arrivés sont là; leur groupe se compose des deux cent cinquante environ qui nous ont quittés au Mont-Carmel et du nombre à peu près égal de ceux qui de Nazareth sont revenus sur leurs pas pour prendre par la voie de mer la route de Jaffa à Jérusalem. Nous descendons aussitôt de nos montures, que nous abandonnons pour une bonne fois à l'agence Coock. Une procession unique sur deux rangs s'organise. Le défilé en est plein de majesté. Le clergé du Saint-Sépulcre est venu au-devant de nous. La croix précède; derrière, le P. Picard, directeur du pèlerinage; les Franciscains de Terre-Sainte, le consul et ses agents, et après eux une traînée de prêtres schismatiques que ce spectacle semble vivement intéresser. Des deux côtés, une foule immense, sérieusement attentive, à physionomie très-sympathique; tout Jérusalem est là. Le défilé se prolonge par delà la porte de Jaffa dans l'intérieur de la ville, au chant des cantiques et du *Te Deum*. Nous avançons difficilement, et, après de nombreux détours dont nous ne nous rendons pas bien compte, nous pénétrons sur la place du Parvis et enfin dans la Basilique même. Des Arabes catholiques et des soldats turcs veillent sur nous pour nous empêcher d'être coupés par la foule des curieux et interdire à tout autre qu'aux pèlerins l'entrée du Saint-Sépulcre. Là, les chants continuent; on entonne le *Magnificat*. — Au-dessus de nos têtes, la grande coupole, et au milieu, à côté de nous, dans l'intérieur de cet édicule, se trouve le tombeau du Christ. Notre voyage n'est donc plus un rêve; nous sommes réellement à Jérusalem, au lieu même où Jésus a souffert pour nous, est mort, a été enseveli. C'est ce que nous rappelle le révérendissime patriarche, Mgr Bracco, qui, dans un noble et magnifique langage, nous souhaite la bienvenue : « Le pèlerinage français, nous dit-il, est le plus beau que nous ayons vu jusqu'à ce jour depuis l'époque des Croisades. Vous représentez une grande nation qui nous a toujours été bien chère. Vous êtes venus réclamer pour elle les bénédictions du Christ qui s'est immolé; vos longues fatigues et les rudes sacrifices que vous vous étes imposés ne resteront pas sans récompense. Je salue et bénis en vous la noble nation française. »

Nous sommes plus de mille dans un espace relativement restreint; impossible, par suite, de nous mettre à genoux et de baiser ce sol arrosé du sang d'un Dieu. C'est à peine si nous pouvons nous incliner sous la bénédiction du pontife pour réciter enfin une dernière prière et prendre bientôt après le chemin de nos logements.

C'est le vendredi 12 mai, à l'entrée de la nuit. Un vendredi nous étions partis de Marseille; nous avons mis le pied un vendredi sur la Terre-Sainte; nous entrons à Jérusalem un vendredi. Dieu veuille que ce jour prédestiné soit pour nous d'un précieux augure!

———

28 mai 1883.

M. Langlais, consul de France à Jérusalem, est mort subitement le 17 de ce mois. Les membres du pèlerinage français n'oublieront jamais le bienveillant accueil qu'il leur fit lors de leur entrée dans la Ville-Sainte, et son empressement à aplanir en toute circonstance les difficultés qui auraient pu surgir.

Il a été un digne représentant de son pays. La France doit un souvenir reconnaissant à sa mémoire, et les pèlerins lui feront en toute justice l'aumône d'une prière.

———

Ce mois de mai a vu partir encore pour un monde meilleur un de nos pèlerins plus que septuagénaire, M. Louis de Baudicour, le créateur et jusqu'à la fin de sa vie le chef et l'âme de l'*Association de Saint-Louis*, en faveur des Maronites du Liban. Il avait été dans sa jeunesse un des premiers membres des conférences de saint Vincent de Paul. Il rêva la christianisation de l'Afrique française par l'introduction de l'élément catholique arabe, des Maronites persécutés. Il aurait réussi, sans les oppositions mesquines qu'il eut à subir. Il a consacré toute sa fortune à ses œuvres de propagande.

C'était un rude chrétien et un ardent patriote. Il a puissamment contribué à rendre la France populaire dans le Liban; c'est à lui que nous devons en grande partie d'avoir des notions à peu près exactes sur les mœurs et les usages, sur la topographie et les productions de ces contrées.

M. Louis de Baudicour a voulu terminer sa carrière par un pèlerinage d'action de grâces au tombeau du Christ. J'ai souvenir de ce vieillard vénérable, presque totalement paralysé, se traînant avec d'énormes difficultés au bras d'une personne dévouée, soit sur le pont de la *Picardie* durant la traversée, soit plus tard sur les hauteurs du Carmel et dans les rues de Jérusalem. Dieu lui permit de triompher des fatigues d'un si rude voyage; et il s'est éteint ces derniers jours à Paris entouré des consolations que lui méritaient son patriotisme et son grand esprit de foi (1).

(1) Nous recommandons à nos lecteurs le *Bulletin de l'Association de Saint-Louis*, chez Challamel aîné, 5 rue Jacob, Paris; 3 fr. par an; — et le volume *la France au Liban*, 2 fr. 50, même librairie.

X

Jérusalem.

Jérusalem, le 16 mai 1882.

L'on ne saurait imaginer le sentiment de bien-être que nous éprouvâmes en parcourant pour la première fois les rues de Jérusalem. Nous étions tous réunis; nous avions échappé comme par miracle aux périls d'une route difficile sous un ciel de feu. Il nous semblait que toutes nos fatigues avaient passé comme un songe, et nous ne croyions certes pas avoir acheté trop cher le bonheur de couler quelques heures de notre existence dans une ville illustrée par de si nobles et de si profonds souvenirs.

A peine sortis du Saint-Sépulcre, les pèlerins furent immédiatement dispersés dans onze logements distincts dont le confortable eût peu laissé à désirer si nous eussions été quatre fois moins nombreux. J'énumérerai ces maisons d'hospitalité, pauvres pour la plupart, mais toutes pleines d'attention pour leurs hôtes, et dans lesquelles nous retrouvons une vraie famille. Ce sont : le Patriarcat latin, — Casanova, Saint-Sauveur et l'hospice de la Flagellation, aux Pères Franciscains, — la maison des Dames de Sion de l'*Ecce Homo* et l'Orphelinat de Saint-Pierre, au Père Alphonse-Marie Ratisbonne, — la maison des Sœurs de Saint-Joseph de l'Apparition, — la maison des Frères de la Doctrine chrétienne, — l'établissement des Grecs-unis, — l'Hospice autrichien, — et Sainte-Anne, aux Missionnaires d'Alger.

Les quatre prêtres du diocèse d'Auch, qui avaient navigué ensemble sur la *Picardie* et s'étaient retrouvés chaque soir du grand voyage sous une tente commune, tenaient essentiellement à partager la même vie sous un même gîte. Les circonstances n'ont pas entièrement permis qu'il en fût ainsi. Trois d'entre nous, l'abbé Marsan, l'abbé Beth et votre serviteur, logent à l'Hospice autrichien, au centre de Jérusalem, sur la Voie douloureuse, à mi-chemin entre le Saint-Sépulcre et Gethsémani, situation parfaite pour se fatiguer le moins possible. L'abbé Sabathié est à Saint-Pierre, chez le Père Ratisbonne, à plus d'un kilomètre de la ville, du côté opposé à la Voie douloureuse. Le soleil donne crânement sur la tête dans l'intervalle; notre cher ami vous dira ce qu'il en pense. Il y a déjà perdu le plus noble de son sang, ce qui nous a forcés d'affronter par deux fois la canicule pour lui faire notre visite. Tranquillisez-vous toutefois, il ne périra pas encore; il paraît que ce sang, — deux à trois litres, — était du superflu.

Nos trois confrères laïques du Gers, MM. de La Hitte, Ernest Luro et Descomps, sont disséminés je ne sais où; mais nous comptons bien nous rencontrer plus d'une fois. D'ailleurs, nous sommes tous solidaires, et pas un cheveu ne tombera de la tête de l'un de nous, que les six autres n'en subissent immédiatement le contre-coup. M. Descomps et M. Luro étaient de la *Guadeloupe;* les cinq autres avaient voyagé sur la *Picardie.*

Pour épuiser le sujet, je dirai simplement que nous sommes cinq dans une chambre à deux lits. Conséquence : trois matelas sur le pavé. Les lits étaient occupés par deux pèlerins des premiers groupes : *primo occupanti;* nous, les voyageurs de la Samarie, déjà fortement aguerris, nous avons naturellement les matelas. Heureux encore qui a ses draps et sa couverture! Aussi, le matin, nos couchettes sont prestement mises en ordre ; pour la toilette de la chambre, on balaiera, j'espère, après notre départ, dans trois semaines.

La maison qui nous abrite relève du Consulat d'Autriche; elle a été fondée par l'empereur actuel, François-Joseph, à la suite de son voyage en Terre-Sainte, il y a quelques années, et la direction en est confiée à un Franciscain de cette nationalité, le P. François-Joseph Costa-Major. Bien qu'il ne connaisse pas notre langue, son cœur n'en est pas moins éminemment français; son dévouement pour nous est au-dessus de tout éloge, et, parmi ses hôtes, il n'en pas un qui ne l'entoure d'une respectueuse et sincère affection. Les domestiques eux-mêmes sont parfaits de convenance et de bon vouloir. L'hospice est vaste et bien aéré, de beaux corridors, les chambres élevées avec de grandes fenêtres. Comme toutes les constructions importantes de Palestine, les planchers sont remplacés par un dallage en pierre, les plafonds par des voûtes, et une terrasse en pierre de taille tient lieu de toiture. Même sous les plus fortes chaleurs, les appartements sont toujours frais. — On nous sert une nourriture abondante, le café deux fois par jour, mais avec son marc; si ce n'était si turc, ce serait bien : le tout à un prix des plus modérés. Le vin n'est pas mauvais; il nous est venu de France par les soins du Comité du pèlerinage, qui en a fait porter 300 hectolitres : 75 centimes le litre seulement. La viande laisse beaucoup à désirer; dans un pays sans pâturages, les animaux destinés à la boucherie sont de qualité très-médiocre

Voilà pour les détails de notre installation; passons à un autre article. C'est de la montagne des Oliviers que l'on peut apercevoir Jérusalem dans son ensemble. Une enceinte de 4,630 mètres en fait le tour; ces fortifications, encore en bon état de conservation, sont un composé de murailles, de bastions, de tour crénelées, d'angles rentrants et sortants, bâtis sur le rocher; elles furent élevées par le sultan Soliman, en 1534. Elles comprennent, en descendant du nord vers le sud : à l'est, les monts Bézétha, Moriah et Ophel; à l'ouest, le mont Gareb et une partie du mont Sion; au centre, le mont Calvaire, le mont Acra et la vallée des Tyropéons.

L'Ophel et le Moriah sont inhabités; cette dernière colline ne renferme guère que les deux mosquées d'Omar et El-Aksa.—Bézétha et les environs de la mosquée d'Omar déterminent le *quartier mahométan*.—Les *Juifs* occupent Acra et la vallée des Tyropéons; ils y sont entassés...—Sion, soit dans la partie intérieure, soit au dehors de la ville, est presque dépeuplé ; la parole de Jérémie se réalise à la lettre : « Sion sera labouré comme un champ. » Les quelques maisons que l'on trouve à l'intérieur forment le *quartier arménien*.—Le *quartier des Chrétiens*, catholiques, grecs schismatiques, etc., est sur le Calvaire et sur le mont Gareb; Jérémie l'avait dit encore : « Le cordeau sera porté jusque sur la colline de Gareb et tournera autour de Goatha. »

Il est facile de remarquer que l'enceinte actuelle, assez en rapport avec celle des Croisés et celle d'Hérode-Agrippa, n'a pas sensiblement modifié l'étendue de l'ancienne Jérusalem ; le Calvaire et le Gareb y ont été adjoints ; une partie de Sion et une partie de l'Ophel en ont été retranchés.

Six portes donnent accès dans la cité. A l'ouest, la porte de Jaffa; au nord, la porte de Damas et la petite porte d'Hérode; à l'est, la porte Saint-Etienne et la porte Dorée; au sud, la porte des Maugrabins (Africains) et la porte de Sion. La plus importante est celle de Jaffa; la plus belle comme architecture est celle de Damas. La porte Saint-Etienne est appelée par les Musulmans Babès Sitti Mariam (porte de Notre-Dame Marie), en l'honneur de Marie, mère de Jésus, qui devait y passer très souvent; elle est à quelques pas du lieu du martyre de saint Etienne et mène à Gethsémani. La porte des Maugrabins conduit à la piscine de Siloë; c'est l'ancienne porte Sterquiline; ses alentours sont encore le réceptacle de toutes les immondices du quartier juif. La porte Dorée est murée depuis longtemps; une tradition musulmane prétend que les chrétiens (les Francs) viendront un jour s'emparer de Jérusalem et pénétreront par cette porte; Jésus-Christ y passa le jour des Rameaux en arrivant de Bethphagé.

L'aspect extérieur de la Ville-Sainte, abstraction faite des environs, est gai et gracieux. Ses édifices sont en pierre de taille, et, partout où la poussière et la saleté n'ont pas enfumé les murs, le soleil qui les éclaire huit mois de l'année leur donne une teinte éclatante qui les dirait bâtis d'hier. Une multitude de minarets, six grandes coupoles, sans compter les cuves renversées qui recouvrent chaque terrasse, orientalisent parfaitement le coup d'œil.

Si l'on pénètre à l'intérieur, tout change : c'est un dédale de rues en pente, étroites, mal pavées, glissantes, très sales d'ordinaire; ici, le soleil a peu de prise. On dit que le gouverneur a ordonné dans la huitaine qui a précédé notre arrivée un balayage général; on ne s'en douterait presque plus. Les habitations n'ont guère qu'une porte basse et quelques rares fenêtres du côté de la rue; les principales ouvertures donnent sur des cours intérieures. Les bazars ou magasins sont recouverts de voûtes percées à jour ou de nattes à l'état de chiffons; presque pas de lumière; l'odeur en est infecte. C'est surtout dans le quartier juif, où les habitants pullulent, que le séjour devient intolérable; d'ailleurs, ils ne paient pas trop de mine et nous avons hâte de les fuir. Ne vous aventurez pas seul chez eux la nuit; vous n'êtes pas sûr de rentrer chez vous les épaules intactes. On connaît l'attrait des Juifs pour le sang des chrétiens et les cérémonies épouvantables que prescrivent les rites talmudiques. Ces dernières années, deux enfants furent trouvés morts à Alexandrie avec des incisions aux pieds, aux mains et à l'artère du cou; pas une goutte de sang à terre, pas un os fracturé; ils avaient été saignés : et le procès se juge encore à Corfou. Cette année-ci, 1882, une petite fille de Tisza-Eszlar, en Hongrie, a disparu la veille des pâques juives: le fils du sacrificateur, âgé de quinze ans, affirme qu'elle a été immolée par son père dans la synagogue; on n'a pu savoir ce qu'elle est devenue, et l'or juif joue depuis plusieurs mois le rôle de corrupteur pour empêcher le journalisme d'un côté, la magistrature de l'autre, de faire leur devoir; le juge d'instruction s'est même suicidé. Un de ces soirs, un prêtre s'étant égaré dans le quartier juif, le domestique du consul l'a ramené sur sa voie, et, pour ce motif, a été rossé de coups par les fils d'Israël.

Pour les voitures, ne commettez pas l'indiscrétion de m'en demander des nouvelles; nous ne sommes plus au temps des chars de Salomon; une brouette serait ici mal à l'aise.

Malgré ces dédales, on peut, sur la réflexion et après quelques jours d'étude, s'apercevoir que trois rues principales traversent la ville, toutes assez centrales et se reliant aisément entre elles : l'une de l'ouest à l'est, de la porte de Jaffa aux terrassements de l'ancien temple de Salomon; l'autre, parallèle à la première, de la porte Saint-Etienne au sommet du Gareb, et se confondant avec la plus grande partie de la Voie douloureuse; la troisième coupe les deux premières perpendiculairement et va, du nord au sud, de la porte de Damas près de la porte de Sion.

Après cette vue d'ensemble, j'ai hâte d'entrer dans les détails et de pénétrer avec vous dans la basilique du Saint-Sépulcre, le premier monument de Jérusalem et le premier sanctuaire du monde. Reposons-nous un instant et recueillons nos idées.

XI.

Basilique du Saint-Sépulcre.

Jérusalem, 16 mai 1862.

Il n'existe pas de terme de comparaison qui puisse fournir une idée exacte de la basilique du Saint-Sépulcre; elle ne ressemble à aucune église connue. Elle n'a ni beauté, ni richesse, ni architecture; et, malgré tout, elle répond admirablement à son but, qui est d'entretenir en notre âme une sainte tristesse à la vue des scènes terribles qui ont signalé les dernières luttes de l'Homme-Dieu, pour l'élever ensuite bien au-dessus d'elle-même par la considération des gloires du Christ ressuscité. J'ai mis plusieurs jours à me reconnaître dans cette infinité de détails, dans ce dédale sans limites où chaque coin est un sanctuaire, où chaque pierre est une relique que le pèlerin vénère et baise avec attendrissement.

L'entrée du monument est précédée d'une place carrée de 15 à 20 mètres de côté : c'est le *Parvis*. A droite et à gauche, des maisons élevées renferment diverses chapelles schismatiques et le couvent grec non-uni de *Saint-Abraham*. Ce couvent tient la place de l'hospice de Sainte-Marie-la-Latine, dont il est question dans les annales du douzième siècle et spécialement dans les *Gesta Dei per Francos* (1095-1124); on y remarque l'*église des douze Apôtres*, assez bien entretenue, et, à côté, l'endroit vulgairement nommé le *lieu du sacrifice d'Abraham*; deux peintures à fresques y représentent l'Immolation d'Isaac et Loth sortant de Sodome pour échapper à la ruine de cette ville. Un mur très élevé, opposé à la façade de la Basilique, sépare le Parvis d'un minaret turc et du couvent grec dit de *Gethsémani*. Deux petites portes aux deux extrémités de ce mur et à angle droit avec lui peuvent isoler entièrement la place des rues qui y conduisent et du reste de la ville. Entre ces deux portes régnait autrefois une colonnade dont les soubassements seuls subsistent encore.

Le Parvis est célèbre par le martyre de la vénérable Marie de Portugal, tertiaire de saint François et du vénérable Cosimo, frère convers du même ordre; ils furent mis à mort par les Musulmans, en haine de la foi chrétienne. On indique l'endroit précis où ils ont souffert, et durant de longues années le dallage de pierre conserva l'empreinte de leurs pieds.

La *Façade* termine le côté nord du Parvis et le côté sud de la Basilique; elle est à peu près telle que l'ont construite les Croisés. L'architecte avait eu sans doute l'intention d'y ouvrir trois portes flanquées de deux clochers; il n'en existe que deux, dont l'une est murée, et à côté, sur la gauche, la base d'une tour dont la partie supérieure a dû être démolie pour empêcher la chute des pierres sur la tête des passants. Au-dessus des portes ogivales, deux fenêtres également ogivales occupent le premier étage; dans l'ensemble, d'un caractère byzantin très prononcé, grande profusion de moulures, des chapiteaux sculptés avec art, des bouquets de feuillage, des bas-reliefs délicatement travaillés.

Un escalier parallèle et adjacent à la Façade part du Parvis et conduit à la chapelle extérieure de *Notre-Dame des Sept-Douleurs*, érigée sur le lieu où se tenaient, d'après la tradition, la Sainte-Vierge et Saint-Jean pendant le crucifiement de Jésus; elle appartient aux catholiques, et donne par une fenêtre sur le Calvaire; son autel est très ancien et ses vitraux ne sont pas sans mérite. (Indulgence plénière moyennant *Pater, Ave, Gloria.*)

Au-dessous s'ouvre la chapelle grecque de *Sainte-Marie-Égyptienne*; on y entre directement du Parvis. Elle a été élevée en l'honneur de cette fameuse pécheresse qui, voulant un jour entrer dans l'église du Calvaire, fut arrêtée ici-même par une main invisible, et ne put satisfaire sa dévotion qu'après avoir promis de changer de vie et de passer ses jours dans la pénitence et dans les larmes.

La place du Parvis est occupée toute l'année par des marchands d'objets de piété. Nous y voyons se chauffer au soleil, un peu comme les lézards sur les rochers de la Samarie, le clergé schismatique grec et les prêtres arméniens non-unis. On les reconnaît à leur costume, assez ressemblant à celui de nos magistrats de France; les Arméniens remplacent la toque par un capuce noir. Ils sont tous de très beaux hommes; c'est d'ailleurs une condition essentielle pour le recrutement de ce corps d'élite, qui essaie de rattraper en taille et en formes athlétiques ce qu'il perd tous les jours en considération.

La Basilique renferme cinq parties distinctes, je dirai cinq plans à niveau très inégal, juxtaposés et non superposés, que j'appellerai : l'église du Saint-Sépulcre, l'église du Calvaire, l'église Franciscaine de l'Apparition, l'église Sainte-Hélène et l'église de l'Invention de la Sainte-Croix.

I. — L'*Église du Saint-Sépulcre* est au même niveau que le Parvis; elle comprend : 1° le premier vestibule; 2° la chapelle d'Adam, à droite du premier vestibule; 3° la rotonde, au-delà du premier vestibule et à l'ouest du plan; 4° l'édicule du Saint-Sépulcre, au centre de la rotonde; 5° la chapelle cophte, adossée à l'édicule; 6° le chœur des Latins, entre la rotonde et le chœur des Grecs; 7° le chœur des Grecs, dans la nef dont la rotonde serait l'abside et à l'est du plan; 8° le déambulatoire, autour du chœur des Grecs; 9° le second vestibule, au-delà de la rotonde; 10° la sacristie franciscaine, au-delà et à droite du second vestibule.

1° A gauche du *premier vestibule*, deux ou trois Musulmans, gravement assis sur un *divan*, sont les portiers de la Basilique; ils y fument toute la journée et y prennent même leurs repas; ils n'ouvrent que sur l'injonction de l'un des trois custodes latin, grec ou arménien, et moyennant un backchiche qui se renouvelle une ou deux fois par jour; ils ferment ordinairement de onze heures à trois; par suite, les Religieux qui demeurent à l'intérieur n'ont souvent de communication avec le dehors qu'au moyen d'un guichet.

Au centre du vestibule apparaît la *Pierre de l'Onction* sur laquelle le corps du Sauveur fut embaumé par les deux disciples Nicodème et Joseph d'Arimathie. Sainte-Hélène la fit recouvrir d'une riche mosaïque, que les Croisés y retrouvèrent. Plus tard, en 1505, les Musulmans l'ayant vendue subrepticement aux Géorgiens, les Pères de Terre-Sainte la rachetèrent moyennant une surenchère de cinquante mille écus et remplacèrent la mosaïque dégradée par une plaque de beau marbre noir. Les Grecs l'enlevèrent en 1808 et mirent la pierre rouge que les baisers des pèlerins ont déjà entamée. Dix lampes appartenant à diverses nations chrétiennes brûlent au-dessus. Tout pèlerin qui entre dans la Basilique se prosterne et vénère cette sainte relique. (Indulgence plénière.)

A douze mètres sur la gauche, et toujours dans le vestibule, est le *lieu où se tenaient les saintes Femmes* pendant le crucifiement et l'embaumement de Jésus : « Tous ceux qui étaient de l'intimité de Jésus et les femmes qui l'avaient suivi de la Galilée étaient là aussi et regardaient de loin ce qui se passait. » Ce lieu est indiqué par une pierre circulaire surmontée d'une petite cage en fer. (Indulgence partielle.)

Derrière la Pierre de l'Onction, deux gradins adossés au chœur des Grecs remplacent les tombeaux en marbre blanc des *anciens rois latins* de Jérusalem, que les Musulmans avaient respectés et que les Grecs dévastèrent en 1808.

2° La *chapelle d'Adam*, à droite du premier vestibule, renferme l'emplacement des deux tombeaux de *Godefroy de Bouillon et de son frère Baudouin*, premiers rois latins de Jérusalem; celui de Godefroy était sur la droite en entrant, et celui de Baudouin sur la gauche. Deux bancs de pierre accolés aux murs sont tout ce qui nous en reste; ils ont été mis là par les Grecs non-unis qui, dans un sentiment de jalousie, ont démoli les tombeaux primitifs, dont les Karesmiens avaient déjà dispersé les ossements. Un peu plus loin serait le *tombeau de Melchisédech*, premier fondateur de Jérusalem, qu'il appela Salem. Melchisédech, d'après une tradition, n'est autre que Sem, fils de Noé.

Vers le fond, derrière une grille et dans le rocher, une excavation dans laquelle brûle une lampe rappelle le lieu où l'on avait déposé le *crâne d'Adam*. Voici la tradition qui se rapporte à ce fait. Les restes du premier homme auraient été religieusement conservés par ses descendants, et Noé les aurait pris avec lui dans l'Arche. Après le déluge, Melchisédech, qui eut le chef d'Adam dans son héritage, le transporta à Salem et le déposa dans cette excavation. Lorsque Notre-Seigneur rendit le dernier soupir, il se fit un épouvantable tremblement de terre : les rochers se fendirent; celui du Calvaire se déchira de haut en bas comme une pièce d'étoffe, et par cette fente le sang du Sauveur coula sur la première tête coupable. C'est le sentiment d'Origène, de saint Augustin, de saint Ambroise, de saint Basile, de saint Épiphane. Quoi qu'il en soit, la fente du rocher paraît parfaitement encore à travers la grille; il est facile de voir qu'elle correspond à la fente de la partie supérieure du Calvaire, et l'excavation est immédiatement au-dessous du trou où fut plantée la Croix. La chapelle d'Adam est en la possession des Grecs non-unis. Du temps des Croisés, on y célébrait tous les jours la sainte messe pour les morts. (Indulgence partielle.)

3° La *Rotonde* vient après la partie gauche du premier vestibule; on y pénètre en passant entre deux des dix-huit piliers massifs et à base trapézoïdale qui l'entourent. La grande *coupole* est au-dessus, séparée du pavé par deux étages de galeries dont les arcades sont ornées de lampes éteintes; les peintures à fresques n'ont aucune signification. Le diamètre de la rotonde est de dix-neuf mètres trente centimètres. Un incendie allumé par une main criminelle détruisit la rotonde et la coupole en 1808; elles furent immédiatement rebâties par les Grecs; mais, en 1869, la coupole, qui menaçait ruine, fut relevée à frais communs par la France, la Russie et la Turquie. On a fortement accusé les Grecs schismatiques du forfait de 1808; ils s'en sont défendus, assez mal cependant; toujours est-il qu'ils obtinrent médiocrement leur but : le feu, mal dirigé, leur fit éprouver de grandes pertes.

En passant entre deux piliers du côté ouest de la rotonde, on entre dans une chapelle syrienne où se trouve le *caveau sépulcral de la famille de Joseph d'Arimathie*. (Indulgence partielle.) Ce disciple, ayant cédé à Jésus son propre tombeau, s'en était fait creuser un autre à côté, dans son jardin, pour lui et pour les siens. Il n'y a pas été inhumé; car la tradition veut qu'après avoir abordé à Marseille avec Maximin, Lazare, Marthe et Marie, il soit venu évangéliser l'Angleterre.

4° L'*édicule du Saint-Sépulcre* est au centre de la rotonde; il renferme la perle précieuse de la Basilique, le tombeau sur lequel Notre-Seigneur resta couché près de trois jours. Ses dimensions extérieures sont de huit mètres vingt-cinq centimètres de long sur cinq mètres cinquante-cinq centimètres de large et cinq mètres cinquante centimètres de haut; il est élevé de quarante centimètres au-dessus du sol, carré à l'est et à pans coupés à l'ouest. Orné de seize pilastres en pierre rouge du pays, il est couronné d'une balustrade en colonnettes et d'un dôme sphérique placé directement au-dessus du tombeau. Quatre colonnes torses, avec des bas-reliefs et de nombreuses inscriptions grecques en décorent la façade orientale, devant laquelle trois lampes brûlent constamment : la première est aux Franciscains, la deuxième aux Grecs et la troisième aux Arméniens. Un petit parvis précède l'entrée. A l'intérieur, deux pièces distinctes : la première est la *chapelle de l'Ange*; c'est là que, d'après la tradition, l'Ange dit aux saintes Femmes : « Vous cherchez Jésus de Nazareth qui a été crucifié? Il n'est plus là, il est ressuscité; voici le lieu où on l'avait mis. » La place de l'Ange est occupée par une partie de la pierre qui fermait l'entrée du Sépulcre pendant que Jésus-Christ était au tombeau; le reste de cette pierre sert d'autel aux Arméniens dans la maison de Caïphe.

De la chapelle de l'Ange on pénètre dans la *chapelle du Tombeau* par une porte très basse. (Indulgence plénière.) L'appartement n'a que deux mètres de longueur et un peu moins de largeur. Le tombeau n'est pas ce que l'on se figure généralement, c'est-à-dire une sorte de cercueil; c'est, à une hauteur de soixante centimètres, une étagère, un entablement, un banc, si vous le voulez taillé dans le roc sur l'un des côtés de la chambre sépulcrale; sainte Hélène, pour le décorer, fit disparaître une petite arcade qui le surmontait. Le corps de Jésus fut déposé sur cet entablement avec ses bandelettes et ses parfums, et, sans le recouvrir, on sortit du sépulcre et l'on ferma la porte avec une grosse pierre. C'est cette grosse pierre, *magnus valdè*, que les saintes Femmes craignaient de ne pouvoir faire rouler · *Quis revolvet .... ab ostio?.....* C'est ainsi qu'étaient autrefois et que sont encore disposés les tombeaux juifs (1). L'intérieur du monument est recouvert de marbre blanc; la plaque supérieure excitait la cupidité du pacha, qui ne parlait de rien moins que de la faire enlever. Une nuit le sacristain catholique y fit une longue entaille avec un ciseau et la rendit impropre aux usages qu'on lui destinait; grâce à ce coup de main, elle a pu être conservée. Si on la soulevait, on verrait le rocher du tombeau; ce que l'œil remarque, même sur les murs, n'est qu'un revêtement.

Quinze lampes sont suspendues dans la chapelle de l'Ange et quarante-trois dans celle du saint Tombeau. Parmi ces dernières, treize appartiennent aux catholiques, treize aux Grecs, treize aux Arméniens et quatre aux Cophtes.

Il est profondément regrettable que les diverses sectes chrétiennes aient des droits à peu près égaux sur ce vénéré sanctuaire; mais, ce qui est plus triste encore, c'est que tous les jours les saints mystères y sont offerts par ceux-là mêmes qui rejettent une partie des enseignements du Christ. Ainsi, les Arméniens et les Grecs non-unis peuvent y célébrer une messe; les catholiques sont toutefois les mieux favorisés et ont droit à trois messes. Étant donnée la vigilance scrupuleuse des communions dissidentes, pour empêcher toute sorte d'empiétement sur leurs droits vrais ou prétendus, on peut deviner la difficulté qu'auront les cinq cents prêtres

---

(1) On trouve aussi en assez grand nombre des sépulcres en forme d'auge et en forme de four.

du pèlerinage français à offrir le saint sacrifice sur le tombeau de Notre-Seigneur. On y célèbre tout au plus six à sept fois par jour, la première messe ne pouvant commencer avant tr. heures ni la dernière après sept. Et encore les schismatiques ne sont-ils pas satisfaits; ils sont allés se plaindre au gouverneur, qui, relativement bienveillant pour nous, a fermé les yeux et les a paternellement exhortés à quelques jours de patience.

5° La *Chapelle cophte* est adossée à l'extrémité ouest de l'édicule du Saint-Sépulcre; elle est basse et sans caractère; les Cophtes y officient de temps en temps.

6° Le *chœur des Latins* n'a aucune importance; il occupe entre la rotonde et la nef un petit espace où se tiennent les Pères Franciscains lorsqu'ils officient au Saint-Sépulcre.

7° Le *chœur des Grecs* est l'ancien chœur des chanoines latins du Saint-Sépulcre; il prend toute la grande nef, se distingue par sa richesse et la profusion de ses décors, et est terminé à l'extrémité opposée à la rotonde par un chevet où sont disposés, avec le maître-autel, les trônes du patriarche et des évêques schismatiques; ce chevet est dominé par un dôme. Au milieu du pavé, et assez près du chœur des Latins, une rosace surmontée d'un vase en marbre blanc et d'un hémisphère marquerait le *centre* et l'ombilic de la terre, interprétation un peu judaïque de ce texte de David : « Dieu a opéré notre salut au milieu de la terre. » Les Grecs font tout autour force simagrées qui nous réjouissent beaucoup.

8° Le *Déambulatoire* donne entrée dans plusieurs chapelles qui sont, si nous partons du premier vestibule en longeant la chapelle d'Adam : — la chapelle de la *colonne des opprobres*; cette colonne, d'une hauteur de 50 centimètres, est en granit gris; elle vient du palais de Pilate et servit de siège à Notre-Seigneur pendant qu'on le couronnait d'épines et qu'on le souffletait; elle est aux Grecs non-unis (Indulgence partielle); — la chapelle arménienne de la *division des vêtements*, sur le lieu où les bourreaux se partagèrent les habits de Notre-Seigneur (Indulgence partielle); la *tunique sans couture* est à Trèves, offerte à la cathédrale de cette ville par sainte Hélène, qui y avait séjourné quelque temps; — la chapelle grecque de *Saint-Longin*, en l'honneur du soldat qui perça le côté du Sauveur. (Indulgence partielle.) Longin, d'après la tradition, était borgne et souffrait de l'œil unique qui lui restait. Le sang qui sortit du cœur du divin Maître ayant coulé le long de la lance jusque sur sa main, il le porta instinctivement à ses yeux, dont l'un fut ouvert et l'autre guérit aussitôt; déjà ébranlé par les prodiges dont il avait été le témoin, il ne tarda pas à se convertir. La *sainte lance* et la *sainte éponge*, jadis vénérées dans ce sanctuaire, furent envoyées, au septième siècle, à Constantinople par le patriarche Nicétas, qui les aurait achetées à un soldat de Chosroès. De l'église Sainte-Sophie on les a plus tard transportées à Rome, ainsi que le *titre* la *vraie Croix*. Les trois chapelles ci-dessus sont en forme d'abside et sans ornements. — Dans une retraite au fond d'une nef secondaire parallèle au chœur des Grecs, deux cellules renferment, l'une la *prison* ou caverne où se tenait Notre-Seigneur pendant les apprêts de son supplice (Indulgence partielle), et l'autre, la pierre perforée de deux trous dans lesquels étaient fixés ses pieds divins, qu'une chaîne resserrait au-dessous; une lampe brûle sur cette pierre, qui est encore la propriété des Grecs.

9° Le *second vestibule*, symétrique au premier, vient après la rotonde, et se confond avec la chapelle de *Sainte-Marie-Madeleine*; l'autel est dédié à cette sainte; et un peu en avant on voit le lieu où se tenait Notre-Seigneur lorsqu'il lui apparut sous les vêtements du jardinier. Cette chapelle appartient aux Franciscains; l'orgue de la Basilique est en face de l'autel. (Indulgence partielle.)

10° De l'extrémité de cette chapelle et sur la droite, on entre dans la *sacristie des Franciscains*. On y conserve religieusement dans un tiroir *l'épée et les éperons* de Godefroy de Bouillon. L'épée est large et droite, la garde en est sans ornements; les éperons, en cuivre doré, ont leurs molettes d'une largeur démesurée. Les Franciscains les ont reçus comme authentiques de l'évêque de Nazareth, vers la fin du treizième siècle.

XII

Basilique du Saint-Sépulcre.

(Suite.)

Jérusalem, le 16 mai 1882.

II. — L'*Eglise du Calvaire* est de cinq mètres plus élevée que l'église du Saint-Sépulcre; on y monte par deux escaliers de dix-huit marches, très raides, qui partent du premier vestibule, des deux côtés de l'entrée de la chapelle d'Adam. La partie postérieure de cette église rectangulaire, dont le plus grand axe peut avoir quinze mètres, n'est autre que le faîte de la montagne sur laquelle s'opérèrent les dernières phases de la vie du Sauveur; la partie antérieure repose sur de simples voûtes. Trois larges piliers divisent le plan en deux parties égales A droite, en entrant, une mosaïque incrustée dans le pavé rappelle le *lieu où Notre-Seigneur fut dépouillé de ses vêtements.* (Indulgence partielle.) — Au fond et du même côté, l'autel du *Crucifiement* appartient aux catholiques; devant cet autel, la Croix fut étendue à terre, et Jésus-Christ attaché dessus avec de gros clous. (Indulgence plénière.) — Sur la gauche, l'autel vénérable de la *Mort du Sauveur* domine le trou dans lequel la Croix fut plantée. Cette ouverture est en partie recouverte par une plaque d'argent doré; on peut enfoncer le bras dans le centre et toucher ainsi les parois du rocher. Quelles émotions quand on applique la tête sur ce trou et que l'on reçoit le sang qui coule à ruisseaux des plaies du divin Maître! Derrière l'autel s'élève un grand christ de grandeur naturelle, et des deux côtés une pla-

5

que de marbre noir indique la place occupée par les croix des deux larrons. Malheureusement, l'autel de la mort du Sauveur est entre les mains des Grecs schismatiques; nous n'avons que le droit d'y prier, nous n'y offrons pas le saint sacrifice. (Indulgence plénière.)

En ce même lieu, une saillie du rocher déterminait le sommet du Calvaire. Depuis l'immolation de la sainte Victime, le jour du Vendredi-Saint, on avait religieusement respecté cet auguste emplacement, et aucun culte chrétien ne s'était encore reconnu le droit d'y offrir de nouveau l'adorable sacrifice. Une nuit de l'année 1808, le frère sacristain catholique, homme robuste, à la fleur de l'âge, s'étant présenté selon la coutume pour allumer les lampes, vers les quatre heures du matin, vit l'extrémité de la montagne rasée et, à sa place, l'autel schismatique dont nous venons de parler. Le saisissement qu'il en éprouva fut tel, qu'il tomba sans connaissance et mourut dans la journée. La pierre sacrilégement enlevée fut expédiée sur Constantinople, à destination du patriarche grec de cette ville; mais le vaisseau qui la portait fit naufrage en route et fut englouti avec son chargement.

Entre les deux autels, de la Mort du Sauveur et du Crucifiement, s'élève, à un mètre cinquante centimètres environ de chacun d'eux, l'autel du *Stabat*, au lieu où se serait trouvée la Sainte-Vierge à l'heure du dernier soupir de son divin Fils, et où elle l'aurait ensuite reçu dans ses bras; une statue très ancienne de la Mère des Douleurs paraît au-dessus, derrière une grille. L'autel appartient aux catholiques. (Indulgence partielle.) — Enfin, entre l'autel des Grecs et l'autel du *Stabat*, une plaque d'argent, que l'on fait mouvoir à volonté, recouvre sur une longueur considérable la *fente* qui se produisit dans le rocher au moment où mourut la sainte Victime. On peut très bien toucher et voir les deux parois, et il est à remarquer que les angles rentrants et saillants de l'une correspondent aux angles saillants et rentrants de l'autre. De plus, le rocher a été fendu perpendiculairement à ses veines; ce qui confirme le caractère miraculeux du récit évangélique.

Inutile d'ajouter que le Calvaire renferme l'emplacement des stations dixième, onzième, douzième et treizième du Chemin de la Croix.

III. — L'*église franciscaine de l'Apparition* est une grande chapelle indépendante située après le second vestibule ou chapelle de Sainte Marie-Madeleine, et parallèle à la sacristie. On y entre par un escalier de quatre degrés et par une large porte; les Franciscains y célèbrent leurs offices ordinaires. D'après la tradition, la Sainte-Vierge, qui après la mort de Notre-Seigneur n'avait pas voulu s'éloigner du tombeau, reçut en ce lieu la première apparition de Jésus; l'autel du milieu, le seul de toute la Basilique où se garde la sainte Réserve, est dédié à ce souvenir. (Indulgence partielle.) — L'autel de gauche est l'autel des *saintes Reliques*, en mémoire d'une portion de la vraie Croix que les Arméniens y dérobèrent, en 1557, pendant que Soliman tenait les Franciscains dans les chaînes pour se venger de la destruction de sa flotte par le duc de Gênes, Doria. — A droite, l'autel de la sainte *Colonne de la Flagellation* contient, derrière une double grille, un fragment insigne de cette colonne, qui est en porphyre et mesure environ soixante centimètres dans sa hauteur; les bras d'un homme peuvent l'enserrer. La colonne tout entière avait été portée dans l'église du Cénacle par les premiers chrétiens; sainte Paule l'y a vue au quatrième siècle; au septième, elle y était encore: au treizième, les Pères Franciscains la reçurent des chanoines de Saint-Augustin. Les Musulmans l'ayant brisée en 1551, le custode Boniface de Raguse en envoya des fragments au pape Paul IV, à Philippe II d'Espagne et à la République de Venise; il garda celui que nous vénérons ici. Avec une lumière, on peut voir très distinctement les formes de la colonne à travers une ouverture arrondie pratiquée dans la grille; on la touche avec un bâton à bout d'argent, que l'on baise ensuite. Tous les ans, le Mercredi-Saint, la grille est ouverte, et la colonne avance sur deux petits rails jusqu'au milieu de l'autel, pour y être vénérée des fidèles. Par exception et par privilége, les pèlerins de la Pénitence auront un de ces jours le même bonheur. (Indulgence plénière.)

La colonne que l'on visite à Rome dans l'église Sainte-Praxède ne doit pas être confondue avec celle de la Flagellation, venue du Prétoire. Elle fut apportée à Rome par le cardinal Colona, en 1223, et l'on croit que Jésus y fut attaché et probablement flagellé dans la maison de Caïphe, le grand-prêtre.

Le *couvent* des Pères de Terre-Sainte, qui desservent le Saint-Sépulcre, est adossé à l'église de l'Apparition. L'empereur d'Autriche leur a fait céder, en 1869, une terrasse assez élevée, quoique dominée de tous côtés par des constructions, pour y respirer un peu d'air. Les prêtres qui ont le privilége de dire la nuit la messe sur le saint Tombeau vont prendre quelques heures de repos dans une chambre voisine de cette terrasse, chambre jadis occupée par l'impératrice sainte Hélène, dont elle a gardé le nom. Chateaubriand, le restaurateur des pèlerinages français, y dormit en 1807.

IV. — Si, partant de l'extrémité est du déambulatoire, entre la chapelle de la Colonne des opprobres et la chapelle de la Division des vêtements, on descend un escalier de vingt-six marches, on arrive dans un grand carré bâti par sainte Hélène en l'honneur de la sainte Croix, et qui depuis plus de dix siècles porte le nom d'*église Sainte-Hélène*. Au-dessus se trouvait l'atrium de la basilique du Saint-Sépulcre, élevée par cette princesse et par son fils Constantin, dont l'entrée principale était à l'orient et non au midi, comme cela existe de nos jours. On voit encore, non loin de la neuvième station, deux colonnes qui faisaient partie des propylées de cet atrium. La pièce où nous nous trouvons appartient aux Abyssins. L'autel du fond est dédié à sainte Hélène, et l'on montre à droite le lieu où elle priait, tandis qu'au-dessous on pratiquait les fouilles qui conduisirent à la découverte de la Sainte-Croix. (Indulgence plénière.)

V. — L'*église de l'Invention de la Sainte-Croix* appartient aux Pères Franciscains; on y descend de l'église de Sainte-Hélène par un second escalier de treize marches. C'est une petite chapelle très nue, primitivement destinée à devenir le sanctuaire de la grande église bâtie au-dessus. Elle était, avant la mort de Notre-Seigneur, une sorte de citerne abandonnée, à vingt-cinq mètres environ du lieu du crucifiement. Les Juifs y jetèrent les instruments de la Passion, dont le contact les aurait rendus impurs;

quantité de débris s'y accumulèrent, et lorsque l'impératrice Hélène eut l'intention de dégager la précieuse relique, il lui fut facile, en consultant la tradition et les vieillards, d'obtenir tous les renseignements nécessaires.

Trois croix se trouvèrent en effet au lieu désigné. Quelle était celle du Sauveur? Grave question, qu'il semblait impossible de résoudre; car le titre en trois langues : « Jésus de Nazareth, roi des Juifs », était détaché, et rien n'indiquait à laquelle des trois il pouvait appartenir. Saint Macaire, évêque de Jérusalem, poussé par une inspiration supérieure, les fait apporter dans la chambre d'une pauvre femme à toute extrémité. Au contact des deux premières, la malade reste insensible; la simple application de la troisième la rend subitement à la santé. — Le même jour, on portait en terre un mort, et le convoi passait dans le lieu où nous avons vu la chapelle franciscaine de l'Apparition. Saint Macaire le fait arrêter, adapte au cercueil le bois sacré, et à l'instant le mort ressuscite. Il n'y avait plus de doute possible : la vraie Croix était miraculeusement découverte. (Indulgence plénière.)

Plusieurs personnes pieuses m'ont prié de leur rapporter comme souvenirs quelque parcelle de la vraie Croix; elles n'ont pas songé à l'impossibilité matérielle de réaliser un pareil désir. Je rappellerai pour leur instruction que sainte Hélène fit trois parts de la sainte Relique : l'une fut envoyée à Constantinople; l'autre à Rome, où elle constitue le principal trésor de l'église Sainte-Croix-de-Jérusalem, et la troisième, la plus considérable, resta à Jérusalem. Lors de l'invasion de Chosroès, en 614, cette dernière devint pour quelques années la proie des Perses; Héraclius la leur enleva; mais les chrétiens, de peur que la Relique ne retombât entre les mains des Infidèles, la dispersèrent dans le monde, à l'exception d'une partie que les Arméniens volèrent, nous l'avons déjà vu, en 1557.— Un chanoine de Paris ayant fait, au XII° siècle, le pèlerinage des Saints-Lieux, où il fut même grand chantre du Saint-Sépulcre, en avait rapporté deux fragments dont il fit don à l'église Notre-Dame; l'influence d'un commissaire les préserva en 1793. — Saint Louis, vers la même époque, fit hommage à la Sainte-Chapelle d'une parcelle que lui avait donnée Baudouin de Courthenay, empereur de Constantinople. Il y déposa également la sainte *Couronne d'épines*. — Le reliquaire connu sous le nom de Croix de la princesse palatine, et légué en 1684 à l'abbaye de Saint-Germain-des-Prés, aurait appartenu à Manuel Commène. — Saint-Marc de Venise possède une petite portion de la vraie Croix, qu'aurait portée l'empereur Constantin. L'hospice de Beaugé, dans le diocèse d'Angers, la cathédrale de Sens et la collégiale d'Aix-la-Chapelle en détiennent également quelques fragments. Ce que l'on voit aujourd'hui de la vraie Croix, à Jérusalem, se réduit à peu de chose et vient de quelqu'une de ces diverses sources.

Pour les *saints Clous*, on en trouve deux à Notre-Dame-de-Paris, un à Monza et un à Rome. Il n'existe ailleurs que des imitations.

Voilà, ou peu s'en faut, la description exacte de la basilique du Saint-Sépulcre. Le cœur du catholique qui parcourt les diverses parties de cet imposant édifice trouve dans son exploration des consolations que nulle langue humaine ne saurait exprimer. Mais, à côté, quel fond de tristesse et de douloureuse amertume à la vue de toutes ces sectes dissidentes, qui prétendent aux mêmes droits que la vérité et nous disputent plusieurs des principaux sanctuaires! J'ai cité les Grecs schismatiques, les Arméniens, les Cophtes, les Syriens jacobites, les Abyssins : peut-être en ai-je oublié. Presque tous ont leur logement à l'intérieur, spécialement autour de la Rotonde et sous le Calvaire. Pourquoi ne pas y joindre les Musulmans eux-mêmes, qui se disent nos maîtres et gardent les clefs de la principale entrée? Jésus est bien ici le signe de contradiction qui avait été prédit. Jusques à quand cela durera-t-il ? C'est le secret du Ciel.

———

XIII

Basilique du Saint-Sépulcre.

(Suite.)

Jérusalem, le 17 mai 1882, veille de l'Ascension.

Chateaubriand a dit un mot d'une vérité profonde : « S'il y a quelque chose de bien avéré, c'est assurément l'authenticité des traditions chrétiennes de Jérusalem. » En effet, durant les quelques années qui séparèrent le drame du Calvaire de l'invasion de Titus, les chrétiens vénéraient les lieux consacrés par la Passion du Sauveur et leur faisaient de fréquentes visites. En 70, saint Siméon, deuxième évêque de Jérusalem, qui avait été le contemporain de Jésus, se réfugia avec tous les fidèles à Pella, ville située au-delà du Jourdain; mais, quand la vengeance divine eut éclaté sur la cité déicide, il revint avec eux; les Saints-Lieux furent reconnus et entourés de respect et d'honneur comme dans les premiers jours.

Saint Siméon mourut l'an 107, âgé de cent vingt ans. Vingt ans plus tard, l'empereur Adrien, par haine de la religion nouvelle, entasse toute sorte de décombres autour du Calvaire, le fait niveler et le prostitue aux rites hideux de Jupiter et de Vénus : « La folie de l'idolâtrie, dit encore Chateaubriand, publiait la folie de la Croix, qu'elle avait tant d'intérêt à cacher. » Les chrétiens n'approchent plus de la sainte Montagne; ils se contentent de la vénérer à distance.

Moins de deux siècles après, Constantin faisait tout déblayer; les fouilles de sainte Hélène obtenaient un plein succès; et, si cette impératrice eut un tort, à notre humble avis, — qui est aussi l'avis de bien d'autres, — ce fut d'isoler le Tombeau du Calvaire, afin de faciliter l'ornementation de l'un et de l'autre. Une splendide basilique s'éleva dans l'espace de dix ans; elle comprenait à l'occident une vaste place entourée de trois galeries superposées, au milieu de laquelle se dressait l'édicule du saint Tombeau, et à l'orient une imposante église à cinq nefs, renfermant tous les autres Lieux saints de la Montagne.

En 614, cette basilique était détruite par Chosroès, roi des Perses, qui emporta le bois de la vraie Croix; mais, presque immédiatement, le moine Modeste, devenu évêque de Jérusalem, obtenait de ce prince, dont l'épouse était chrétienne, l'autorisation de reconstruire l'édifice, ou plutôt de le remplacer par quatre édifices distincts, en l'honneur du Saint-Sépulcre, du Calvaire, de l'Invention de la Sainte-Croix et de la Très-Sainte-Vierge. C'est dans l'église du Calvaire qu'Héraclius rapporta sur ses épaules la vraie Croix, enlevée à Cisroès, fils de Chosroès.

L'an 1010, la basilique de Modeste est ruinée; on essaie bientôt après de la relever; les travaux demeurent quelque temps interrompus et sont enfin terminés en 1018. L'an 1099, Godefroy de Bouillon et les Croisés modifient le plan de Modeste, en ce qu'ils réunissent les divers sanctuaires dans un temple unique et transportent la façade du levant au midi. La basilique d'aujourd'hui est à peu près celle des Croisés.

Les Croisés partis, les Syriens en furent quelques jours les maîtres; mais, dès 1219, deux prêtres anglais succédaient aux schismatiques, et, en 1244, les Franciscains en prenaient définitivement possession. On sait tout ce qu'ils ont eu à souffrir pour conserver leur précieux trésor. L'invasion des Karesmiens occasionna le massacre général de tous ceux qui s'étaient réfugiés au Saint-Sépulcre, et les cendres des rois latins furent jetées au vent. Au commencement du XVIIe siècle, les Juifs avaient obtenu, moyennant finances, de démolir la basilique; ils durent s'arrêter devant l'opposition de l'ambassadeur de Venise. Le fait le plus saillant, depuis cette époque, a été l'incendie de 1808, qui ne toucha guère qu'à la rotonde et à la coupole, respectant le saint édicule du Tombeau.

Ce résumé rapide des divers événements qui se sont succédé depuis Jésus-Christ sur la montagne du Calvaire donne approximativement l'historique de tous les Saints-Lieux de Jérusalem et de la Palestine. Durant les trois premiers siècles, une tradition non interrompue est la gardienne vigilante de ces précieux sanctuaires. Constantin et sainte Hélène y bâtissent au IVe siècle de somptueuses églises, qui sont renversées au VIIe par l'invasion de Chosroès. Dès le XIe, les Croisés les relèvent, et, après l'expulsion de ces derniers, au XIIIe siècle, les Musulmans, redevenus les maîtres, ou renversent ces édifices, dont ils laissent subsister de beaux restes, ou les rendent aux chrétiens, ou les convertissent en mosquées.

C'est ainsi qu'au milieu de vicissitudes sans nombre, les lieux sanctifiés par les vieux souvenirs des patriarches et des prophètes, par les courses et les diverses phases de la vie de Jésus et de la Sainte-Famille, ont pu être conservés, sinon sans altération, du moins avec tous les caractères de l'authenticité la plus rigoureuse. Cette authenticité n'a jamais été con-

testée ni par les schismatiques, depuis les premiers siècles nos concur-
rents et nos ennemis jurés dans la paisible possession des Saints-Lieux,
ni par les Musulmans eux-mêmes, qui, admettant Jésus et les personnages
bibliques parmi leurs grands prophètes, se sont établis les gardiens et les
protecteurs de plusieurs de ces sanctuaires vénérables : je citerai notam-
ment le tombeau de Joseph, près de Naplouse; le tombeau de Rachel, près
de Bethléem; l'ancien Temple; le tombeau de saint Jean-Baptiste, à Sébaste; la mosquée de l'Ascension, sur le mont des Oliviers; le Cénacle,
sur le mont Sion. C'est douloureux pour notre cœur de catholiques,
mais c'est très consolant au point de vue de la certitude des traditions
saintes qui se rattachent aux souvenirs de l'Ancien et du Nouveau Testament.

J'ai cru devoir m'étendre, un peu trop, vous semblera-t-il peut-être,
sur la description de la basilique du Saint-Sépulcre et sur l'histoire des
monuments qui la composent. C'est que cette basilique est pour ainsi dire
le pivot de nos pérégrinations dans Jérusalem et le but principal de notre
voyage. Aussi ne se passe-t-il pas de jour qu'elle ne soit visitée par les
pèlerins, soit en masse, soit par groupes isolés. On baise en entrant la
pierre de l'Onction, on prie deux minutes au saint Tombeau, car il faut
céder la place à d'autres, et on s'abîme dans le recueillement au sommet
du Calvaire. On ne s'en éloigne qu'avec peine, et l'on y revient sans cesse
avec un nouveau bonheur.

Tous les soirs de l'année, à quatre heures, une procession dirigée par
les Pères Franciscains parcourt l'intérieur au chant des hymnes et des
psaumes. On fait station à chaque sanctuaire, même aux sanctuaires schismatiques, et l'officiant encense l'emplacement sanctifié par les souvenirs
que rappelle une tradition pieuse. Nous y étions tous convoqués hier
soir, mardi 16 mai. La procession terminée, le P. Bailly, directeur de la
Guadeloupe et supérieur des Assomptionnistes d'Espagne, nous adresse
une touchante allocution sur ce thème : « Ici, Jésus-Christ nous a donné
une grande leçon d'humiliation, d'amour et d'espérance. » Il nous communique une dépêche du Souverain-Pontife, reçue quelques heures auparavant : « Le Saint-Père a lu avec satisfaction vive votre télégramme sur
la touchante réception des pèlerins. Sa Sainteté, en priant pour leur heureux retour, accorde de grand cœur la bénédiction demandée. — L., cardinal JACOBINI. »

Après cette lecture, qui nous remplit de joie, le Révérend Père nous
annonce une bien triste nouvelle. Un de nos confrères vient de mourir à
l'hôpital Saint-Louis; c'est M. l'abbé Léon Chambaud, curé de Montboyer,
dans le diocèse d'Angoulême. Nous l'avions vu deux jours auparavant, à
l'Orphelinat de Saint-Pierre, se tordre sous les étreintes d'un mal violent
qui lui faisait pousser de hauts cris. Il est mort des suites d'une ancienne
maladie de cœur compliquée de rhumatismes articulaires; une entorse
prise à Caïffa et non soignée au début peut bien n'avoir pas été absolument
étrangère au dénouement fatal.

Ce matin, à six heures, le pèlerinage au grand complet s'était donné
rendez-vous pour les obsèques dans la basilique de Saint-Sauveur, qui
est la seule église paroissiale catholique de Jérusalem. Après la messe,

chantée solennellement, nous nous dirigeons sur deux rangs vers le cimetière, tous un cierge à la main. Nous portons sur nos épaules notre confrère,
couché dans son cercueil, la figure découverte. La distance à parcourir
est assez longue; nous longeons les bâtiments du Patriarcat, passons
près de la porte Jaffa et allons sortir par la porte de Sion; dans les
rues, le cortège est salué par les Musulmans, nombreux et sympathiques.
Le cimetière catholique est entouré de hautes murailles, à l'encontre des
autres cimetières, qui sont à découvert et ressemblent à un champ public.
Le Père Bailly nous raconte près de la fosse encore béante les derniers
moments de l'abbé Chambaud. Il s'attendait à mourir; il avait fait à Dieu
le sacrifice de sa vie. Un souvenir de regret le ramenait cependant vers
ses parents et vers ses paroissiens. « Que dira Monseigneur d'Angoulême ? »
avait-il dit encore; car il était le délégué spécial de son évêque au pèlerinage. Sa dernière parole a été un acte d'immolation pour son pays : « Je
meurs pour la France. » Il avait fait ses dernières dispositions et légué
ses petites ressources aux Pères Franciscains : « Je suis pauvre, et regrette de ne pouvoir faire davantage. »

L'auditoire est vivement ému. C'est une première victime que le bon
Dieu s'est choisie; elle était prête; elle va maintenant dormir son dernier sommeil sur les hauteurs de Sion, à l'ombre du Calvaire et à
deux pas du Cénacle. Les pèlerins se cotisent pour lui élever un petit
monument.

Le lendemain de notre arrivée, me trouvant accidentellement dans
l'église Saint-Sauveur, j'avais assisté à une cérémonie de même nature
pour un membre de la caravane bavaroise que nous avions rencontrée à
Djennin, se rendant à Nazareth et de là au mont Carmel, pour reprendre
le chemin de son pays. Elle était formée d'une trentaine de personnes, et
le pauvre malheureux que l'on allait inhumer avait dû être rapporté sérieusement malade de Béthel à Jérusalem; il était mort dans les meilleurs
sentiments entre les bras du directeur de l'Hospice autrichien; il appartenait à une famille fort riche et était âgé d'environ cinquante ans.

Pendant que nous rendions les derniers devoirs à notre cher confrère,
se reproduisait dans le ciel un des signes étonnants qui caractérisèrent la
mort et la sépulture du Sauveur, le soir du Vendredi-Saint. Le soleil
s'obscurcissait, la lune recouvrait les deux tiers de son disque, et je ne
sais quelle lueur sombre descendait sur le Cénacle et dans les vallées déjà
si tristes qui avoisinent la Ville-Sainte. C'était l'éclipse depuis longtemps
annoncée pour le 17 mai. Nous rentrons dans Jérusalem aux faibles clartés
d'un soleil expirant, et, en compagnie de quelques amis, je me dirige
dans les rues du quartier juif et fais l'ascension de la plus élevée de leurs
synagogues. Des hauteurs du dôme, mon œil pénètre d'abord dans l'intérieur de l'édifice, qui me semble bien dépouillé et bien vide; il s'étend
ensuite sur la cité et sur ses environs: ainsi elle dut paraître lorsque le
divin Maître poussa son dernier cri : « *Consummatum est*, — tout est
consommé, » et rendit le dernier soupir.

Ce soir, à trois heures, nous avons eu réunion générale dans la belle
église du Patriarcat; c'est la cathédrale de Jérusalem, élevée par les
soins du dernier patriarche, Mgr Valerga, heureusement terminée par son

successeur, Mgr Bracco, grâce aux aumônes des catholiques du monde entier. Elle est à trois nefs, dans le style de l'ogive, de très gracieuses proportions, un peu courte cependant; après le Saint-Sépulcre, c'est le monument le plus imposant de la ville. Le P. Bonaventure, du tiers-ordre régulier de Saint-François, nous adresse une instruction préparatoire à la fête de demain, l'Ascension; il lui donne une couleur toute locale en étudiant successivement ces trois plans : le plan inférieur, Jéricho et la mer Morte, le mal, l'enfer; le plan intermédiaire, Jérusalem, la vie terrestre, vie de luttes, de défaites et de victoires; le plan supérieur, le mont des Oliviers, où nous serons demain, le bien, le ciel.

Le journal *le Pèlerin* nous est arrivé dans la journée; nous avons enfin quelques nouvelles de France; nous y apprenons qu'une des personnes qui se disposaient à faire le pèlerinage avec nous est morte subitement à Marseille, la nuit avant notre départ. Faut-il la mettre au nombre des victimes?

Demain, l'Ascension; une splendide fête se prépare; nous la célèbrerons au lieu même d'où Jésus-Christ s'est envolé vers les cieux.

XIV

L'Ascension.

Jérusalem, le 18 mai 1882, fête de l'Ascension.

Quel bonheur d'avoir pu, un jour dans sa vie, vénérer les vestiges du Sauveur s'élevant vers le ciel à l'heure même où il s'éloignait de cette vallée de larmes! Ce matin, nous solennisions la fête de l'Ascension au sommet de la montagne des Oliviers. Les Franciscains et les directeurs du pèlerinage ont eu l'honneur de passer la nuit et de célébrer la sainte messe dans la mosquée bâtie sur l'emplacement du mystère. Au lever du soleil tout était fini, et le monument était rendu aux Musulmans qui en sont les propriétaires. Est ensuite venue l'heure des Grecs schismatiques, des Cophtes, des Arméniens qui ont pu jouir, durant un certain temps, de la cour extérieure à la mosquée où ils ont chanté leurs offices sous des tentes en présence de leurs fidèles. C'était la louange à Dieu par toute tribu, toute langue, toute nation; l'effet en était des plus saisissants. Espérons que pour bon nombre des assistants le schisme n'était que matériel et que la mauvaise foi n'aura pas été un obstacle à l'efficacité de leur prière.

Parti de mon logement à la pointe du jour, je sors de la ville par la porte St-Étienne, descends dans la vallée de Josaphat, et après avoir longé le tombeau de la Sainte-Vierge, la grotte de l'Agonie et le jardin de Gethsémani, je gravis les pentes abruptes de la montagne. Deux chemins conduisent au sommet; ils se bifurquent au *rocher blanc de la ceinture de la Sainte-Vierge.* L'apôtre Thomas, absent lors de la mort de la mère de Jésus, se serait trouvé là au moment où elle était portée au ciel par les anges, et il aurait recueilli la ceinture qu'elle y laissa tomber. Il paraît que cette ceinture est conservée à Prato en Toscane.

Le premier des deux sentiers, celui de gauche, est le moins raide; il passe au lieu où, d'après la tradition, la Sainte Vierge aurait reçu de l'ange Gabriel l'annonce de sa mort prochaine (Indulgence plénière); le second, que nous suivons, rencontre à mi-route le lieu où Notre-Seigneur pleura sur Jérusalem. Une mosquée en ruines occupe la place d'une ancienne église jadis élevée sous le vocable *Dominus flevit* (le Seigneur a pleuré). Nous donnons en plein sur la ville coupable et sur les campagnes désolées des environs. La plateforme du Temple est à nos pieds, dans l'enceinte, et adjacente aux murailles. Pas une pierre ne reste de ce majestueux édifice qui devait défier les siècles; et cependant les terrassements de Salomon demeurent intacts avec une partie des murs de soutènement, et au centre, à la place du Saint des Saints, nous voyons s'élever la mosquée d'Omar comme une perpétuelle insulte et une malédiction suprême.

Presque au sommet de la colline des Oliviers et non loin du lieu de l'Ascension, se développe le couvent du *Pater* fondé en 1869 par Mme la princesse de la Tour d'Auvergne. Il est précédé d'un vaste cloître ouvert aux étrangers; c'est dans l'angle nord-ouest où s'élevait autrefois une belle église réédifiée dans le douzième siècle que Notre-Seigneur enseigna cette admirable prière du *Pater noster* que nous appelons aussi l'Oraison dominicale[1]. Une quarantaine d'autels portatifs ont été dressés dans les allées du cloître, à l'abri du soleil, et c'est en ce lieu sanctifié par les souvenirs précieux du passé, et dans le présent par la prière continue des âmes pures du Carmel d'à-côté, que plus de quatre cents prêtres offrent l'adorable sacrifice. A l'extérieur, sous une tente, se chante la grand'messe du pèlerinage, et le P. Briant, des missionnaires de Poitiers, prononce une courte allocution de circonstance.

Nous avions pris soin d'emporter notre déjeuner que nous prenons dans les dépendances mêmes du monastère; d'ailleurs la sœur tourière servait à qui en voulait du pain, du café et des rafraîchissements; — une fière sœur à poignet vigoureux, je vous l'assure; je l'ai vue pousser d'un bras robuste et faire dégringoler du haut d'un tertre une demi-douzaine d'Arabes dont la présence l'importunait. Plante exotique venue du fond de l'Abyssinie, elle est gratifiée d'un teint d'ébène, mais ses habitudes sont toutes françaises; sa physionomie est des plus intelligentes et elle parle admirablement notre langue.

Je rentre dans le cloître pour prendre note des trente-deux idiomes qui, le long des murs, reproduisent le Pater sur des panneaux en faïence peinte. Les voici dans leur ordre : Turc, allemand, anglais, moscovite, danois, slavon, norvégien, grec, syriac, chaldéen, latin, polonais, espagnol, portugais, géorgien, italien, français, samaritain, suédois, breton, thibétain, flamand, tartare, sanscrit, chinois, éthiopien, cophte, indoustân, kurde, hébreux, arménien, arabe. — J'aurais voulu y trouver le basque. A moins qu'on ne le confonde avec le sanscrit...!

_____
[1] Luc, xi.

Un peu plus haut, au lieu de l'Ascension, Sainte-Hélène avait fait construire une basilique qui a suivi les péripéties des autres sanctuaires de la Palestine; il n'en existe aujourd'hui que des restes informes et une vaste cour au centre de laquelle s'élève une petite mosquée arrondie, de six à sept mètres de diamètre. La voûte de la basilique était ouverte au point où Jésus-Christ serait passé en montant vers le ciel; tous les pèlerins d'autrefois font mention de cette particularité. Actuellement, une coupole hermétiquement fermée couvre la rotonde. Dans le pavé, une brèche rectangulaire laisse voir à une profondeur d'environ quinze centimètres le rocher de la montagne et sur ce rocher, *l'empreinte du pied gauche de Notre-Seigneur* (Indulgence plénière). Ce vestige est-il authentique? Il est de fait qu'il existe, dessinant assez bien la forme d'un pied de moyenne grandeur, qu'il est tourné vers l'Orient comme l'affirme Saint Cyrille de Jérusalem, que Saint Jérôme et d'autres personnages morts depuis quatorze siècles y ont cru. Les Musulmans l'ont toujours gardé avec un soin scrupuleux. Le vestige du pied droit a disparu, et l'on doute que ce soit celui qu'ils nous font voir sur le mont Moriah dans la mosquée El-Aksa. Jésus est d'ailleurs pour les Mahométans un très grand prophète; ils admirent sa doctrine, croient qu'en récompense de ses mérites il est monté vivant dans le ciel. Ils n'acceptent pas qu'il ait pu être crucifié; le traître Judas lui aurait été substitué, grâce à un changement de physionomie auquel les Juifs se seraient laissé prendre.

A côté de la cour qui entoure la mosquée s'élève un minaret dont la vue s'étend d'un côté sur Jérusalem, sur les montagnes d'Ephraïm et de Juda; de l'autre sur les profondeurs de la Pentapole, qui forme aujourd'hui le gouffre de la Mer-Morte, et par delà, sur les noires montagnes de Moab. Le mont Nébo est en face; il nous semble voir encore la grande figure de Moïse fixée vers nous et contemplant pour la première et dernière fois cette terre de promission dans laquelle il ne lui sera pas donné d'entrer. A quatre cents mètres du Minaret, vers le nord, une petite élévation porte le nom de *Viri Galilœi*, en mémoire des Apôtres qui auraient entendu de ce même lieu la parole des anges : « Hommes de Galilée, que faites-vous là, les yeux tournés vers le ciel![1] » Revenant sur ses pas dans la direction du Pater, on rencontre la grotte de Sainte Pélagie, où fit pénitence et mourut cette célèbre comédienne du vᵉ siècle, connue à Antioche sous le nom de Marguerite. Un peu plus bas, à trente mètres à à l'ouest du cloître du Pater, la petite chapelle du *Credo* rappelle l'endroit où les Apôtres composèrent les douze articles du *Symbole* avant de se disperser dans le monde. En descendant la colline vers le sud, on arrive au Tombeau des prophètes; on entre dans le caveau, qu'entourent trente-six loges funéraires, en se baissant jusqu'à terre. On ne sait pas au juste quelle était la destinée de ce monument : c'était peut-être la sépulture des Prêtres dont il est question dans les écrits de saint Épiphane.

Il n'est que neuf heures. Si nous allions à *Béthanie*, qui n'est qu'à une demi-heure de route...? Nous avons avec nous un guide sûr, le bon frère Liévin, l'homme du monde qui connaît le mieux la Terre-Sainte. Il est

[1] Actes, i, 10.

venu nous prendre à notre débarquement à Caïffa, ne nous a pas quittés un seul jour et, depuis notre arrivée à Jérusalem, son plaisir est de nous accompagner dans tous les sanctuaires de la ville et de la banlieue, de nous fournir tous les renseignements que réclame sans cesse notre curiosité. Originaire de Belgique et simple frère-lai de l'ordre de Saint-François, il habite la Palestine depuis plus de trente ans, l'a parcourue bien des fois dans tous les sens, a compulsé tous les ouvrages écrits sur le pays, a recueilli de la bouche des indigènes toutes les traditions, toutes les légendes. Il est l'auteur du *Guide-Indicateur des sanctuaires et lieux historiques de la Terre-Sainte*, en trois petits volumes d'une érudition consommée, que je me permets de consulter souvent et pour lequel je lui demande parfois des annotations qui lèvent mes difficultés. Le frère Liévin est l'une des physionomies les plus populaires du pèlerinage; sa longue barbe grise nous sert de point de ralliement.

Soit pour Béthanie!... et nous partons. Nous laissons sur notre gauche les ruines de ce qui fut autrefois *Bethphagé*, où avait commencé la marche triomphale de Jésus vers Jérusalem. Longtemps les Franciscains, en souvenir de ce fait, organisèrent le jour des Rameaux une procession de Béthanie vers la ville; le concours était immense. Plus tard des difficultés sont survenues, et l'on y a renoncé.

Nous dépassons de quelques centaines de mètres le bourg de Béthanie et nous vénérons sur un plateau de bruyère la *Pierre du Colloque*, sur laquelle Jésus était assis, entouré de ses Apôtres, lorsque Marthe vint lui dire: « Seigneur, si vous eussiez été ici, mon frère ne serait pas mort[1]. »

Nous revenons sur nos pas et entrons dans le bourg, peuplé de trois cents Musulmans. La grande curiosité du lieu est le *Tombeau de Lazare*; des chroniqueurs nombreux nous ont raconté de siècle en siècle la vénération dont il était entouré. On aperçoit encore à l'entrée du village les restes de l'abside primitive d'une église que saint Jérôme avait vue; mais le marbre dont on avait revêtu le tombeau et la basilique qui le dominait ont disparu. L'entrée même du sépulcre a été modifiée; car les Musulmans s'en étant emparés pour y bâtir une mosquée, les Franciscains construisirent par côté, en 1337, l'escalier de vingt-trois marches qui y conduit; les marches sont usées et la descente en est dangereuse. J'arrive cependant dans une première chambre d'environ trois mètres de côté. Jésus-Christ se tenait ici lorsqu'il criait à son ami d'une voix forte: « Lazare, sors! » Je descends encore cinq à six degrés et je me trouve dans le tombeau; c'est une nouvelle cellule de mêmes dimensions que la première, dont les murs et la voûte ont été jadis recouverts de maçonnerie pour donner plus de force au rocher, très friable, sur lequel s'appuyait la basilique supérieure. « Beaucoup de Juifs qui avaient vu ce que fit Jésus, crurent en lui, » nous dit l'Évangile de saint Jean. Et peut-être sortirai-je d'ici sans devenir meilleur!... L'Église a attaché une indulgence plénière à la visite de ce Tombeau, dont les Musulmans ont la garde; ils s'en acquittent sérieusement, persuadés qu'ils perdraient leurs enfants le jour où ils négligeraient cette importante fonction.

[1] Jean, xi, 20.

Sur le haut du village on voit l'emplacement de la maison de *Simon le Lépreux*, où Marie-Madeleine répandit des parfums sur la tête du Sauveur[1], et à côté de l'ancien couvent de Bénédictins bâti par la reine Mélissende, femme de Foulques d'Anjou, l'emplacement de *la maison de la famille de Lazare*. Jésus y reçut des soins tout particuliers et y déclara que Marie avait choisi la meilleure part. Il n'y reste que les débris d'une ancienne église; ils appartiennent aux Franciscains. Nous souhaitons aux Dominicains, gardiens du tombeau de sainte Marie-Madeleine en Provence, de venir s'asseoir un jour près du premier tombeau de son frère Lazare.

Le soleil monte et darde ses rayons perpendiculairement sur nos têtes; nous prenons au retour une route plus directe, passons près du figuier maudit et rentrons à Jérusalem, vers onze heures, ruisselants de sueur. La voie est montagneuse, et des vieillards, dominés par une indomptable énergie, nous ont suivis; je me demande comment ils ont pu se tirer d'affaire, car la chaleur est excessive. J'oubliais que Notre-Seigneur a parcouru bien souvent la route de Béthanie sans se laisser arrêter par les ardeurs du jour: le disciple n'a qu'à se féliciter de l'honneur de marcher à la suite du Maître.

[1] Marc, XIV.

XV

Vallée de Josaphat.

Jérusalem, 19 mai 1882.

Il serait difficile d'imaginer quelque chose de plus triste et de plus lugubre que les environs de Jérusalem. L'on croit entendre en les explorant comme une perpétuelle menace cette voix de Jérémie et des prophètes : « La fille de Sion a perdu toute sa splendeur; les haillons sont devenus sa parure. » La vie a disparu des coteaux qui ceignent la vallée de Josaphat et de la vallée elle-même qui s'étend sur une longueur de trois à quatre kilomètres entre les pentes de la ville d'un côté, la montagne des Oliviers et le mont du Scandale de l'autre; sa plus grande largeur ne va guère au-delà de deux cents mètres. Le torrent du Cédron qui la parcourt d'une extrémité à l'autre n'a pas une goutte d'eau. Quelques rares arbres sans feuillage, un peu de verdure près de l'étang de Siloé, des pierres sépulcrales disséminées dans les champs, des roches dépouillées, voilà l'ornement de la ville qui fut la reine des nations. Jérusalem est entourée de cimetières, d'une vraie nécropole où les tombeaux sont entassés pêle-mêle, sans aucun des signes qui chez nous consolent l'âme en fortifiant son espérance. Si l'on en excepte le cimetière catholique, pas de muraille qui les entoure; les sentiers, les chemins publics passent entre deux tombes jusqu'au jour où une fosse fraîchement creusée avertira le voyageur qu'il doit dévier de sa route et se tracer une voie nouvelle.

Les Juifs ont un attrait tout particulier pour la vallée désolée de

Josaphat. Ils viennent de tous les pays du monde afin de finir leur existence dans le quartier sale et insuffisant qui leur est réservé et confier leurs ossements à la terre de leurs pères; ils croient sans doute qu'ils seront les premiers réveillés par la trompette du jugement. Singulière destinée que celle de ce peuple maudit, singulières contradictions que nous offre son histoire! Ne les voit-on pas chaque vendredi, vers trois heures, se rendre par groupes nombreux sur la place qui confronte au mur bâti par Salomon pour soutenir les terrassements du Temple et les isoler de la vallée des Tyropéons. Ils y lisent la Bible et le Talmud; gesticulent des heures entières par des inclinations symétriques, frappent de la tête contre la muraille, poussent de hauts cris, versent d'abondantes larmes. Tout cela pour obtenir que Dieu leur envoie le Messie promis, ou du moins le leur fasse connaître, s'il est déjà venu; car les Juifs, à l'inspection de leurs prophéties, commencent à s'apercevoir, malgré les explications mensongères du Talmud, que les événements annoncés ont dû se réaliser. Nous nous rendons à ces scènes qui seraient divertissantes si elles n'étaient si tristes. On assure que notre présence les dérange bien un peu; nous constatons cependant qu'elle a le don d'émouvoir à un degré héroïque la sensibilité de plusieurs. Ainsi, une bonne vieille qui parcourait son grand livre d'un œil indifférent et sans ouvrir la bouche, s'apercevant qu'on a les yeux sur elle, réveille promptement son attention, élève progressivement la voix et bientôt éclate en sanglots. Nous lui avons fourni l'occasion de jouer merveilleusement son rôle.

Je ne mets pas en doute qu'une bonne partie du mur en face ne soit réellement de Salomon; les assises inférieures sont formées de blocs énormes qui dépassent un mètre de hauteur et une longueur de deux à trois mètres; c'était évidemment une construction destinée à affronter les siècles; les assises supérieures sont de date plus récente. J'en dirai tout autant des bases de la tour de David, près de la porte de Jaffa : elles sont encore en bon état, offrent les mêmes particularités que le mur de Salomon, et je n'ai rien vu qui pût leur être comparé comme grandiose et comme solidité.

J'ai été témoin d'une sépulture mahométane. Le cortège, qui me barra le passage à l'extrémité d'une rue, montait par une voie transversale. Tous les assistants chantaient sur un ton indéfinissable; le principal affligé, sans doute le fils du défunt, était conduit par la main d'un de ses amis. Personne ne pleurait, il paraît que ce n'est point permis dans les rites de l'islam. Aucun signe de deuil : des enfants précédaient avec des palmes; le cercueil, recouvert d'un drap d'or, était porté sur les épaules des amis et des affligés, qui se succédaient toutes les secondes. Ce perpétuel va-et-vient faisait décrire au cadavre d'effrayantes oscillations, et je craignais à tout instant de le voir rouler à terre. Une sorte de bedeau, peut-être le derviche, suivait immédiatement, un sceptre en métal à la main. Un incident assez singulier se produisit par suite de la rencontre d'une demi-douzaine de chameliers descendant en sens inverse. Ce fut un vacarme épouvantable; la rue était trop étroite pour donner passage à tout ce monde; force fut aux chameaux de rebrousser chemin, et le convoi put avancer. Au cimetière, les femmes attendaient accroupies autour de la fosse, dans laquelle on jeta du sable et un paquet de roses effeuillées. Lorsque je repassai quelques heures après, la fosse était remplie de terre, et les palmes dont la tige reposait sur le corps enlevé de son cercueil, émergeaient à la surface. Le même cercueil sert pour toutes les sépultures.

Nous ne pouvons guère visiter que par groupes les divers sanctuaires de la Ville-Sainte; car si l'on en excepte l'église du Patriarcat et la basilique du Saint-Sépulcre, aucune enceinte ne pourrait contenir le pèlerinage tout entier. Sortons pour le moment par la porte Saint-Etienne, à l'est, et après avoir vénéré à mi-côte le rocher sur lequel fut lapidé le premier des martyrs, entrons dans le *jardin de Gethsémani*. Il est situé dans la partie la plus resserrée de la vallée de Josaphat, à cinq cents mètres environ de la ville; une portion importante de ce jardin est entourée de hautes murailles et renferme huit gros oliviers, qu'une tradition sérieuse dit avoir été les contemporains du Sauveur. Il est sûr qu'ils ont précédé là l'invasion musulmane, car ils n'ont jamais été frappés de l'impôt auquel était soumis tout arbre nouvellement planté. De plus, les ordres de Titus prescrivant durant le siège d'abattre tous les arbres des environs pour en finir plus tôt avec les Juifs, n'avaient pu s'appliquer aux oliviers de Gethsémani, trop rapprochés de Jérusalem pour permettre aux travailleurs de tenter sans péril une semblable entreprise. On sait combien l'olivier est malingre de sa nature et le temps qu'il met à se développer. Or, j'ai mesuré avec le frère gardien le pourtour de deux des plus gros, et j'ai trouvé à la base douze et treize mètres. Quoi qu'il puisse être de leur antiquité, leurs racines vivaient certainement lorsque Jésus venait prier sous les ombrages du jardin et y conversait avec ses Apôtres.

A la distance d'un jet de pierre, la *grotte de l'Agonie*, longue de douze mètres et large de huit, est bien telle aujourd'hui qu'elle existait la veille de la passion: le rocher a été maintenu dans son état primitif, sauf que l'on a pratiqué à la partie supérieure une petite ouverture destinée à donner de la lumière, et que trois autels fort simples ont été dressés sur trois points. Sous le maître-autel, une inscription rappelle qu'ici-même Jésus a subi une sueur de sang : *Hic factus est sudor ejus sicut guttæ sanguinis decurrentis in terram.* Je ne sache pas qu'il y ait au monde un sanctuaire plus recueilli et plus vénérable que celui-ci. Au Calvaire on n'est pas si à l'aise et l'on ne se trouve pas chez soi. puisque les schismatiques sont les détenteurs du lieu où fut plantée la croix; ici rien ne trouble votre recueillement, et vous vous sentez souffrir avec le divin Maître, écrasé sous le poids des iniquités des hommes. Vous l'entendez distinctement s'écrier : « Mon Père, s'il est possible, que ce calice s'éloigne de moi. » Et puis : « Mon Père, si ce calice ne peut s'éloigner sans que je le boive, que votre volonté soit faite. » Les premiers chrétiens avaient bâti au-dessus de la grotte une église dont il ne reste pas vestige.

Le jardin et la grotte sont entre les mains des Franciscains, qui les entourent d'un religieux respect. Le jardin est sillonné d'allées très bien tenues, et des grilles isolent les uns des autres les huit oliviers; on n'y pénètre qu'avec la permission du gardien, qui vous donne avec bonheur de la terre sainte, des fleurs de ses parterres, du vieux bois ou des feuilles desséchées. Un chemin de croix monumental en fait intérieurement le tour. A la sortie, on est en face du *rocher sur lequel les Apôtres dormaient* pendant que Jésus priait dans la grotte, à soixante-dix mètres de là; et sur la droite, au fond d'un couloir de quinze pas, une petite croix gravée sur le mur indique l'endroit précis *où Judas trahit son Maître.* On y peut gagner une indulgence plénière, ainsi que dans le jardin et dans la grotte de l'Agonie.

A côté de cette grotte, dont il n'est séparé que par une impasse de vingt mètres environ, se trouve un autre sanctuaire bien précieux dont malheureusement les Schismatiques ont la jouissance exclusive. C'est la Basilique souterraine de l'*Assomption* bâtie par Sainte-Hélène sur le lieu où la Sainte-Vierge fut ensevelie, et au-dessus de laquelle s'élevait une autre église qui fut détruite après le départ des Croisés. Le calife Omar y fit deux fois sa prière en 636, et les Musulmans l'ont toujours respectée depuis par considération pour Marie, mère de Jésus. Les Franciscains en ont tenu les clefs de 1363 à 1759; ils ont même pu dire la messe sur le saint tombeau dans les premières années de ce siècle. Aujourd'hui tous les cultes dissidents, grecs, arméniens, cophtes, abyssins et syriens, s'y donnent rendez-vous; les Musulmans eux-mêmes y ont un lieu de prière. Les catholiques seuls, possesseurs de firmans parfaitement en règle, en sont exclus. La façade extérieure et le premier tiers d'un large escalier de quarante-huit marches qui conduit au souterrain ont été restaurés par les Croisés. On remarque à droite en descendant une ouverture fermée que l'on croit être le caveau où furent inhumées, d'après Guillaume de Tyr, les cendres de la reine Mélissende, et un peu plus bas, à la vingtième marche, les tombeaux présumés de Saint-Joachim et de Sainte-Anne; vis-à-vis, sur la gauche, ceux de Saint-Joseph et du saint vieillard Siméon.

La Basilique, dans laquelle règne une obscurité profonde, est en forme de croix latine, longue de trente mètres et large de huit. Le bras oriental de la croix renferme le saint édicule du *tombeau de la Sainte-Vierge* (Indulgence plénière); il a été taillé dans le roc vif comme le tombeau de Notre-Seigneur; on s'en aperçoit aisément en en faisant le tour. L'intérieur est revêtu d'une tapisserie qui couvre le rocher; le devant et le dessus du tombeau proprement dit sont revêtus de marbre blanc.

Un tradition constante assigne à ce lieu la sépulture de la bienheureuse Vierge qui serait morte dans sa maison sur le mont Sion, à côté du Cénacle, à l'âge de soixante-douze ans. Le corps sacré n'y resta pas longtemps, car bientôt après il fut porté dans le ciel avec l'âme sainte qui l'avait habité. Il est raconté que l'impératrice Pulchérie ayant prié Juvénal, évêque de Jérusalem, de lui envoyer des reliques de la Sainte-Vierge, Juvénal, qui savait à quoi s'en tenir, fit ouvrir le tombeau, pour que la gloire de Marie fut rendue manifeste, et n'y ayant trouvé que ses vêtements, les envoya à l'impératrice, non sans de sérieuses objurgations sur son ignorance d'une tradition aussi respectable que celle de la résurrection de la Mère de Dieu. Pulchérie déposa ces pieux objets dans une église de Constantinople qu'elle fit construire tout exprès.

Si nous poursuivons notre route vers le sud, dans la vallée de Josaphat, nous arrivons à un pont sans caractère jeté sur le Cédron, et tout à côté, à l'empreinte laissée dans le lit du torrent par le genou du Sauveur. qui tomba la nuit de sa Passion en ce même lieu, lorsque ses ennemis le menaient garrotté du jardin de Gethsémani sur les hauteurs de Sion, devant les tribunaux d'Anne et de Caïphe. Ce serait la traduction littérale de ce verset du psaume cix : « *De torrente in viâ bibet;* il boira dans sa route de l'eau du torrent. »

Un peu plus haut sur la gauche. trois monuments monolithes taillés dans le roc qui a été creusé tout autour, attirent l'attention du pèlerin. Le premier est le *tombeau d'Absalon* qui se l'était fait creuser de son vivant; on sait qu'égorgé par Joab pendant qu'il était suspendu à un arbre par les cheveux, il fut inhumé au-delà du Jourdain; rien ne prouve cependant que David. après avoir longuement pleuré ce fils rebelle. n'ait fait transporter ses restes en ce sépulcre. Chaque face est ornée de quatre demi-colonnes; il est surmonté d'une pyramide que terminent une pointe cylindrique et un bouquet de palmes. Tout Juif qui passait près de ce tombeau y lançait une pierre en signe de mépris par un trou pratiqué à l'avant de la pyramide; il a été vidé récemment. Le tombeau de Josaphat. ou plutôt un cénotaphe en son honneur, est adossé au tombeau d'Absalon.

Le deuxième monument est le *sépulcre de Saint-Jacques-le-Mineur.* Construit peu de temps avant Jésus-Christ, il aurait servi de retraite à cet apôtre depuis le commencement de la passion jusqu'après la résurrection. Saint Jacques, devenu évêque de Jérusalem, fut précipité du haut du temple et massacré par les Juifs l'an 62. Les chrétiens l'inhumèrent dans ce tombeau, ainsi que Zébédée, Cléophas, Simon et Zacharie, père de Jean-Baptiste; ainsi le porte du moins une tradition pieuse.

Vient ensuite le *tombeau de Zacharie*, fils de Barachie, dont il est question dans l'Evangile selon saint Mathieu, et qui aurait été tué entre le temple et l'autel.

Judas se pendit à quelques pas de là. à un figuier ou à un sycomore, l'on ne sait bien au juste : « Et s'étant pendu, il a crevé par le milieu, et toutes ses entrailles se sont répandues [1]. »

Toujours sur le même versant, on rencontre les premiers contreforts du *mont du Scandale;* ainsi nommé parce que Salomon, en y dressant des autels aux faux dieux, scandalisa son peuple, et le village de Siloé tout aussi hideux que les bourgs nauséabonds de la Galilée et de la Samarie.

Reprenant la vallée de Josaphat, nous trouvons successivement la *fontaine de la Sainte-Vierge*, source intermittente qui vient peut-être du mont Moriah et que les Musulmans appellent fontaine de Madame Marie, l'étang de Salomon converti en jardin d'une prodigieuse fertilité, et la *piscine de Siloé* où Jésus-Christ guérit l'aveugle-né (Indulgence plénière). Cet aveugle dont il est parlé dans Saint-Jean. chapitre ix, ne serait autre que l'évêque Sidoine qui aurait abordé en France sur le frêle esquif de Lazare, et dont les cendres reposeraient aujourd'hui dans la crypte de

[1] Actes, i, 18.

Saint-Maximin. La piscine et la fontaine de Siloé sont reliées entr'elles par un canal qui daterait du roi Salomon. Tout près de la piscine, une tour écrasa dix-huit hommes dans sa chute, et Notre-Seigneur y fait allusion, lorsqu'il répète par deux fois cette menace : « Je vous le dis en vérité, si vous ne faites pénitence, vous périrez tous de la même manière. » Une église dédiée au Sauveur Illuminateur, qui n'existait plus au XII° siècle, et dont on aperçoit encore quelques tronçons de colonne, recouvrait autrefois la piscine de Siloé.

Si nous descendons un peu plus bas, nous rencontrons un sentier très raide qui conduit vers la ville et se compose de *degrés* montant à la cité de David. Ces degrés sont mentionnés dans Esdras; quelques-uns sont encore très apparents.

A cent mètres plus loin, on est au lieu où le prophète Isaïe fut martyrisé par ordre de Manassés avec une scie de bois; il fut inhumé tout près de là.

Mon excursion dans la vallée de Josaphat ne m'a pas entraîné bien loin de Jérusalem. Tous ces lieux célèbres sont à quelques pas les uns des autres, et leur distance de la Ville-Sainte ne dépasse pas un demi-kilomètre. J'ai parcouru la vallée de Josaphat depuis le jardin de Gethsémani jusqu'à la vallée de la Géhenne. Je vous dirai quelques mots de cette dernière à laquelle se rattachent des souvenirs d'un triste intérêt.

XVI

Environs de Jérusalem.

***

Jérusalem, 20 mai 1882.

La vallée de Josaphat contourne la ville de Jérusalem par le sud-est et
se relie au sud-ouest à la *vallée de la Géhenne,* que l'on appelle aussi
vallée du Fils d'Hennon. Jérémie y fit entendre bien souvent des menaces
terribles contre les adorateurs des idoles, et un jour il vint, accompagné des anciens, portant un vase de terre cuite à la main et lançant
cet anathème : « Voici ce que dit le Dieu des armées : Je briserai ce peuple
et cette ville comme est brisé ce vase de terre, sans qu'on puisse le recons-
tituer [1]. »

Le dieu Moloch, que les Israélites infidèles vénéraient ici, en un lieu
nommé *Tophet* (tambour), était une grosse bête en airain, avec une tête
de bœuf à gueule béante et des bras tendus pour recevoir. Lorsque la
statue était incandescente, on mettait les victimes, d'ordinaire des enfants,
sur les mains brûlantes du monstre, qui les engloutissait au son des tam-
bours, afin que leurs cris désolés n'émussent pas les parents. C'est ainsi
que le roi Manassès immola son propre fils. Tophet fut détruit par Josias.
La vallée de la Géhenne, dite encore vallée du Carnage, vallée des Cadavres,
est une gorge profonde. Sur le versant opposé à la ville sont creusés de
nombreux sépulcres, dont l'un, le plus connu, est la Retraite, où se seraient cachés huit Apôtres pendant la Passion de Jésus-Christ; il a servi

[1] Jérémie, VII, 31. — XIX, II.

de tombeau au grand-prêtre Anne; saint Onuphre l'habita au IIIe siècle et de nombreux cénobites ont peuplé les cavernes des environs.

Un peu plus haut, l'on est au champ du Potier. *Haceldama*, qui fut acheté au prix des trente deniers de Judas; on y voyait encore. il n'y a pas longtemps, des morceaux de pots cassés. Le monument d'Haceldama, sur l'emplacement du fourneau du potier. a été successivement chapelle et sépulcre; il servait à la sépulture des Arméniens non-unis en 1841.

Le *mont du Mauvais-Conseil* apparaît à une faible distance. C'est là, dans la maison des champs de Caïphe, que les Juifs délibérèrent et votèrent la mort de Notre-Seigneur. On franchit ensuite l'aqueduc construit ou peut-être restauré par Salomon; il traverse la *vallée de Gihon* sur un pont de neuf arches et, longeant les pentes de Sion, conduit sur les hauteurs du Moriah, les eaux prises aux Vasques de Salomon, au-delà de Bethléem. Raymond de Saint-Gilles, comte de Toulouse. campa sur une colline voisine, où l'on visite une chapelle dédiée à Saint-Georges, pratiquée dans le rocher. Elle sert de maison de refuge pour les aliénés; on y conserve la chaîne avec laquelle le saint fut attaché à Lydda, et les Grecs non-unis prétendent qu'elle guérit souvent les pauvres fous auxquels elle est appliquée.

Avec la vallée de Gihon se terminent les gorges qui entourent Jérusalem du côté de l'est, du sud et du sud-ouest. On les quitte pour faire l'ascension du plateau qui renferme la *piscine supérieure* (Birket-Mamilla) (1). près de laquelle Isaïe fit entendre cette parole prophétique : « Voilà qu'une Vierge concevra et mettra au monde un fils qui sera appelé Emmanuel; » *le champ du Foulon*. où cent quatre-vingt-cinq mille hommes de Sennachérib périrent une nuit sous le glaive de l'Ange exterminateur: un cimetière musulman; le grand établissement des Russes pour les pèlerins de leur nationalité. et l'orphelinat du R. P. Ratisbonne, à *Saint-Pierre*. Ce dernier établissement est d'une importance considérable; il prend de tous jeunes enfants. chrétiens ou musulmans, leur apprend l'arabe et le français, les initie aux éléments du catéchisme. leur enseigne un métier pour gagner honnêtement leur vie. L'orphelinat est pour les garçons ce que la maison de l'*Ecce-Homo* est pour les filles. L'un et l'autre ont été fondés par le P. Alphonse Ratisbonne. qui les dirige encore et pourvoit personnellement à tous leurs besoins. Mes lectures d'autrefois avaient laissé dans mon âme sur ce juif fameux un souvenir de vénération qui ne s'est jamais effacé, et j'aurais fait volontiers pour le voir les sacrifices que l'on s'impose pour visiter un sanctuaire célèbre et lointain. Je tiens à vous rappeler la page que l'abbé Gerbet, plus tard évêque de Perpignan, écrivait, en février 1842, à Mme Craven, pour lui raconter la conversion de M. Ratisbonne aux funérailles de M. le comte de La Ferronnays :

« Un juif. appartenant à une très riche famille d'Alsace. qui se trouvait accidentellement à Rome, se promenant dans l'église de Saint-Andréa delle Fratte pendant qu'on y faisait les préparatifs pour les obsèques de

---

(1) La *piscine inférieure* ou réservoir d'Ezéchias se trouve dans l'intérieur de la ville, près du Calvaire. entre le Patriarcal et la rue Chrétienne. Je l'ai aperçue des fenêtres de M. Nicodème.

votre bon père, s'y est converti subitement, comme saint Paul sur le chemin de Damas, par un de ces coups miraculeux de la puissance et de la bonté divines. Il se trouvait debout en face d'une chapelle dédiée à l'Ange gardien, à quelques pas, lorsque tout à coup il a eu une apparition lumineuse de la Sainte-Vierge, qui lui a fait signe d'aller vers cette chapelle. Une force irrésistible l'y a entraîné, il y est tombé à genoux et il a été à l'instant chrétien. Sa première parole à celui qui l'avait accompagné a été, en relevant son visage inondé de larmes : « Il faut que ce monsieur ait beaucoup prié pour moi. » Quelle parole, chère enfant, sur votre bon père, dont on allait apporter le corps dans cette église! Il n'y a pas moyen de suspecter la sincérité de ce jeune homme; comme je vous l'ai dit, il est très riche, et on ne peut avoir à son égard le genre de soupçon qu'on pourrait avoir au premier abord sur un juif pauvre qui pourrait se faire chrétien pour être secouru par des aumônes. Celui-ci se nomme M. Ratisbonne. Il est fils d'un banquier de Strasbourg qui jouit d'une très grande fortune et de beaucoup de considération. Il devait épouser au printemps une jeune juive, sa parente, et sa conversion rompra très probablement son mariage. Tous ses intérêts temporels devaient empêcher sa conversion, et ses idées juives, jointes à un certain indifférentisme pour les pratiques religieuses, s'y opposaient aussi; c'est d'ailleurs un jeune homme de très bonnes manières, très spirituel et s'exprimant très bien. Il est très connu de Gustave de Bussière, dont il a été le camarade de collège et dont il est resté l'ami. Il a vingt-huit ans. »

Je cite encore, d'après l'abbé Gerbert, cette parole du jeune converti : « J'ai été retourné en un instant. »

Le P. Ratisbonne a aujourd'hui soixante-huit ans. Taille ordinaire, physionomie fortement accentuée, mais douce et sympathique, chevelure et longue barbe à peu près blanches; il ressemble à ces types juifs que l'on remarque dans les verrières de certaines églises, de la cathédrale d'Auch par exemple. J'ai eu le bonheur d'assister à sa messe dite à l'autel de l'*Ecce Homo;* son maintien est d'une gravité exceptionnelle, son regard semble inspiré; sa parole est forte et précise; il fait le grand signe de croix recommandé par la Vierge de Lourdes, signe de croix qu'il lance d'un geste assuré comme une protestation contre l'antique déicide. Ses œuvres, d'ailleurs, sont toutes des œuvres d'expiation: depuis le premier instant de sa conversion, il s'est voué au rachat spirituel de ses anciens coréligionnaires. Tous les jours, et à tous les exercices pieux de sa communauté, l'on entend par trois fois successives, sur un ton de langoureuse amertume, le cri du Sauveur demandant grâce pour ses bourreaux : « *Pater, dimitte illis, non enim sciunt quid faciunt;* Père, pardonnez-leur, car ils ne savent ce qu'ils font. »

Il accueille à bras ouverts quiconque essaie de l'aborder, et se montre envers tous causeur aimable et plein d'esprit. Nous lui demandons s'il ne se dispose pas à retourner en France pour revoir son frère Théodore, le fondateur de la congrégation des Dames de Sion : « Mon dernier voyage date de quatre ans, dit-il; mon frère est déjà vieux, ses quatre-vingts ans vont sonner; nous ne nous reverrons pas probablement sur cette terre. Pour moi, un nouveau voyage serait trop fatiguant; car, revenir à Paris, ce serait visiter une foule de villes où des amis m'attendent; ce serait aller en Angleterre, en Belgique, en Allemagne, en Autriche, en Italie; plus que je ne pourrais faire. Triste métier que celui de Juif errant! » Il nous parle de ses œuvres, des enfants qu'il recueille, de l'heureuse influence qu'il en espère pour l'avenir. Puis, nous montrant le faîte de sa maison de Saint-Pierre : « Voyez-vous, dit-il, j'élèverai là-dessus une splendide statue, toute dorée, en l'honneur de l'apôtre saint Pierre. Le soleil levant y donnant en plein, la rendra étincelante et éblouira les schismatiques russes qui nous regardent de là-bas. Ils en crèveront de dépit, car ils n'aiment pas saint Pierre, ces bons schismatiques. »

Le P. Ratisbonne a mis un point d'arrêt à notre excursion autour de Jérusalem. Franchissons la route de Jaffa, laissons de côté l'établissement russe avec son église, sa coupole et ses vastes dépendances, ainsi que l'hôpital français de Saint-Louis que dirigent M⁻ᵉ de Piellat et son fils; longeons la partie nord des fortifications, et nous rencontrons à de faibles intervalles, tous assez rapprochés de la ville, la *grotte où Jérémie* composa ses lamentations, le *tombeau des rois* qui ne remonte pas au-delà des premiers siècles, et le *tombeau des juges* où étaient enterrés les membres du Sanhédrin, conseil suprême des Juifs. Tous ces monuments sont des cavernes fort lugubres dans lesquelles sont ensevelis des personnages marquants. Des derviches en gardent l'entrée et, moyennant un léger backchiche, guident les touristes dans leurs explorations. L'histoire nous dit où furent inhumés les juges et les rois, les premiers en diverses villes, loin de Jérusalem, et les derniers sur le mont Sion, pour la plupart. Mais aucun d'eux ne repose dans les lieux communément appelés Tombeau des Rois ou Tombeau des Juges.

Avant de clore ma lettre, je tiens à compléter mes notes sur le P. Alphonse Ratisbonne par un extrait du *Journal d'un voyage en Italie*, écrit par Mgr de Ségur, lorsqu'il n'était âgé que de vingt-deux ans. Il tenait tous ces détails de M. l'abbé Théodore Ratisbonne, le frère d'Alphonse. Voici d'abord les paroles de Théodore :

« Mon frère était de toute ma famille (laquelle est juive) celui qui avait contre la religion chrétienne et catholique le plus d'éloignement. Depuis seize ans que j'ai eu le bonheur de connaître la vérité divine, il n'avait plus de rapports avec moi; il ne m'écrivait jamais.....

» De sa vie, mon frère Alphonse n'avait ouvert un livre de religion; il menait l'existence des jeunes gens du monde, ses liaisons étaient toutes frivoles et dissipées. Mon oncle, riche banquier de Strasbourg, juif et sans enfants, venait de s'adjoindre Alphonse dans sa maison de banque; il l'avait pris en affection et, sous ce rapport, le plus riche et le plus brillant avenir s'ouvrait devant lui.

» Celui-ci venait d'être fiancé à une jeune juive, sa cousine; il en était amoureux fou et était excessivement impatient de l'épouser. Mais comme elle n'avait que seize ans, on voulait un peu attendre, et pour venir à bout de faire paraître le temps moins long à Alphonse, on l'envoya en Italie. »

A Rome, il fut exaspéré. La misère des Juifs lui fit dire : « Je hais plus que jamais la religion catholique. » Il alla visiter par politesse le baron de Bussière, protestant converti, qui lui parla de notre religion et lui fit prendre presque par force une médaille de Marie Immaculée.

Voici maintenant une lettre de M. de Bussière à l'abbé Théodore :

« Je sortais en voiture, le 20 janvier, de chez les La Ferronnays père; j'étais fort triste. Je vois Alphonse sortant d'un café, je lui propose de le prendre et de lui faire voir l'église de Saint-André. Il accepte, monte dans ma voiture, et nous allons à l'église. Nous descendons et nous entrons. On faisait les préparatifs du service de M. de La Ferronnays. Alphonse me demande pour qui est ce service. C'est pour ce pauvre La Ferronnays, lui dis-je, que j'ai eu le chagrin de perdre il y a trois jours. Il avance avec indifférence en examinant l'église, et moi, je monte au cloître où je fais ce que j'avais à faire. Au bout de dix à douze minutes environ, je redescends dans l'église, je cherche Alphonse, et je l'aperçois agenouillé sur les marches de l'autel, dans la chapelle de l'Ange-Gardien. J'approche, je l'appelle, pas de réponse; je le touche, il ne bouge pas; je le touche de nouveau plus fortement; enfin il tourne la tête, et je vois son visage baigné de larmes « Que Dieu est bon ! » dit-il. Je ne pus obtenir que cela de lui. Puis montrant M. de La Ferronnays, dont le corps était exposé dans une autre chapelle : « Il faut que ce saint ait bien prié pour moi ! » Après quelques temps il s'était calmé; son visage était, non pas changé, mais transfiguré. « Je veux un confesseur, » me dit-il avec une expression qu'il m'est impossible de rendre. « Je veux être baptisé. Ce que j'ai vu et ce qui m'est arrivé, je ne peux le dire qu'avec la permission d'un prêtre, car de telles choses ne se racontent qu'à genoux. »

» Je le menai de suite chez le P. de Villefort qui lui ordonna de parler. Voici ce qu'il dit alors : « Quand je fus dans l'église, lorsque vous fûtes
» parti, je regardai autour de moi. Tout à coup toute l'église disparut à
» mes yeux, je ne vis plus que la chapelle de l'Ange-Gardien, vers
» laquelle je marchai malgré moi, poussé d'une manière irrésistible.
» Quand j'y fus, je vis la Sainte-Vierge telle qu'elle est représentée sur
» ma médaille; elle me fit signe de me mettre à genoux, et je fus obligé
» de m'y mettre; elle ne me parla point, mais je compris tout cependant.
» Je ne puis vivre sans être baptisé. » Le P. de Villefort mit Alphonse en rapport avec plusieurs théologiens, qui lui trouvèrent une aptitude extra-ordinaire pour l'intelligence des mystères et sur les questions les plus savantes. Il saisissait tout avec une science et une clarté qui les confondaient, entre autres le Cardinal Mezzofante. De plus, circonstance non moins merveilleuse, il rencontra un protestant et sa femme, protestante aussi, et qui, depuis trois mois, résistaient à la grâce, et, par des arguments de profonde théologie, il les convertit presque complètement. »

Terrassé et converti, il ne négligea pas d'en informer son frère: voici ce qu'il lui écrivait : « Mon très cher frère, tu sais de quelle manière la miséricorde de Dieu a éclaté sur moi. Je t'ai fait bien du mal, je t'ai donné bien des chagrins; pardonne-les moi. Remercie Notre-Seigneur avec moi. »

Et quelques jours après : « Ce qui me réjouit dans ma conversion, c'est que l'on ne peut y voir que le doigt de Dieu seul. Aucun motif humain n'a pu me porter à changer de religion. Est-ce l'intérêt! Mais le mien n'était-il pas plutôt de rester ce que j'étais? Un attrait secret? Mais tu sais combien je haïssais la religion catholique. Des lectures antérieures? Mais tu sais que jamais de ma vie je n'ai ouvert un livre de religion. Mes liaisons? Mais tous mes amis, toutes mes connaissances étaient mondaines et anti-religieuses. J'écris à Flore, ma fiancée (que j'aime tant et qui est si digne d'être aimée) que je persévère dans mes engagements, si elle se fait catholique, et de cœur; sinon j'entrerai dans un cloître, de l'ordre le plus austère, et j'y finirai ma vie. Le premier livre religieux que j'aie ouvert de ma vie m'a présenté ces paroles quand j'y jetai les yeux pour la première fois : « Une telle conversion, si elle » n'était pas le résultat d'un miracle, serait elle-même le plus grand des » miracles. » Que je suis heureux de connaître la vérité et la lumière! Que je plains maintenant ceux de ma famille qui ne la voient pas! Ma conversion miraculeuse est, je l'espère, destinée à produire une grande impression; elle aidera au retour religieux qui agite notre époque. Déjà toute Rome est émue; et j'espère que ma conversion sera suivie de bien d'autres. J'ai été présenté au Saint-Père, qui m'a reçu avec la plus grande bonté. Je ne croyais pas être en la présence du Vicaire de Notre-Seigneur et du Pasteur des pasteurs, mais en la présence d'un père; il me caressait, m'embrassait; il me donna un crucifix et une médaille à son effigie. J'avais apporté une centaine de médailles de la sainte Vierge, qu'il bénit. Je compte me servir à l'avenir de cette médaille. J'entre en retraite au couvent des Jésuites, afin de ne pas salir ma robe blanche. J'ai été baptisé dans l'église du Jésu, au milieu d'un concours immense de monde; tout ce que Rome possède de pieux, de distingué et de curieux assistait à la cérémonie. Tout s'est passé dans le plus grand ordre; l'émotion était extrême. Mgr le Vicaire Apostolique officiait: M. Dupanloup m'a adressé une admirable exhortation. J'ai reçu la Communion et la Confirmation. Adieu, mon très cher frère; je ne pourrai t'écrire pendant ma retraite. Tu recevras cette lettre sans doute le jour de la Purification; quelle joie tu vas avoir! » « Marie-Alphonse. »

Le lendemain du jour où la Très-Sainte-Vierge lui était apparue, Alphonse Ratisbonne accompagna M. de Bussière dans une église, à l'heure du Salut; quand il se trouva en présence de Notre-Seigneur, il manqua plusieurs fois de se trouver mal : « Ah! mon cher, dit-il à M. de Bussière qui s'en inquiétait, vous ne savez pas ce que c'est que d'être en la présence du Dieu vivant que je sais être ici, encore souillé de la tache originelle et sans être baptisé. »

Or, la veille, il ne se doutait même pas de l'existence d'un Saint-Sacrement : « Jamais, écrivait-il à son père, jamais je n'ai ouvert un livre de religion. » Quoique juif, il ne connaissait pas même la Bible. Dans son trouble, il se rendit à la chapelle de la sainte Vierge, et quand il y fut : « Là je suis tranquille, dit-il à M. de Bussière, je sens que je suis à l'ombre de la plus grande des miséricordes. »

Le P. de Villefort lui demandait avant son baptême, s'il croyait fermement à la présence réelle de Notre-Seigneur dans la Sainte-Eucharistie : « Si j'y crois, s'écria-t-il, si j'y crois?... je sens Notre-Seigneur quand j'entre dans une église. » C'était la parole de sainte Marie-Madeleine de Pazzi qui tout enfant, ne pouvait se séparer de sa mère, les jours où celle-ci avait communié : « Maman, lui disait-elle, vous sentez bon, vous sentez Jésus. »

XVII

Le mont Moriah.

Jérusalem, le 21 mai 1882.

Les traditions orientales, à l'encontre de certaines traditions de l'Occi-
dent, sont à peu près unanimes pour fixer à Jérusalem la naissance de la
Très-Sainte-Vierge. En Europe, loin des lieux où se sont accomplis les
principaux mystères, Nazareth, si célèbre par le séjour de la sainte
Famille, aura été considéré comme le domicile exclusif de Marie et de ses
parents, et l'on aura conclu qu'elle y était née. Il est certain que saint
Joachim et sainte Anne avaient une maison à Séphoris et une autre à
Jérusalem. En Orient, on ne doute pas que Marie ne soit née dans cette
dernière, où se serait également réalisé le prodige de l'Immaculée Conception. Un rescrit de la sainte Congrégation des Rites, publié par ordre
de Léon XIII, le 26 août 1880, porte ces mots significatifs : « Au nombre
des plus célèbres sanctuaires de Jérusalem et de la Terre-Sainte, il faut
placer à juste titre l'ancienne église consacrée à Dieu en l'honneur de
sainte Anne, mère de la Très-Sainte-Vierge. *C'est là, comme le rapporte
une constante tradition, confirmée principalement par le témoignage de
saint Jean Damascène et de saint Sophrone, patriarche de Jérusalem,
que s'éleva la maison où fut conçue et naquit la bienheureuse Vierge
Marie elle-même...* »

C'est à quelques pas de la porte Saint-Etienne, dans l'enceinte des fortifications et à côté de la voie douloureuse prolongée. Une basilique, restaurée par sainte Hélène, y avait été élevée dans les premiers siècles en
l'honneur de Marie. Saint-Antonin la visita l'an 600, mais plus tard son
vocable fut changé en celui de *Sainte-Anne*. Reconstruite et agrandie par
les Croisés, elle est restée longtemps mosquée musulmane, jusqu'à ce

qu'enfin en 1855, au lendemain de la proclamation du dogme de l'Immaculée Conception, le sultan Abdul-Medjid en fit don à la France comme prix de sa coopération à la guerre de Crimée.

L'église de Sainte-Anne, restaurée avec intelligence dans ces dernières années, occupe le centre d'une vaste cour et est desservie par la congrégation des Missionnaires d'Alger; ils y ont établi une école apostolique pour les Grecs unis. Sous le maître-autel, une crypte dans laquelle on descend par un escalier de vingt marches, renferme trois petites loges creusées dans le roc en forme d'absides; on y entrait évidemment de plein-pied au temps de sainte Anne et de saint Joachim; la messe s'y dit sur des autels fixes. L'abside principale serait le lieu vénérable de l'Immaculée Conception et de la Nativité de la Sainte-Vierge. On se sent tout à fait à l'aise quand on prie dans ce sanctuaire; tout comme à l'*Ecce Homo* et à Gethsémani, le schisme ou l'hérésie ne viennent point vous coudoyer et vous dire avec impertinence : « Cette place est à moi. »

La *piscine probatique*, aujourd'hui comblée, serait dans l'angle nord-ouest de la cour. Toutes les fois qu'un ange venait, mettant l'eau en mouvement, le premier malade plongé recouvrait la santé. Jésus y guérit un paralytique qui attendait en vain depuis trente-huit ans[1]. J'ai vu dans les fouilles pratiquées par les PP. Missionnaires, à quelques cinquante pas de l'église, une ancienne construction pilastrée, en grande partie enfoncée dans la terre et en très bon état de conservation. Ne serait-ce pas le commencement des cinq portiques de la Betsaïda?

Le mont *Moriah* est tout près de Sainte-Anne, dans l'angle sud-est de la ville. C'est l'emplacement de l'ancien *temple de Salomon*, trapèze immense que ce roi fit niveler en écrêtant les rochers et en construisant des murs gigantesques destinés à retenir les terres et les blocs de pierre engouffrés dans les vides. Le temple a disparu, il n'en reste pas pierre sur pierre. Mais les constructions cyclopéennes de Salomon sont à peu près ce qu'il les fit et étonnent, comme autrefois, le voyageur qui les étudie. Dix portes donnent dans l'enceinte. L'ancien *parvis des Gentils*, l'esplanade actuelle, en fait intérieurement le tour; sa surface a une longueur moyenne de cinq cents mètres et une largeur de trois cents; des herbes qui croissent dans les interstices des rochers, quelques oliviers et de vieux cyprès en font tout l'ornement.

Le *parvis d'Israël*, à l'intérieur du parvis des Gentils, est remplacé par la plateforme, dont les dimensions moyennes sont de cent soixante-cinq mètres sur cent quarante-cinq; il est pavé de larges dalles comme du temps des Juifs. Que de précieux souvenirs il nous rappelle. Jésus, à l'âge de douze ans, y fut retrouvé par Joseph et Marie, écoutant et interrogeant les Docteurs de la loi[2]. Il en chassa les vendeurs et les acheteurs[3]. Il y prit la défense de la femme adultère[4]. Il y fit l'éloge du denier de la veuve[5]. Il y enseigna publiquement sa doctrine[6]. Les Juifs tentèrent de l'y lapider, comme blasphémateur[7]. Il y prédit la destruction du temple[8]. Le parvis d'Israël comprenait le vestibule du temple proprement dit, les deux champs

[1] Jean v. — [2] Luc, ii, 40. — [3] Jean, ii, 12. — [4] Jean viii, 2. — [5] Marc, xii, 41. — [6] Jean, vii, 14. — [7] Jean, x, 22. — [8] Math. xxiv, 1.

bres du trésor, à l'entrée desquelles Héliodore fut frappé de verges par une main invisible ; l'autel des holocaustes et la mer d'airain, vaste bassin soutenu par douze bœufs en fonte. L'autel des holocaustes est occupé par ce que les Musulmans appellent le *Tribunal de David*, monument gracieux formé de dix-sept colonnes à chapiteaux variés et surmonté d'une coupole décagone.

Au centre s'élève la *mosquée d'Omar*, au lieu même où s'élevait le temple proprement dit. On connaît les vicissitudes du temple de Salomon, détruit après quatre cent six ans par Nabuchodonosor, relevé par Zorobabel du temps de Cyrus, embelli par Hérode-le-Grand, brûlé pour jamais par un soldat de l'empereur romain Titus trente-sept ans après la mort du Sauveur. Julien l'Apostat voulut le reconstruire pour donner un démenti aux prophéties de Jésus-Christ : des flammes intelligentes poursuivirent les ouvriers, qui durent abandonner l'entreprise. L'an 633, le kalife Omar fit nettoyer l'emplacement du temple, devenu un réceptacle d'immondices, et y fit bâtir une mosquée. La mosquée actuelle, bien qu'élevée cinquante-cinq ans plus tard sur les ruines de la première et plusieurs fois restaurée depuis cette époque, n'en a pas moins conservé le nom de ce conquérant. La mosquée d'Omar est un bel édifice, léger, riche et élégant. C'est un octogone régulier, éclairé par cinquante-six ou plutôt par quarante fenêtres rectangulaires, les seize fenêtres des angles étant fermées, et dominé par une double coupole, un peu étranglée, mais d'une majesté imposante. L'extérieur du dôme est recouvert de plomb et se termine par un croissant doré.

Ici l'on ôte sa chaussure ; il n'appartient pas aux infidèles d'introduire une poussière profane dans ce sanctuaire de l'Islam, réputé l'un des plus célèbres du monde avec ceux de la Mecque et de Médine. Nous avons la faculté d'entrer nu-pieds ou avec des babouches, sorte de pantoufles que les gardiens mettent à notre disposition ; plusieurs des nôtres, nés malins, sont arrivés munis d'une double paire de chaussures, l'une aux pieds, l'autre à la main ; on a cru qu'ils s'étaient conformés aux rites prescrits, et on les a laissé passer. L'entrée de la mosquée d'Omar n'est permise aux chrétiens que depuis la guerre de Crimée ; autrefois elle était interdite sous peine de mort ; et Chateaubriand, qui fit son voyage d'Orient, en 1807, dut se borner à l'appréciation des formes extérieures de l'édifice. Le consul français, avec une bienveillance parfaite, envoie tous les jours un de ses janissaires dans les principaux logements ; et, sous son égide, nous entrons sans difficulté, moyennant une légère rétribution dont les Turcs veulent bien se contenter.

La disposition de la mosquée d'Omar est très simple. Trois enceintes circulaires et concentriques, séparées par des piliers et des colonnes d'un très beau marbre, remplacent les deux enceintes rectangulaires du Temple, le Saint et le Saint des Saints.

Le *Saint*, visité deux fois par jour par le grand-prêtre, était revêtu d'or intérieurement, et renfermait le chandelier à sept branches, la table d'or des pains de proposition, et l'autel des parfums en bois de cèdre et en or. La partie correspondante de la mosquée est garnie de versets du Coran, d'arabesques, de peintures et de sculptures, où l'or à profusion est mis au service de l'art. Quant aux fenêtres, une combinaison merveilleuse de verres coloriés détermine une harmonie de tons que nos plus belles verrières ne sauraient donner. Le dessin n'y est pour rien; la structure et l'agencement de l'ensemble produisent seuls des effets inimitables de lumière.

Le *Saint des Saints*, la Sakhra des Musulmans, se trouve sous la coupole. C'est une roche brute, au sommet du Moriah, sur laquelle Abraham se disposait à immoler son fils Isaac. Elle était au centre de l'aire d'Ornam le Jébuséen; et David, sur l'ordre de Dieu, y offrit un sacrifice que le feu du Ciel consuma en signe de pardon [1]. Ce rocher, aujourd'hui complètement nu, était recouvert de lames d'or d'une grande valeur; il supportait l'Arche d'alliance, coffre d'un bois très précieux, le Propitiatoire, table d'or placée au-dessus de l'Arche, et les Chérubins, deux hautes statues en bois d'olivier revêtues d'or.

Les Musulmans nous font voir en ce même lieu quantité de choses curieuses. Le rocher *Sakhra* serait celui sur lequel Jacob dormait lorsqu'il eut la vision de l'échelle mystérieuse; ils ont oublié que cette vision eut lieu à Béthel. Mahomet, montant au Ciel sur sa superbe jument El-Borak, aurait entraîné avec lui ce même rocher qui pourtant, sous la vigoureuse impulsion de l'archange Gabriel, se serait arrêté à une certaine hauteur et serait actuellement soutenu par un palmier invisible. Un plat bysantin orné de figures, est donné comme le bouclier de Hamzeh, oncle du grand prophète. Deux poils de la barbe de Mahomet sont religieusement conservés dans un long étui que contient une urne en argent. A côté, l'on voit l'étendard du Prophète, le drapeau d'Omar et les selles d'El-Borak. Si l'on descend dans la crypte creusée sous la Sakhra, on rencontre la langue, partie du rocher qui répondit à l'exclamation d'Omar après la découverte de l'oreiller de Jacob. Au centre est le puits des âmes; elles s'y réunissent deux fois la semaine pour y adorer Dieu. La balance du jugement dernier, où seront pesés les mérites et les péchés de chacun, est suspendue à l'entrée sud de la mosquée. Après l'opération du pesage, les âmes sont lancées sur un pont invisible qui relie, paraît-il, le Moriah au sommet de la montagne des Oliviers. Les justes passeront sans crainte, portés par leurs anges gardiens; les pécheurs, au contraire, seront saisis de vertige et tomberont dans la vallée de Josaphat pour s'engloutir dans l'enfer.

Après avoir visité la mosquée d'Omar, nous nous dirigeons vers la mosquée El-Aksa, séparée de la première par une distance de cent pas environ. Elle termine la partie méridionale de la plateforme. Nous trouvons sur notre chemin une trentaine de Musulmans en prière. Tantôt debout, les mains jointes et le regard tourné vers la Mecque, tantôt prosternés la face contre terre, ils obéissent à des signaux cadencés donnés par un derviche et semblent peu préoccupés de notre présence.

La mosquée *El-Aksa* s'élève sur les ruines de l'ancienne église de la Présentation, construite dans les premiers siècles sous le vocable de *Sainte-Marie*, et convertie en mosquée par le kalife Omar. Elle est très vaste dans ses dimensions, de quatre-vingt-dix mètres de longueur sur

[1] II Rois, XXIV, 1.

soixante de largeur, à sept nefs et précédée d'un porche à sept arcades. On remarque à l'entrée le tombeau des fils d'Aaron, qui serait très probablement celui des assassins de saint Thomas de Cantorbéry. Sur l'ordre du pape, ils vinrent en Palestine faire pénitence de leur crime; et leur sépulture aurait jadis porté cette épitaphe : « Ici reposent les misérables qui ont martyrisé le Bienheureux Thomas, archevêque de Cantorbéry. » Une belle coupole, moins grande cependant que celle de la mosquée d'Omar, correspondrait à l'habitation de la Très-Sainte-Vierge lors de son séjour dans le temple.

Une particularité curieuse de cette mosquée, c'est que deux colonnes, les *colonnes de l'épreuve*, à gauche de la nef centrale, très rapprochées l'une de l'autre, ne donnent passage qu'aux prédestinés de Mahomet; les personnes trop volumineuses sont irrévocablement condamnées. Il y avait lieu cependant de se féliciter du frottement déjà considérable produit sur les deux colonnes, frottement qui, dans une série de siècles, aurait sensiblement accru le nombre des élus, lorsque un beau matin, l'an dernier peut-être, un pauvre malheureux dont les efforts étaient restés impuissants pour franchir la terrible impasse, y fut trouvé sans vie, écrasé comme dans un étau ou sous une forte machine de compression. Des barres de fer ont depuis fermé le passage. N'est-ce point un signe que le paradis de Mahomet est déjà comble?

Comme l'on voit, il n'est pas une portion de cette immense enceinte si mémorable dans son passé qui ne soit souillée par le pied des infidèles; la malédiction divine est tombée sur elle dans toute la rigueur de sa justice. Et si, tant que dura l'occupation des Croisés, un culte pur et d'agréable odeur fut rendu dans les deux mosquées au Dieu trois fois saint, ce n'a été qu'une interruption passagère à une série de profanations dont on ne peut prévoir la fin.

J'ai déjà parlé du mur de soutènement qui, à l'ouest, sépare les terrassements du temple de la vallée des Tyropéons. C'est contre ce mur que les Juifs vont pleurer le vendredi de chaque semaine. En retournant de la place où ils se réunissent pour cette lugubre cérémonie, j'ai pu voir fonctionner dans une grange un moulin arabe; la meule tournait horizontalement comme dans un pressoir d'huile sous l'action d'un cheval que faisait marcher un enfant de sept à huit ans. Le petit drôle était fier de notre présence, et pour nous donner des preuves de son savoir-faire, il fouettait vivement la pauvre bête qui se précipitait de son mieux dans cette arène sans limites; la farine n'en aura été que meilleure. J'ai pu pénétrer ensuite dans le palais du gouverneur; ce que nous avons vu n'est pas d'un luxe exagéré. Les bâtiments n'en appartenaient pas moins à un hôpital catholique volé par les Turcs, il y a bien longtemps. Une cour voisine renferme des prisonniers qui semblent prendre leur temps à loisir et adressent sans doute dans leur for intérieur des remerciements à l'administration qui les héberge gratuitement.

De là à l'Hospice autrichien il n'y a qu'un pas; je passe sous la *maison du mauvais riche* et rentre dans mon logement.

XVIII

Voie de la captivité et voie douloureuse.

Jérusalem, le 22 mai 1882.

Le chemin que dut parcourir Notre-Seigneur Jésus-Christ la nuit de sa
Passion est d'une longueur considérable. Du Cénacle à Gethsémani; de
Gethsémani chez Anne et chez Caïphe, à côté du Cénacle; de la maison de
Caïphe aux palais de Pilate et d'Hérode; du prétoire au Calvaire; telles
sont les étapes de cette nuit terrible. Nous les diviserons, selon l'usage
admis, en voie de la Captivité et voie Douloureuse.

La *voie de la Captivité* part du jardin de Gethsémani, du lieu où Jésus,
trahi par l'un de ses disciples, fut livré à la soldatesque barbare du gouverneur. Elle franchit le torrent du Cédron à l'endroit où il tomba, laissant gravée sur la pierre l'empreinte de son genou, pour remonter les
pentes de l'Ophel et aboutir sur les hauteurs de Sion, dans la maison du
grand-prêtre Anne; cette maison est à l'intérieur des fortifications, à
quelques pas de la porte de Sion. A l'extérieur, et à une distance à peu près
égale, se trouve celle de Caïphe, son gendre. Je parlerai prochainement
de l'une et de l'autre.

Les palais de Pilate et d'Hérode, respectivement assez rapprochés, étaient
loin de là, à l'autre extrémité de la ville, vers le mont Bézétha. Du *palais
d'Hérode* il ne reste plus rien; des maisons particulières ont été bâties sur
ses ruines. Il n'en est pas de même du *palais de Pilate* et du *Prétoire*, que
la citadelle Antonia séparait et sépare encore de la plateforme du Temple.
Une rue, celle qui part de la porte Saint-Etienne et va de l'est à l'ouest,
les partage en deux. A gauche, sur le midi de la rue, s'élève une caserne
turque qui renferme dans une cour le lieu où Jésus fut condamné à mort,

une petite mosquée sur l'endroit où il fut couronné d'épines et, dans le mur attenant à la rue, les traces de l'escalier, *Scala sancta*, par lequel Jésus-Christ dût descendre pour prendre sa croix. Cet escalier a été transporté à Rome où on le vénère près de l'église de Saint-Jean-de-Latran. A droite, sur le nord, un petit oratoire a été bâti par les Franciscains sur les ruines d'une ancienne église usurpée par les Musulmans en 1618 et rendue aux légitimes possesseurs par Ibrahim-Pacha en 1838. Le maître-autel est au-dessus du *lieu de la Flagellation*. — Vient ensuite, le long de la rue et du même côté, le vaste couvent des Dames de Sion de l'*Ecce Homo* Un grand arc, à cheval sur la rue, ou plus probablement le petit arc collatéral qui domine l'autel principal du sanctuaire, serait la tribune de dérision sur laquelle Pilate exhiba le Sauveur couronné d'épines et revêtu de pourpre, avec ce titre qui donne son nom au monument : Voilà l'Homme : *Ecce Homo*. Le P. Ratisbonne a fait ici des merveilles. Une chapelle expiatoire, ou plutôt une très belle église, s'est élevée sur le lieu de l'insulte. A droite, en entrant, dans un petit oratoire, on voit une grande statue de Jésus portant sa croix; au fond, et sur l'arc, une statue en marbre blanc de l'*Ecce Homo* avec cette inscription : « *Ecce rex vester*, voilà votre roi. » Et sur les flancs de l'édifice réside tout un essaim de vierges qui font entendre le cri du repentir et réclament grâce pour la nation déicide. De belles et touchantes cérémonies nous ont attirés déjà plusieurs fois dans ce pieux sanctuaire où l'on croit apercevoir le divin Maître désolé et meurtri sous cette image que nous avons en face, et dont le pied repose où reposait le pied même du Sauveur. J'ai pu voir dans les dépendances du couvent, l'ancien *Lithostrotos*, sorte de pavé en mosaïque, sur lequel s'ameutait la foule déicide; il est à un mètre environ plus bas que le niveau de la rue. Les fouilles du P. Ratisbonne ont mené à de précieuses découvertes.

La Voie douloureuse commence où finit la Voie de la captivité, c'est-à-dire dans le prétoire de Pilate où Jésus fut condamné à mort. Une sorte de cuvette creusée dans la cour de la caserne indique le lieu où se tenait Jésus pendant l'injuste sentence. C'est la *première* station du Chemin de la Croix. La *deuxième* est à quinze mètres en arrière, au bas de l'escalier qui descendait du prétoire dans la rue. Lorsque la caserne est fermée, on fait en pleine rue et non loin de la deuxième station, les prières de la première. Les prières préparatoires se disent généralement dans la chapelle de la Flagellation.

La *troisième* station est à deux cent trente-trois mètres de la deuxième et au fond de la rue qui passe sous le grand arc de l'*Ecce Homo*, pour longer le couvent des Dames de Sion et les bâtiments de l'Hospice autrichien. Une petite chapelle, au pouvoir des Arméniens catholiques, marque le lieu où Jésus-Christ est tombé pour la première fois. — Ici nous entrons dans une rue transversale qui part de la porte de Damas et se dirige vers le sud. A trente-sept mètres, se trouve l'extrémité d'une rue parallèle à la rue de l'*Ecce Homo* et par laquelle déboucha la Très Sainte-Vierge au moment de sa rencontre avec son divin fils traînant sa croix. Des ruines qui vont être relevées et appartiennent aux Arméniens-Unis rappellent le souvenir d'une église dédiée à Marie sous le vocable de

Notre-Dame-du-Spasme, autrefois en grande vénération. Nous sommes à la *quatrième* station.

La *cinquième*, où Simon de Cyrène aida Jésus à porter sa croix, est à vingt-trois mètres plus loin, à la naissance d'une nouvelle rue perpendiculaire à celle qui, venant de la porte de Damas, s'esquive dans un tunnel pratiqué sous la maison du mauvais riche. La cinquième station est indiquée par un trou creusé dans le mur, sur la gauche en entrant dans la nouvelle rue et en face de l'habitation du pauvre Lazare, qui serait à droite. La *sixième* station est à quatre-vingt-six mètres de là, devant la maison de Véronique qui conserva sur son voile l'empreinte de l'auguste face du Sauveur. Une colonne encastrée dans le pavé est l'unique signe indicateur. Plus haut, à soixante mètres, on est en face d'un mur où une inscription latine nous rappelle qu'ici s'ouvrait la *porte judiciaire* où fut affichée l'inique sentence de mort portée contre Jésus. On voit dans le bas des murs de grosses pierres qui ont dû appartenir à l'ancienne porte; et une colonne qui coupe en deux la fenêtre d'une boutique ne serait autre que la colonne de la sentence. C'est par la porte judiciaire que l'on sortait de la ville pour gravir les hauteurs du Calvaire. Depuis longtemps, un quartier populeux, le quartier chrétien, s'est fixé autour de cette montagne mémorable; et les fortifications ont dû être reculées jusque sur les plateaux du mont Gareb. Jésus tomba pour la deuxième fois à la porte judiciaire; c'est la *septième* station.

Pour arriver de la septième à la *huitième* station, on prend, l'espace de trois pas, la gauche d'une rue transversale pour entrer dans une nouvelle rue dite rue Chrétienne, qui peut être considérée comme la continuation de celle qui nous a conduits de la cinquième à la septième station. A trente-cinq mètres du point de départ, on aperçoit sur la gauche deux trous dans le mur; ils indiquent l'endroit où Notre-Seigneur consola les filles de Jérusalem. Ce mur appartient au couvent grec de Saint-Caralembos. Si l'on pouvait le traverser, la *neuvième* station, troisième chute de Jésus, ne serait qu'à quelques pas, tandis qu'il faut retourner en arrière, prendre la première rue à droite, remonter encore une nouvelle rue transversale, pour arriver après une assez longue impasse en face d'une colonne verticale, au coin d'une cour et à l'entrée d'un couvent cophte. Le trajet doit être de près de cent cinquante mètres. Ici encore, ne pouvant pénétrer dans le couvent cophte, l'on revient sur ses pas, et l'on parcourt un espace de deux cents mètres pour arriver à la *dixième* station, Jésus dépouillé de ses vêtements, sur le plan du Calvaire, dans la basilique du Saint-Sépulcre. Un chemin direct n'aurait pas plus de trente mètres de longueur. Les *dixième*, *onzième*, *douzième* et *treizième* stations sont sur le Calvaire. La *quatorzième* est dans l'édicule même du Saint-Sépulcre, au centre de la Rotonde.

A ce simple exposé des stations de la Voie douloureuse, nous n'ajouterons qu'un mot. La première station est aux Turcs, et l'on ne peut prévoir par quels moyens elle pourrait nous revenir. La huitième est aux Grecs et la neuvième aux Cophtes; il semble bien difficile de jamais en acquérir la propriété. Il en est de même de la douzième, située sur le Calvaire, au lieu où la croix fut plantée, et qui est en la possession des

Grecs schismatiques. Quant aux autres stations, ou elles nous appartiennent, ou l'on est en train de les racheter. Le prix en sera très élevé; il faudra ériger un souvenir pieux, une chapelle pour le moins, sur les emplacements sanctifiés par les phases diverses qui ont signalé la marche agonisante de Jésus. La charité catholique pourra seule mener à succès une œuvre aussi belle et d'une importance si capitale.

Il est un mot trop connu dans notre France et qui n'a pas cours à Jérusalem; c'est le respect humain. A toute heure du jour, des pèlerins isolés parcourent les diverses stations de la Voie douloureuse, tombent à genoux au milieu de la rue, baisent la terre et prient en présence des Musulmans surpris et sympathiques. Un exercice particulièrement émouvant et qui a la spécialité d'attirer des foules nombreuses, c'est le Chemin de la Croix solennel du Vendredi. Le pèlerinage tout entier, divisé en huit ou dix groupes, y assiste. Les deux grandes Croix qui ont présidé sur les deux vaisseaux à notre navigation, sont portées en triomphe, l'une en tête du parcours, l'autre en queue. La première arrive au Saint-Sépulcre, lorsque la dernière entre encore dans le Prétoire de Pilate. C'est, à chaque station, une courte allocution par l'un des orateurs les plus connus, puis, dans le trajet, des chants pleins d'entrain et de vie, et sur la fin, lorsque tout le monde est réuni dans la Basilique, un dernier chant et une dernière allocution. C'est ainsi que le P. Marie-Antoine, apercevant les deux croix accolées aux deux côtés du Saint-Sépulcre, y trouve l'image de l'Eglise et de la France qui s'embrassent dans une étreinte sublime sur le tombeau du Christ; le pèlerinage est pour lui le point de départ de la régénération de notre pays. Espérons qu'il verra juste. Après quoi, les glorieux trophées sont repris sur nos épaules et rapportés chez les Franciscains de Casanova aux cris mille fois répétés de « Vive Jésus! Vive sa Croix! »

L'effet produit par des cérémonies de cette nature, en un tel lieu, et dans de telles circonstances, est indescriptible. Reconnaissons, en passant, que la liberté la plus absolue nous est accordée. Dieu veuille, qu'à notre retour dans la patrie française, nous n'ayons jamais à regretter de ne plus vivre en plein pays musulman.

Novembre 1882.

La sixième station du Chemin de la Croix me mène à vous parler du voile de Véronique, généralement connu sous le nom de *Sainte-Face*.

Cette précieuse relique est conservée à Rome, dans la basilique de Saint-Pierre, dans une niche de l'un des quatre grands piliers qui supportent la magnifique coupole de Michel-Ange. C'est un linge, une sorte de mouchoir qu'une pieuse femme sortant de sa maison située sur la Voie douloureuse, présenta au divin Maître. Jésus voulut bien l'appliquer sur son visage couvert de crachats, de sueur et de sang; et, s'en étant servi, il le lui rendit après y avoir imprimé sa majestueuse et vénérable effigie.

Le propagateur de la dévotion à la Sainte-Face, dans ce siècle, a été M. Dupont, le saint Homme de Tours. Quelques six mois après sa mort, en 1876, j'eus l'avantage de visiter son oratoire, jadis salle de réception, et de prier un instant devant l'image meurtrie du Sauveur, appendue au mur dans un cadre des plus modestes. Une petite lampe brûlait au-dessous. C'est avec l'huile de cette lampe que le saint Homme faisait ses prodiges; c'est en présence de cette Face vénérée qu'il s'agenouillait de longues heures, priant pour les pécheurs et pour l'extension du règne du Christ. Cette visite me fit une profonde impression.

Or, voici qu'à notre arrivée à Jérusalem, un jeune arabe vient au-devant de nous avec une splendide bannière de la Sainte-Face. Un ancien ami de M. Dupont, M. Montargis, de Rouen, sent aussitôt son cœur palpiter d'émotion. Il court vers l'arabe, lui réclame l'honneur de porter le saint étendard, l'obtient, et, flanqué de quelques amis, marche en tête de la procession. Deux drapeaux français, envoyés par le consul, vont de front avec lui. Une garde d'honneur de huit soldats turcs précède à quelques pas, et c'est ainsi que nous franchissons les vieilles murailles de Jérusalem et parvenons jusqu'au Saint-Sépulcre.

Mais M. Montargis désirait autre chose. Il voulait emporter en France sa bannière. Il fallait, pour cela, l'obtenir des dames de Sion de l'*Ecce Homo* qui la détenaient depuis quatorze ans. Elle était un don des Mères chrétiennes de Tournai, et servait aux processions des grandes fêtes, soit à l'*Ecce Homo*, soit à la succursale de Saint-Jean-du-Désert. Laissons le pieux pèlerin nous raconter lui-même, dans les *Annales de la Sainte-Face* (1) les circonstances et les résultats de sa diplomatie:

« Le lendemain, j'allai faire visite au R. P. Marie-Alphonse Ratisbonne. Notre conversation eut lieu près de la célèbre arcade de l'*Ecce Homo* où Pilate montra Notre-Seigneur au peuple. Je lui exprimai combien j'avais été heureux et fier de porter la bannière de la Sainte-Face, en tête des mille pèlerins français; que dans une telle circonstance elle devenait pour nous un souvenir national, et que je désirais vivement l'emporter en France. Il me fit observer qu'il y avait une difficulté à cause des donateurs de qui les religieuses de Notre-Dame-de-Sion l'avaient reçu. Je répondis que ces pieux donateurs ne blâmeraient pas sans doute cette concession, quand ils en sauraient les circonstances, et que, d'ailleurs, je prenais l'engagement d'envoyer une autre bannière semblable, pour le moins aussi belle. Je tourmentai ainsi ce bon Père, et, intérieurement, je priais Notre-Seigneur de me faire obtenir ce bel étendard qui, pour moi, était une véritable relique, parce qu'il avait longtemps séjourné sous cette arcade de l'*Ecce Homo*, où, pendant sa Passion, le Christ avait laissé voir, en réalité, et pour la première fois, à un peuple coupable, sa sainte Face défigurée par la douleur. — « Que feriez-vous donc de cette bannière, me dit tout à coup le P. Ratisbonne, si je vous la laissais emporter? — Je veux, cher père, la déposer dans la maison du meilleur ami que Dieu m'ait donné sur la terre, dans l'oratoire d'un saint qui, pendant sa vie, a employé tout son temps à prêcher l'œuvre de la Réparation et le culte de la Sainte-Face. Il habitait Tours et se nommait

(1) Revue mensuelle publiée par les Prêtres de la Sainte-Face, à Tours, 8, rue Saint-Étienne. — On trouve, à cette même adresse, la vie de M. Dupont, par M. l'abbé Janvier, doyen du chapitre.

M. Dupont. Peut-être en avez-vous entendu parler; car Notre-Seigneur accordait des grâces éclatantes par son intermédiaire. — Oh ! alors, me dit le bon Père, nous devons être, nous aussi, deux amis, car, à tous deux, Dieu a donné le même ami commun. Puisque c'est chez lui que vous désirez placer ma bannière, je ne me sens pas la force de vous la refuser. Je vous la donne de grand cœur, oh ! oui, ajouta-t-il, de très grand cœur ! »

« Je lui demandai comment il avait connu M. Dupont. Il me répondit que c'était en allant le voir pour sa guérison « J'étais sourd d'une oreille. Cela me gênait beaucoup. Quelqu'un me dit : si vous alliez à Tours ! Il y a là un saint homme à qui Dieu accorde bien des grâces. Vous prierez avec lui devant son tableau de la Sainte-Face, et peut-être obtiendrez-vous votre guérison. J'y allai avec la conviction que je serais guéri tout de suite. Je priai avec M. Dupont, je me fis une onction d'huile, et, à ma grande surprise, je n'étais point guéri. Je m'en retournai à la gare bien déconcerté, disant au bon Dieu : J'ai pourtant besoin de mes oreilles; pourquoi ne voulez-vous pas me les rendre ? Je montai en wagon pour m'en retourner, et néanmoins je continuai ma prière. A peine le train se mit-il en marche que je me sentis guéri. Je retournai à Tours remercier Notre-Seigneur, et là je me liai tout à fait avec M. Dupont, que j'ai revu trois fois, et qui m'est resté toujours très attaché. Vous le comprenez donc, c'est avec bonheur que je vous donne ma bannière. » — Nous nous embrassâmes, et, à mon tour, je me liai étroitement avec ce bon Père, que je revis souvent pendant mon séjour à Jérusalem... Je lui écris, et lui annonce l'arrivée de sa bannière à destination. »

Nous devons ajouter qu'en compensation une bannière toute semblable est brodée par les Carmélites de Tours pour aller au sanctuaire de l'*Ecce Homo* dédommager les religieuses de Sion de leur sacrifice. Elle sera le prix des aumônes envoyées par les zélateurs de la dévotion à la Sainte-Face et partira par l'un des prochains pèlerinages.

XIX

Saint Jean dans la Montagne.

Saint-Jean, le 24 mai 1882.

Un fait qui tient du prodige, c'est qu'il a plu ces jours-ci à Jérusalem.
Plusieurs des vivants n'en avaient jamais tant vu dans la saison où nous
sommes. Et voilà pourquoi lundi dernier, 22 mai, je n'ai pu partir pour
Aïn-Karim (Saint-Jean dans la montagne). Je n'ai pu, c'est-à-dire je n'ai
pas osé; car dans la soirée, le ciel quoique menaçant et très nuageux, a
retenu ses digues; et rigoureusement il m'eut été possible d'effectuer le
voyage projeté.

Cela me mit de mauvaise humeur. Ajoutez que le P. Léon, organisa-
teur de bien des choses, très aimable d'ordinaire, me promit ce même
soir que dans trois semaines, ce qui voulait dire, quinze jours après
mon embarquement, je pourrais dire la messe sur le Saint Tombeau de
Notre-Seigneur !

Ne boudons pas, prenons-en notre parti, et à la grâce de Dieu ! Et
hier matin, je me levais sur les quatre heures; j'étais à la porte du Saint-
Sépulcre au moment même où la basilique s'ouvrait. J'aborde au hasard
un religieux, c'est le frère sacristain; je lui demande s'il n'y aurait pas
moyen de dire la sainte messe sur le tombeau. Et il me répond, — Dieu
le bénisse à jamais ! — qu'il y aura place pour deux, vu que deux des
des prêtres inscrits pour la nuit ont fait défaut. C'est ainsi qu'avec un

de mes amis j'ai eu le bonheur d'offrir le saint sacrifice sur la pierre
sacrée qui a soutenu le corps de mon Dieu! Cette faveur m'a été d'autant
plus précieuse que j'y avais intérieurement renoncé, vu les difficultés
énormes qui surgissaient sous mes pas. Peut-être Dieu a-t-il eu égard à
n   esprit d'abnégation. Toujours est-il qu'à la mauvaise humeur de la
veille avait succédé une grande joie, et qu'hier mardi, après la sainte
messe et un modeste déjeuner, je me lançais tout heureux dans la
direction de Saint-Jean.

Le chemin, d'une longueur de six kilomètres, ressemble beaucoup aux
plus mauvais sentiers de la Samarie; nous l'affrontons à pied, et laissant
sur notre droite la Piscine supérieure, le champ du Foulon et l'orphelinat de Saint-Pierre, nous arrivons à un grand couvent schismatique,
le monastère de *Sainte-Croix*; c'est le séminaire des Grecs non unis. Sous
le maître-autel de l'église on fait voir le lieu d'où aurait été extrait,
d'après la tradition, l'arbre de la vraie croix, un noyer d'après saint
Antonin, un cyprès d'après quelques-uns, peut-être un olivier. Une
curieuse légende reproduite sur les murs de l'abside veut que Loth, sur
l'ordre de Dieu et pour l'expiation d'un grand péché, ait planté et arrosé
pendant plusieurs jours des boutures de cyprès avec de l'eau qu'il allait
puiser au Jourdain. Il revenait un soir de sa longue course, lorsque des
démons, sous la figure de pauvres mendiants, lui vidèrent son outre. Il
était tard, et ne pouvant repartir pour le Jourdain, Loth craignait pour
ses boutures et était dans la désolation, lorsque le Seigneur lui apparut
et lui certifia, qu'en récompense de son bon vouloir et de sa charité, ses
fautes étaient pardonnées et ses cyprès grandiraient. L'un d'eux aurait
fourni plus tard le bois sacré.

Le pays que nous traversons n'est pas absolument inculte; nous apercevons des vignes assez mal travaillées, plantées sans ordre, les souches
étendues sur la terre, quelquefois soutenues par des piquets. Elles donnent un vin qui n'est pas trop désagréable à boire, malgré un goût très
prononcé de goudron.

L'aspect de Saint-Jean est tout gracieux. Le couvent des Franciscains,
le sanctuaire de la Visitation, les constructions russes et la succursale des
dames de Sion embellissent le paysage, de lui-même fort triste.

Les Franciscains offrent aux pèlerins cordiale hospitalité; nous dînons
d'un excellent appétit. Ne sachant trop ce que nous préparent les nuages
amoncelés à l'horizon, nous avons hâte avant d'examiner la ville et les
alentours, de courir sous un soleil d'orage, à la *grotte de saint Jean-
Baptiste*, à une bonne heure de là. Dans l'intervalle, c'est bien le désert,
des montagnes arides, sans aucune végétation; à droite la vallée pierreuse du Térébinthe où David terrassa de sa fronde le géant Goliath.
Nous distinguons le lieu du combat. Les Philistins sont en face, sur le
versant qui nous regarde; ici Saül et son armée. L'on se rend très bien
compte du récit des Saints-Livres[1].

Un peu de verdure entoure la grotte; quelques oliviers et une source
abondante communiquent à cette oasis une perpétuelle fraîcheur. La

[1] I Rois, XVII.

grotte est dans le roc, avec un autel sur le fond; c'est le lit du plus grand des enfants des hommes. Elle surplombe la vallée à mi-côte et fait face à un village arabe. Un ermite breton l'habite d'ordinaire; nous trouvons dans un plat en fer les restes de son repas, un peu de riz cuit à l'eau. Au-dessous de la source il a planté quelques fleurs; l'une d'elles nous sourit délicieusement, et je l'aurais emportée à titre de souvenir si je n'eusse craint de faire de la peine au bon ermite qui était absent. J'ai vu des sauterelles, mais non du miel sauvage dans les environs.

On venait de nous raconter que les indigènes du village avaient tiré dernièrement sur le solitaire. Était-ce vrai ? était-ce faux ?... Je m'entretenais de ces pensées, lorsque tout-à-coup j'entends une détonation. Je ne suis pas très rassuré; mais reprenant tout mon courage, je continue mon travail qui consistait à m'approcher suffisamment de la source pour y prendre un peu d'eau. Un deuxième coup de fusil part presque aussitôt, et je distingue sur le rocher voisin le bruit de la balle ou des plombs qui s'aplatissent. J'étais seul: cette fois je dis adieu à l'onde pure, à la cellule, au jardin de l'ermite, et je remonte le sentier qui doit me ramener à mon point de départ. Mes appréhensions ne furent pas de longue durée; il était arrivé ce dont je me doutais bien un peu, sans trop oser m'y fier. Un de nos braves, un jeune homme s'amusait à essayer sa carabine et tirait à la cible.

Le village de Saint-Jean comprend deux parties : l'une, la plus voisine du Désert, est occupée par le sanctuaire de la Visitation et l'établissement russe. L'autre, est d'un bon kilomètre plus rapprochée de Jérusalem; c'est le centre de l'agglomération, et contient avec le monastère franciscain, l'église de la Nativité de saint Jean-Baptiste et la maison du P. Ratisbonne.

Le *sanctuaire de la Visitation* est une très ancienne chapelle, découverte, il y a quelques années, sous les ruines d'une église de construction plus récente. On voit dans la paroi du mur, à droite, derrière une grille, un fragment de rocher portant l'empreinte du corps de saint Jean-Baptiste. Ce rocher se serait amolli comme de la cire pour cacher le petit Précurseur, lorsque âgé de quelques mois, il était poursuivi par les sbires d'Hérode qui l'auraient infailliblement mis à mort. La montagne d'où ce fragment a été extrait, est appelée *montagne de beurre*.

L'autel principal est dédié au *Magnificat*, et l'autel secondaire que l'on aperçoit sur la gauche, à saint Zacharie. C'est ici même qu'aurait retenti pour la première fois le beau cantique de la Vierge, qui devait être un chant de triomphe jusqu'aux dernières générations.

Mais si le mystère de la Visitation s'est accompli dans la maison de campagne de sainte Elisabeth, Jean-Baptiste serait né dans le village qui porte aujourd'hui son nom et dans l'église qui lui est dédiée. A l'extrémité de la nef, à gauche, se trouve une petite grotte dans laquelle on descend par un escalier de sept marches; dix lampes l'éclairent continuellement. C'était une des chambres de la maison des saints époux (Indulgence plénière). L'on y lit avec attendrissement le récit de saint Luc, chapitre I, et l'on y chante de grand cœur le saint cantique de Zacharie qui répond si bien au *Magnificat* de la Vierge : « *Benedictus*

Dominus Deus Israel : Béni soit le Seigneur, le Dieu d'Israël, de ce qu'il a visité et racheté son peuple. » *L'église de la Nativité* desservie par les Pères Franciscains, sert d'église paroissiale aux cent catholiques d'Aïn-Karim, village de sept cents habitants presque tous musulmans.

Entre le village et la chapelle de la Visitation, une source de très bonne eau, près de laquelle les Mahométans ont élevé un lieu de prière, est appelé par les chrétiens *fontaine de Sainte-Elizabeth* ou *fontaine de la Vierge.*

On ne quitte pas le berceau du saint Précurseur sans visiter la succursale de l'*Ecce Homo*, le gracieux couvent des Dames de Sion. Le P. Ratisbonne envoie ici le trop plein de son orphelinat de jeunes filles; et durant notre séjour à Jérusalem, les religieuses ont fait l'impossible pour loger à Saint-Jean tout leur petit monde, afin d'offrir une plus large hospitalité aux dames du pèlerinage. On se rend aisément compte de ce que pourrait une main intelligente pour fertiliser et embellir ces tristes déserts. L'enclos assez considérable du P. Ratisbonne est merveilleusement entretenu; la végétation en est splendide, le terrain donne de magnifiques produits. Quels beaux résultats n'obtiendrait pas un gouvernement doué d'un peu d'initiative et moins préoccupé de faire peser sur son peuple un joug de fer que d'augmenter par de sages procédés la fortune publique. Les Dames de Sion dirigent une école où elles enseignent le français et l'arabe. J'ai questionné de toutes petites fillettes qui en remontreraient à leurs aînées de France pour les divers exercices de notre langue.

Hier soir, pluie longue et serrée; heureusement nos excursions étaient finies. Certains de nos confrères moins fortunés, ont reçu des averses dont ils garderont souvenir; ceux du moins qui, venant de Bethléem, se sont égarés dans la montagne, et ne sont arrivés qu'à une heure avancée de la nuit. « Je me croyais définitivement perdu, nous a dit l'un d'entr'eux, curé dans la banlieue de Metz; j'ai rôdé plusieurs fois autour d'un même cercle, et mon guide ne savait jamais retrouver sa route; c'est à la lueur des éclairs que Saint-Jean s'est enfin manifesté. » Les bons Pères ont dû mettre à contribution tout leur vestiaire, et si l'habit faisait le moine, ils auraient pu se sentir fiers de l'accroissement inattendu que prenait leur noviciat; car le couvent est aussi une école apostolique, une maison d'apprentis-novices. Encore les robes de bure n'ont-elles pas suffi, et plusieurs pèlerins manquant d'habits de rechange, ont dû souper dans leur lit.

Pendant le repas, le curé franciscain de Saint-Jean fait une quête pour l'achat d'un pauvre orphelin qui lui coûte cent vingt francs, le prix des mois de nourrice d'un enfant de deux ans et demi. Le curé est un ancien schismatique converti.

Ce matin, avant de retourner à Jérusalem, je fais une dernière visite au *Magnificat*, et j'ai la bonne chance de lier conversation avec le frère gardien, d'origine italienne, qui m'offre des fleurs de son parterre, et me parle un peu de tout, surtout des schismatiques ses voisins. Les prêtres schismatiques ne célèbrent que rarement. Leur instruction, quoique très imparfaite, ne leur permet guère de vivre dans la bonne foi; la plupart ne sont que des farceurs ou des coquins. Il nous a cité le fait d'une servante qui, ayant volé deux bracelets à sa maîtresse, alla se confesser à un prêtre grec non-uni, et en reçut cette singulière réponse : « Donne-moi l'un de ces bracelets et garde l'autre pour toi. » Peu satisfaite d'une pareille décision, elle consulte pour l'acquit de sa conscience un prêtre catholique. Ici ce fut tout autrement, et ordre lui est intimé de rendre immédiatement son butin au propriétaire légitime. La pénitente va trouver sa maîtresse, lui avoue sa faute et lui fait part de la double décision de ses confesseurs. Elles entrèrent bientôt l'une et l'autre dans le gyron de la véritable Eglise.

L'évêque grec de Bethléem entoure ses administrés d'une telle confiance, qu'au moment de faire une absence, de si courte durée soit-elle, il fait appeler le frère sacristain du couvent latin et lui livre la garde de ses trésors. Les dignitaires du schisme sont fort riches; leurs revenus montent bien vite à des sommes fabuleuses; mais ils n'en jouissent pas longtemps d'ordinaire. Des procédés expéditifs leur fournissent une prompte occasion d'aller recevoir dans un autre monde la récompense réservée à leurs mérites.

Le frère gardien nous rappelle encore cette parole du Sauveur à sainte Brigitte, qui lui demandait comment il pouvait subir pour son tombeau et pour tant d'autres lieux saints les profanations des Musulmans et des sectes dissidentes : « Les péchés des Turcs ne me touchent pas de si près que les péchés des catholiques. »

En rentrant au couvent, je suis témoin d'un vrai prodige de gymnastique opéré par une petite fille de neuf à dix ans. Elle me précédait de quelques pas, portant sur la tête une amphore pleine d'eau. Tout à coup elle se détourne sur sa droite et grimpe en un clin d'œil au haut d'un mur en pierre sèche fort élevé. Elle avait pu, en mettant les pieds dans des interstices presque imperceptibles et tenant les mains pendantes, se maintenir dans un parfait équilibre; un écureuil n'eut pas mieux fait.

J'avais eu l'intention de me rendre directement à Bethléem par les rudes chemins des montagnes. J'y renonce; et par suite, je ne verrai pas de cette fois la *fontaine de Saint-Philippe*, où l'on croit que le saint diacre baptisa l'eunuque de Candace, reine d'Ethiopie [1], ni l'ancienne *Magala*, dont il est question dans le premier Livre des Rois [2], où David apporta à ses trois frères, soldats de Saül dans la guerre contre les Philistins, une mesure de farine d'orge, dix pains et dix fromages. Peut-être, demain ou après-demain, irai-je visiter les lieux sanctifiés par les prédications de saint Jean-Baptiste aux environs du Jourdain. Assistons avant tout à l'inauguration d'un monument qui sera le plus beau souvenir de notre pèlerinage, la statue de l'apôtre Saint-Pierre dans l'église du Patriarcat. C'est pour cela que ce soir même je rentre à Jérusalem.

[1] Actes, VIII, 26. — [2] I Rois, XVII, 18.

XX

Les Ex-vo'o.

Jérusalem, le 25 mai 1882.

Nous n'avons guère le temps de languir à Jérusalem. Presque tous les jours, un Père de Terre-Sainte, Limousin d'origine, le P. Léon Patrem, nous donne sur les Saints-Lieux des conférences très goûtées par quiconque a le désir de s'instruire. J'y prends pour ma part de précieuses notes qui me serviront, je l'espère.

De plus, la direction du pèlerinage a préparé une série de fêtes, toutes d'un puissant intérêt, susceptibles de distraire largement l'esprit et le cœur de celui qui éprouverait des difficultés dans l'exercice de la prière isolée. Je dirais même que ces fêtes sont trop nombreuses, si nous avions la prétention d'assister à toutes; elles nuiraient presque à notre recueillement. Nos directeurs sont d'avis que chacun suive son attrait particulier, qu'il prie seul à Gethsémani, au Saint-Sépulcre, au Calvaire, dans tel sanctuaire qu'il voudra, à condition que de temps en temps il participe à la prière commune. Il y trouvera le moyen de raviver sa foi et d'établir dans son esprit un souvenir plus durable de ce qu'il aura vu et entendu; il y puisera une force plus grande : *vis unita fortior*.

Des souscriptions organisées par le *Pèlerin* avaient permis l'acquisition d'un certain nombre de statues dont l'inauguration dans les divers sanctuaires de la Ville-Sainte ou des environs est toujours pour nous l'occasion de manifestations touchantes. Un prédicateur de mérite nous adresse un discours de circonstance, et une assistance nombreuse répond à l'invitation faite à l'avance pour un jour et une heure déterminés.

Les sanctuaires ainsi dotés sont les suivants : l'église de Sainte-Anne et celle des sœurs de Saint-Joseph ont eu Notre-Dame de Lourdes; la basilique de Saint-Sauveur, un beau Sacré-Cœur; les chapelles des Frères, du *Pater* et de l'Hospice autrichien, Notre-Dame du Salut; l'*Ecce Homo*, sainte Philomène; l'orphelinat de Saint-Pierre du P. Ratisbonne, saint Augustin; la succursale de l'*Ecce Homo* à Saint-Jean dans la Montagne, sainte Monique; l'église de la Nativité de Saint-Jean-Baptiste, Notre-Dame de la Salette; la grotte du Lait à Bethléem, un simulacre de la grotte de Lourdes; et l'hospice de Casanova, saint Benoit-Labre.

Il est à remarquer que saint Augustin et sainte Monique ont été offerts au P. Ratisbonne comme un hommage rendu à sa merveilleuse conversion; le P. Bailly a prêché pour saint Augustin. M. l'abbé Petit, du clergé de Paris, le zélé propagateur du culte de sainte Philomène, a été invité à parler en l'honneur de cette sainte à l'*Ecce Homo*. Un missionnaire de Lourdes glorifiait Notre-Dame de Lourdes à Sainte-Anne, au lieu même de l'Immaculée-Conception. M. l'abbé Fossin, directeur de l'œuvre de Notre-Dame des Dunes à Poitiers se retrouvait chez lui avec Notre-Dame du Salut chez les Frères de la doctrine chrétienne; et à Bethléem, le P. Marie-Antoine débutait par les paroles solennelles du martyrologe qui fixent la date de la naissance du Verbe fait chair.

De toutes ces inaugurations, la plus importante a été, sans contredit, celle de la statue de saint Pierre dans l'église du Patriarcat. Cette grande statue, en bronze, coulée sur le modèle et dans les dimensions de celle que l'on vénère à Saint-Pierre de Rome, doit être comme le lien qui rattache l'église d'Orient à l'église d'Occident, et fera tomber les dissensions qui éloignent de nous de malheureux frères séparés, les schismatiques grecs, coptes et arméniens. C'est l'apôtre saint Pierre reprenant sa place dans cette illustre cité de Jérusalem qu'il a évangélisée le premier, dont il a été le premier évêque.

La cérémonie s'est faite le jeudi 25 mai sous la présidence du Patriarche, qui a célébré la sainte Messe et distribué la communion à un très grand nombre de pèlerins; la vaste cathédrale était comble. Une première instruction a été prononcée par M. l'archiprêtre de Perpignan sur cette idée qui représentait si bien le but de la fête : *Unum sint;* qu'ils soient un. Son Excellence Mgr Bracco a répondu dans les termes suivants. Je suis heureux d'avoir pu copier ce remarquable discours sur le manuscrit original; je vous en livre le texte intégralement, respectant jusqu'aux incorrections du langage :

« Mes très chers frères,

» Avant de procéder à la simple, mais sublime cérémonie religieuse qui va nous rendre sacrée et vénérable cette effigie du Prince des apôtres, permettez-moi de vous adresser quelques paroles qui ne seront encore cette fois que l'expression vraie des sentiments de mon cœur.

» Vous comprendrez facilement que le principal de ces sentiments, c'est celui de la reconnaissance. Vous avez voulu laisser ici un souvenir de votre pèlerinage, et votre choix s'est porté sur un des plus célèbres monuments qui décorent le plus grand temple de la chrétienté, la basilique vaticane; ce monument, mes très chers frères, vous venez l'élever dans notre église patriarchale. Elle ne saurait en avoir de plus somptueux.

» Mais à part sa somptuosité, ce monument nous est encore précieux sous un autre point de vue. Qui ne sait que c'est à Jérusalem que saint Pierre commença à faire usage du sublime pouvoir qu'il avait reçu de Jésus-Christ? C'est à Jérusalem la première église qu'il fonda et gouverna. C'est ici que le premier de tous il annonça la doctrine de son divin maître; ici il opéra les premiers miracles, présida le premier concile, sanctionna le premier décret intimé à la société chrétienne, et c'est ici enfin qu'il rendit pour la première fois témoignage à la doctrine de Jésus-Christ par la prison, les chaînes et les tourments. Ces gloires de l'église de Jérusalem sont bien consignées dans l'histoire et même dans les saintes Écritures; mais il manquait un monument qui en perpétuât le souvenir sur les lieux mêmes. Vous venez, Messieurs, combler cette lacune par votre généreuse offrande.

« Et maintenant, je suis heureux, mes très chers frères, de vous exprimer la reconnaissance dont surabonde mon cœur à vous tous sans exception, mais en particulier aux chefs de votre pèlerinage qui non-seulement prirent l'initiative de cette œuvre, mais qui avec une admirable sagesse la destinèrent à cette église dédiée au saint nom de Jésus, associant ainsi à l'honneur du divin maître celui qui fut le premier de ses disciples, celui qui fut son premier vicaire en terre, celui qui glorifia tant son nom très saint en opérant par sa vertu son premier miracle.

» Mais en vous exprimant ma gratitude, je ne puis vous cacher un autre sentiment que j'éprouve en cette circonstance. Ce monument que vous laissez à Jérusalem en souvenir de votre pèlerinage est pour moi un témoignage éclatant de votre foi, savoir de cette foi que votre illustre nation, la première de toutes les nations chrétiennes, vint puiser près du siège de Pierre, de cette foi qui fut depuis l'âme de votre vie même sociale; de cette foi qui de siècle en siècle se montra redoutable à l'hérésie toutes les fois que celle-ci tenta d'envahir votre pays, de cette foi qui arma toujours votre bras pour la défense du Saint-Siège, de cette foi qui, parmi vous plus que partout ailleurs, se montre opérante par la charité, de cette foi enfin qui vous a mis au premier rang des nations chrétiennes. Oui, je vois cette foi exprimée dans ce monument avec tous ses caractères, mais par-dessus tout j'y vois prédominer le caractère de la fermeté, parce que ce monument m'atteste votre inébranlable attachement au siège de Pierre. Sans doute, en l'érigeant, vous n'aviez pas conscience de tout cela, et vous l'aviez d'autant moins que votre foi est plus vive en vous; mais moi j'admirais en silence cette manifestation spontanée que vous en faites, et c'est cette admiration que je ne puis plus dissimuler.

« Après cela, je ne puis m'empêcher d'ajouter une parole qui doit faire votre consolation, et c'est la parole du Saint-Esprit prononcée par la bouche du disciple bien aimé, quand il s'écria que notre victoire sur le monde dépend de notre foi : « *Hæc est victoria quæ vincit mundum, fides nostra.* »

» Oui, cette parole est pour vous un gage d'espérance et partant de joie et de consolation, qu'on ne saurait jamais séparer de l'espérance. Vous avez entrepris ce pèlerinage pour implorer par la pénitence et par de ferventes supplications la miséricorde divine sur l'Eglise et sur votre patrie affligée de tant de maux. Eh bien ! cette foi qui vous anime doit être parmi vous un gage assuré que vos vœux seront exaucés. Nous ne pouvons connaître le moment choisi de Dieu pour la manifestation de sa miséricorde; ses conseils sont impénétrables. Mais nous sommes certains que ce moment plus ou moins éloigné arrivera enfin, si, persévérant dans le sentiment de cette foi, nous avons soin de conformer toujours notre conduite à ses maximes; car le ciel et la terre passeront, mais la parole de Dieu ne passera pas. Or, voici la parole de Dieu, je la répète : « *Hæc est victoria quæ vincit mundum, fides nostra.* »

Le R. P. Picard a remercié le Patriarche des bonnes paroles qu'il avait prononcées en l'honneur des pèlerins et de la nation française; il a félicité sa Grandeur des œuvres accomplies durant son pontificat et lui a présagé les victoires que son nom *Vincentius* présuppose. Ensuite le Patriarche a béni la statue que l'on avait déjà placée dans la nef latérale de gauche, près du monument qui recouvre la dépouille mortelle de Mgr Valerga, son prédécesseur; et tous les assistants ont baisé le pied de saint Pierre pour gagner l'indulgence.

Mgr Bracco est d'origine italienne. Physionomie austère, figure anguleuse, d'un abord froid qui devient très ouvert et très expansif aussitôt que les rapports ont commencé. Il édifie par sa piété les cinquante pèlerins qu'il a reçus au Patriarcat, récite la prière du soir avec eux, va les visiter pendant leur repas. Ayant à lui adresser une demande, je vais directement dans ses appartements avec un de mes confrères, M. l'abbé Marsan. Pas d'introducteur; les prêtres de la maison m'ont dit que l'on peut pénétrer librement chez lui à toute heure. Il nous fait gracieux accueil, nous questionne sur nos impressions personnelles, nous parle de son diocèse et de ses œuvres. Il était précédemment professeur de philosophie et de théologie au grand séminaire de Bethléem; il y étudiait sérieusement saint Thomas, sur l'ordre de Mgr Valerga, ce qui ne lui a pas permis d'apprendre l'arabe de manière à le parler couramment. Aussi ne prêche-t-il jamais dans cette langue. Le français lui est plus familier; il le parle à ses religieuses de Sion, de Saint-Joseph et du Carmel, simplement, dit-il, et sans recherche.

Ses tournées pastorales sont assez pénibles. Il commence d'ordinaire par Jaffa, s'embarque pour l'île de Chypre, revient à Caïffa et de là se rend à cheval à Nazareth et dans la Samarie. Il a, de l'autre côté du Jourdain, plusieurs chrétientés qui viennent le chercher en caravane à Jéricho, et l'y ramènent la visite faite. Son clergé, qui tend à s'accroître, est encore insuffisant. Il se compose de quinze à seize prêtres indigènes, d'autant d'Européens; de temps en temps on le supplie d'accorder un curé à des tribus privées de tout secours religieux, et il se trouve dans la rude nécessité de refuser, faute de sujets.

Il nous assure que notre pèlerinage aura produit une excellente impression à Jérusalem et dans toute la Palestine; il en augure un bien sérieux pour la conversion des musulmans et le retour des schismatiques.

Sa bienveillance nous détermine à lui demander respectueusement sa photographie que nous n'avions pu rencontrer dans aucun magasin de la ville; en même temps nous nous excusons de notre indiscrétion. « Les Français ne sont pas indiscrets, nous dit-il; lorsqu'on leur a fait comprendre l'impossibilité de réaliser un de leurs désirs, ils n'insistent pas, et tout est fini. Ils se distinguent en cela de bien d'autres qui sont loin d'apporter la même réserve. » Et il nous offre gracieusement son portrait orné de la signature : *Vincent, patriarche de Jérusalem.*

Le rétablissement du Patriarcat latin de Jérusalem a été l'un des grands actes de Pie IX. Il aura puissamment contribué à donner une impulsion nouvelle aux œuvres d'Orient; et l'on peut certifier que les deux premiers titulaires, Mgr Valerga et Mgr Bracco, n'auront pas été au-dessous de leur tache.

———

XXI

Le Jourdain et la mer Morte.

Mont des Oliviers. 26 mai 1882.

J'aurais bien du plaisir à voyager avec vous dans la direction du Jourdain et de la mer Morte. Or, comment faire? Ce n'est pas absolument impossible; mais il fait si chaud, les chemins sont si affreux, et nos directeurs, soucieux avant tout de notre conservation, y mettent tant d'obstacles, qu'il faudra vraiment du courage pour se lancer. Il faut avant tout signer un engagement en vertu duquel, si mal nous advient, nous déclarons l'avoir subi de notre plein gré, par notre faute, en dehors de toute autre responsabilité. Ce n'est pas amusant, vous le voyez. Faisons mieux. Gravissons le sommet du mont des Oliviers; et là, du haut du minaret ou de la pointe *Viri Galilœi*, suivons d'un œil intelligent et scrupuleux la première caravane d'intrépides confrères qui partira. Notons tous ses mouvements, ses points d'arrêt, et au retour, nous prendrons ses renseignements. Et avant tout, considérons attentivement toute la contrée qui se développe devant nous, vers l'Orient. Nous apercevons pas mal de pays, pas mal de pays montagneux surtout. La mer Morte n'est pas loin, à vingt-cinq kilomètres tout au plus, à vol d'oiseau. Nous l'avons presque sous nos pieds, à une différence de niveau de douze cents mètres et à quatre cents mètres au-dessous du niveau de la Méditerranée; c'est la plus forte dépression connue. Pas un arbuste entre nous et l'horizon, pas une ombre où s'abriter contre les ardeurs du soleil.

Le voyage dure trois jours. On part de Jérusalem par la vallée de la Géhenne, au bas de Sion, et l'on suit les gorges profondes creusées par le torrent du Cédron jusqu'à Saint-Sabas, où l'on arrive après trois heures de marche.

Saint-Sabas est un monastère qui date du v° siècle et fut bâti par le saint dont il porte le nom. Il domine le Cédron, et l'on y entre par une porte formidable dont les battants s'ouvrent à l'aide d'une clef monumentale pesant plusieurs kilos. Vous devez au préalable mettre dans un panier que fait descendre un moine en vigie sur une haute tour, le permis d'entrer que vous aura délivré le patriarche schismatique de Jérusalem. Après quoi, vous descendez un escalier de cinquante marches, passez par une nouvelle porte, descendez encore, et pénétrez dans une cour d'où vous visitez le tombeau de Saint-Sabas, le bassin qu'il creusa pour introduire dans le monastère l'unique source d'eau potable du pays, la demeure de Saint-Jean Damascène, l'église de Saint-Nicolas, l'ossuaire des martyrs et la grotte du Lion. D'après une vieille légende, saint Sabas s'était un jour endormi en récitant le saint office; par deux fois, il se sent réveillé par un énorme lion qui tire la manche de son habit. Ennuyé de ce procédé : « Comment, s'écrie-t-il, il n'y aura donc pas de place pour nous deux ici. » Et il signifie au lion qu'il ait à prendre le coin de la cellule. Le lion obéit et devient désormais son compagnon inséparable. Il paraît qu'aujourd'hui encore les oiseaux de proie vont prendre leur nourriture dans la main des religieux. Saint Sabas, disciple de saint Euthyme, se trouvait à la tête de quatre mille anachorètes, tous pleins de ferveur, résidant dans le monastère et ses dépendances; plus de six mille vivaient sous sa direction dans les environs. Chosroës fit périr les uns et dispersa les autres. Actuellement, le monastère, devenu une vraie forteresse, ne contient plus que cinquante religieux schismatiques.

Près de ce couvent, l'on remarque deux tours très élevées : la première, dite tour d'Eudoxis, fut bâtie par cette princesse, qui vint y habiter pour prendre les conseils de saint Euthyme; celui-ci l'arracha à l'hérésie d'Eutychès. La seconde, plus récente, sert de maison d'hospitalité pour les femmes; on n'y peut entrer qu'à l'aide d'une échelle.

Le seul point digne d'attention entre Saint-Sabas et la mer Morte, est Nébi-Moussa, le *tombeau de Moïse*, bâti sur les ruines d'un ancien couvent fondé par saint Euthyme; des Musulmans en gardent l'entrée. Ils prétendent que Moïse reçut du Seigneur, en récompense de ses services, l'assurance d'une vie aussi longue qu'il la désirerait. Ce saint patriarche qui n'ignorait pas la perversité de son peuple porté à l'idolâtrie, et prévoyait qu'après sa mort il soulèverait contre lui l'indignation divine, ne se pressait pas de mourir. Cependant il tombait en décrépitude, et Dieu eut pitié de lui. Il se promenait un jour tout près de Nébi Moussa, lorsqu'il aperçoit une gracieuse construction creusée dans les flancs du rocher par quatre anges à figure humaine. Moïse pénètre dans l'intérieur, et s'assied sur une pierre pour se reposer. Un des ouvriers lui offre une pomme d'une couleur appétissante; Moïse y porta ses lèvres avec bonheur, mais à peine en eut-il goûté, qu'il s'endormit de son dernier sommeil; et son corps resta étendu dans la grotte; il y est encore. Les anges n'eurent qu'à fermer et à remonter vers le ciel.

Les environs de la *mer Morte* sont désolés. On trouve dans la partie occidentale, et vers le sud, les restes des cinq villes coupables, Sodome, Ségor, Séboïm, Gomorrhe et Adama. Ségor, où Loth trouva un refuge, ne fut point détruite. Quelques rares fruits germent sur de rares arbustes qui donnent la pomme de Sodome, l'oscar, une autre pomme et l'arhah.

La surface du lac, d'une immobilité désespérante, étincelle sous le soleil; une forte salure lui donne des reflets argentés. Il a quatre-vingts kilomètres de longueur, sur une largeur de quinze à vingt et deux cents de circuit. Par certains vents, il envoie de fortes exhalaisons à des distances assez considérables. Sa densité serait six fois supérieure à celle de la Méditerranée; le corps humain y flotte et ne peut s'enfoncer. Abstraction faite des coups de soleil, il n'y a aucun danger à rester dans l'eau ou sur ses bords durant quelques instants assez courts. Mais nous lisons dans les récits de Linck que ses compagnons, après douze jours de navigation sur cette mer trop tranquille, avaient le corps tout gonflé, couvert de gerçures et de pustules. Rien n'y vit, et les quelques animaux, poissons ou autres, que l'on y aperçoit parfois, sont descendus du Jourdain pour mourir bientôt après.

Les environs de la mer Morte n'offrent au voyageur aucun endroit propice où il puisse dresser sa tente; on les abandonne d'ordinaire après un quart d'heure d'observation pour remonter bien vite vers le Jourdain. On salue le *mont Nébo* qui est en face, et nous rappelle Moïse sur le point de quitter la vie, contemplant du sommet la vaste étendue de la Terre Promise, ainsi que Jérémie cachant dans les flancs de la montagne l'Arche d'alliance et l'autel des parfums qui ne furent point retrouvés après la captivité de Babylone[1]. On s'arrête à l'endroit présumé du *baptême de Notre-Seigneur*[2]; une croix de bois plantée dans le fleuve et à laquelle on arrivait par un escalier de marbre, indiquait autrefois ce lieu vénérable. D'après la tradition, les Israélites passèrent ici le Jourdain à pied sec[3], et Josué emporta du lit du fleuve douze pierres avec lesquelles il fit un autel à Galgala. Elie et Elisée le franchirent également. David dut le traverser pour échapper aux poursuites de son fils Absalon. Ici encore Naaman fut guéri de la lèpre[4].

Le Jourdain a une longueur de cent soixante-huit kilomètres; il prend sa source au grand Hesmon et traverse le lac Oulé et la mer de Tibériade, sans y mêler ses eaux, de la même manière que le Rhône traverse le lac Léman. Un anglais en 1847 et deux américains en 1848 le descendirent sur une embarcation, du lac de Tibériade à la mer Morte. Ils y observèrent jusqu'à vingt-sept rapides, tous très dangereux, produits par la différence des niveaux entre le point de départ et le point d'arrivée. Autrefois le Jourdain franchissait les plaines de la Pentapole, aujourd'hui occupées par le lac Asphaltite, poursuivait sa marche vers le sud, et débouchait très probablement dans la mer Rouge, non loin du Sinaï. Des débordements périodiques procuraient sur ses bords une fertilité comparable à celle des bords du Nil; la dépression du lac, dont la profondeur

---

[1] II Mach., ii, r. — [2] Math. iii. — Jean, x. — [3] Josué iii, 16. — [4] IV Rois, v, 10.

est de quatre à cinq cents mètres, a produit, comme conséquence, l'encaissement du fleuve qui ne déborde plus.

Quittant le Jourdain pour rentrer à Jérusalem par la route de Jéricho, on rencontre l'ancienne *Galgala* où le peuple de Dieu campa pour la première fois; l'Arche d'alliance y resta six ans avant d'être transportée à Silo. Saül y fut reconnu roi et plus tard livré à la réprobation divine par Samuël.

Jéricho n'est qu'un bourg composé de masures très basses et peuplé de trois cents Bédouins, voleurs et cruels, que maintiennent assez bien quelques bachibouzouks. Ses destinées ont été diverses depuis le temps de Josué qui en renversa les murailles au son des trompettes et fit passer tous ses habitants au fil de l'épée [1]. Hiel de Béthel qui, sous le roi Achab, voulut relever Jéricho, malgré la malédiction divine qui pesait sur cette ville, en fut puni par la mort de ses deux enfants [2]. Hérode qui l'embellit, y commit d'affreux excès. Titus la détruisit. Elle fut plus tard le siège d'un évêché, et plusieurs de ses pontifes sont avantageusement connus dans les annales de l'église. En 1840, les troupes d'Ibrahim-Pacha la rasèrent complètement. Ce n'est plus la ville des Palmiers, comme on l'appelait jadis; à peine aperçoit-on quelques broussailles autour de la nouvelle Rihha.

On montre à Jéricho l'emplacement de la *maison de Zachée* et le lieu où s'élevait le sycomore sur lequel il resta perché pendant le passage de Notre-Seigneur. On parle beaucoup de la *rose de Jéricho*. Ce n'est rien de très remarquable comme beauté, malgré le passage des Saints Livres : « Je me suis élevé comme le palmier de Cadès et comme le rosier de Jéricho. » Elle a cependant la propriété de s'épanouir toutes les fois qu'on la plonge dans l'eau pendant cinq à six heures. A vingt-cinq minutes de Jéricho, une source très abondante porte depuis longtemps le nom *d'Elisée* qui détruisit l'amertume de ses eaux. Il y jeta du sel en disant : « Voici ce que dit Jéhovah : J'ai purifié cette eau et la mort et la stérilité ne sortiront plus d'elle. [3] »

On peut faire de là une excursion jusqu'à la *montagne de la Quarantaine*. La montée en est excessivement raide. On arrive, après une demi-heure, à la Sainte Grotte dans laquelle Notre-Seigneur jeûna quarante jours et quarante nuits avant de commencer sa mission publique [4]. Depuis les premiers siècles, cette grotte a été un objet de vénération profonde pour les pèlerins. Des scènes évangéliques sont encore peintes sur le rocher, et actuellement elle sert de chapelle aux Grecs non-unis. Le sommet de la montagne contient les ruines d'une ancienne église appelée la chapelle de la Tentation, en l'honneur du divin Maître tenté par le démon qui lui offrait de ce même lieu les royaumes du monde entier.

Reprenant à la source d'Elisée le chemin de Jérusalem, on passe aux ruines de Kakoun, où Jésus guérit un aveugle [5], et à Khan-el-Ahmar, où se serait passé le fait raconté dans la parabole du bon Samaritain : « Un homme descendait de Jérusalem à Jéricho, et il tomba entre les

[1] Josué VI. — [2] II Rois, XVI, 34. — [3] IV Rois, II, 19. — [4] Luc IV. — [5] Marc X, 46.

mains des voleurs, etc. [1], » pour arriver enfin à la *Fontaine des Apôtres* probablement l'ancienne fontaine du Soleil, située aux confins des tribus de Benjamin et de Juda. Les apôtres ont dû s'y désaltérer bien souvent. L'eau en est bonne, mais remplie de sangsues; il faut la passer à travers un linge.

L'antique Bahurim, la pierre du Colloque, Béthanie et le mont des Oliviers sont les lieux importants qui nous séparent de la Ville-Sainte. Nous en avons déjà parlé.

On peut voyager en toute sécurité de la Méditerranée au Jourdain; il n'en était pas de même autrefois. Les tribus errantes qui avoisinaient le fleuve, prélevaient un impôt plus ou moins considérable, et quelquefois mettaient votre vie en danger. J'ai fortement l'idée cependant que les luttes entre les caravanes et les Bédouins, telles que les racontent certains touristes, Chateaubriand entr'autres, n'étaient le plus souvent que de mauvaises plaisanteries jouées par les drogmans et les moukres, afin de soutirer une bonne redevance de la bourse de voyageurs opulents. Même plus tard, lorsque la coutume des attaques en plein jour fut passée, il fut de mode de simuler la nuit, près de Jéricho, une lutte à main armée; les guides, toujours victorieux, trouvaient ainsi le moyen de se faire valoir et d'obtenir des Européens, tout étonnés de vivre encore, un honnête backchiche.

Il serait téméraire, je l'avoue, de s'aventurer au-delà du Jourdain. Ici, la police turque ne peut rien, et une indépendance à peu près absolue caractérise les tribus barbares des régions de Moab et d'Ammon. Elles vous enlèveront impitoyablement tout ce que vous possédez, et vous rentrerez dans votre campement, débarrassés du souci de mettre les mains dans vos poches. Des faits encore récents en font foi.

[1] Luc x, 26.

XXII

Bethléem.

Bethléem, 27 mai 1882.

J'ai eu le bonheur de visiter deux fois la joyeuse cité de Bethléem. C'est, à partir de Jérusalem, une promenade de huit kilomètres par une assez belle route, distance que l'on franchit aisément à pied. La première fois je m'y rendis le soir, pour passer la nuit chez les Pères Franciscains toujours éminemment hospitaliers. La seconde, je voyageai de bon matin avec plusieurs de mes confrères, faisant ma méditation dans le chemin; le sujet en était tout indiqué; j'accompagnais Marie et Joseph se dirigeant vers le même but pour l'accomplissement des desseins de Dieu, bien plus fatigués que nous, puisqu'ils venaient de Nazareth, à quatre grandes journées de marche. La route, qui court vers le sud, n'est pas sans offrir un certain intérêt. C'est d'abord, sur la droite, la cité ouvrière du juif Montefiori, puis une ruine que l'on donne comme un reste de la maison du saint vieillard Siméon, et dans un champ, l'emplacement du térébinthe sous lequel la sainte famille se reposa lorsqu'elle se rendit à Jérusalem pour la Purification de Marie; cet arbre fut coupé et mis au feu en 1846 par le propriétaire du champ qui se plaignait de voir ses récoltes endommagées par les visiteurs. On passe à Baalpharasin où David brûla les idoles des Philistins, on suit la vallée fertile de Raphaïm ou des Géants, on longe le puits des Mages près duquel ces rois de l'Orient perdirent la trace de l'étoile et la revirent plus tard, et l'on arrive au lieu rendu célèbre par la rencontre de l'ange et du prophète Habacuc[1]. Habacuc portait

[1] Daniel, xiv, 32.

à manger à ses moissonneurs : « Cours à Babylone, lui dit l'ange, et donne ce dîner à Daniel qui est dans la fosse aux lions. — Mais, Seigneur, je ne sais où est Babylone ni où résident ces bêtes-là. » L'ange le prit par les cheveux, et le porta ainsi suspendu jusqu'au-dessus de la fosse, et le prophète s'écria : « Daniel, serviteur de Dieu, reçois le dîner que Dieu t'envoie. »

Le *couvent grec non-uni de Saint-Elie* divise la route en deux parties égales; ce couvent, bâti par Héraclius au VIIe siècle, et réparé au XIIe par Manuel Comnène, fut reconstruit en 1678 par l'évèque grec Dosithée; il renferme le tombeau d'Elie, évèque schismatique de Bethléem, mort en 1345. Un rocher, sur le bord du chemin, porte *l'empreinte du corps du prophète Elie* qui s'y arrêta, lorsque poursuivi par Jézabel dont il avait immolé les faux prètres au Cisson, il se dirigeait vers la montagne d'Horeb. L'ange du Seigneur l'aurait réveillé en ce mème endroit et lui aurait enjoint de prendre cette nourriture et ce breuvage mystérieux dont il est question dans le troisième livre des Rois, chapitre XIX, et que tous les commentateurs présentent comme le symbole de la divine Eucharistie (1). Un peu plus loin, c'est Tantoure, hôpital et enclos relevant du consulat d'Autriche, puis le *champ des pois chiches*, d'où Jacob aurait tiré les lentilles qui lui valurent son droit d'aînesse. Disons en passant que les lentilles me paraissent ètre l'une des principales récoltes du pays. Soit ici, soit sur le chemin de Saint-Jean, nous rencontrions à tout instant des Arabes portant sur leurs tètes ou sur le dos de leurs chameaux de grosses charges de ces légumes qu'ils venaient de cueillir dans le voisinage. D'après une vieille légende, un homme semait un jour des pois chiches dans le champ qui a conservé ce nom, lorsque Notre-Seigneur venant à passer, lui demanda ce qu'il faisait : « Je sème des pierres, » répondit-il. — « Eh bien! tu récolteras des pierres, » répliqua Jésus. Et mème de nos jours, l'on y rencontre de petits cailloux sous la forme de petits pois.

Le *tombeau de Rachel* est sur le bord du chemin, à droite. Rachel mourut en donnant le jour à Benjamin, à son retour de la Mésopotamie. Jacob lui éleva un monument; et plus tard, sur le point de mourir dans la terre de Gessen, il dit à Joseph que sa mère était ensevelie sur le chemin d'Ephrata (Bethléem) [1]. Samuel voulant donner à Saül une preuve de sa mission, lui certifia que près du tombeau de Rachel, sur les frontières de Benjamin, il trouverait deux hommes qui lui diraient : « Les ânesses que vous cherchiez sont retrouvées [2]. » Ce sépulcre, mentionné par les pèlerins de tous les âges, sert aujourd'hui de mosquée; il est en grande vénération chez les Juifs et les Musulmans, surtout chez les femmes qui désirent devenir mères.

(1) Un de mes compagnons de voyage qui souffrait de douleurs très aiguës, s'est étendu en ma présence sur l'empreinte du corps d'Elie; il a pu continuer sa route sans fatigue, et les douleurs ne l'avaient pas encore repris plusieurs mois après.

[1] Genèse, XLVIII, 7. — [2] I, Rois, x. 2.

Nous touchons à *Bethléem* de Juda dont la fondation remonte à plus de vingt siècles avant Jésus-Christ, patrie d'Elimélech, de Noémi, de Booz, de Joab et d'Asaël, de Jessé et de David. Le Sauveur des hommes, le Messie, Jésus le fils unique de Dieu, y naquit l'an 4000 du monde (1). Actuellement, c'est une petite ville perchée à l'extrémité d'un promontoire, au même niveau que la route de Jérusalem qui vient du nord, dominant sur les trois autres points cardinaux de profondes vallées vers lesquelles on descend par des étagères plantées d'oliviers et assez bien cultivées. Sa population est de cinq mille cinq cents habitants dont trois mille sont catholiques; les autres ont été élevés dans le schisme. A peine y trouve-t-on une centaine de Musulmans; le quartier de ces derniers fut rasé en 1834 par Ibrahim-pacha.

Une rue étroite dont les riverains ont pour principale industrie la fabrication des grains de chapelet, conduit sur une place ou plutôt dans un cimetière, et de là dans la basilique même *de la Nativité*. C'est l'ancienne basilique Constantinienne, à cinq nefs séparées par des colonnes monolithes d'un beau marbre. La porte en est étroite et très basse; il faut s'incliner pour y entrer. Il n'y a pas de voûte; une simple toiture recouvre l'ensemble. Hélas! cette splendide enceinte n'est plus un lieu de prières; une cloison sépare les nefs du transept et du chœur proprement dit; et encore dans cette seconde partie de l'édifice, les schismatiques seuls, grecs et arméniens, sont-ils maîtres absolus; il nous est tout au plus permis de passer chez eux pour arriver à l'une des deux entrées de la grotte qui s'étend sous le chœur sur une longueur de douze mètres environ et une largeur de trois à quatre mètres. Les schismatiques possèdent; c'est un fait. En réalité, la propriété de la basilique serait à nous en vertu de firmans parfaitement réguliers. Il a fallu que les Grecs, en plusieurs circonstances, fissent acte de vraie sauvagerie pour s'emparer de ces lieux vénérables et y rester grâce à l'assentiment perfide des Turcs et à la protection des Russes. Tout récemment, le 25 avril 1873, ils armèrent trois cents des leurs de sabres et de fusils, envahirent la grotte, la dévastèrent et blessèrent grièvement les Franciscains qui voulurent s'opposer à ce vandalisme. L'énergie du dernier consul de France, M Patrimonio, et l'activité du custode Antoine de Tivoli, ont réussi à faire restituer une partie des objets volés, et en particulier la belle étoile d'argent qui recouvre le lieu de la naissance du Sauveur; cette étoile dont le millésime est de 1717, avait disparu dans une nuit du mois d'octobre 1847. Les religieux Franciscains, dont la mission spéciale est la garde

(1) De fortes controverses se sont élevées entre les savants relativement à la date de la création. Les partisans du texte hébreu ne donnent pas plus de 4000 ans entre l'origine des temps et la venue de J.-C. Les partisans du texte grec des Septante vont de 4000 à 6000. La première de ces deux chronologies n'était nullement suivie avant saint Grégoire-le-Grand (590-604). La seconde était universellement admise dans les premiers siècles, et l'on tend à y revenir; le martyrologe romain qui fixe la naissance de Notre-Seigneur à l'an 5599, l'a adoptée. L'on peut consulter avec intérêt une *Etude sur la Chronologie mosaïque*, par M. l'abbé Carbon, curé de Neuflize (Ardennes).

des Saints Lieux, sont ainsi obligés de se tenir prêts à tout évènement; une invasion subite peut menacer leurs droits et jusqu'à leur existence. C'est ainsi que dans ces dernières années, cinq d'entr'eux furent élus au sort et armés de toutes pièces pour défendre au péril de leur vie la grotte du Lait, un autre sanctuaire de Bethléem, que l'on croyait en danger; heureusement ces craintes, quoique très fondées, n'eurent pas de suite. Rome a si bien compris la nécessité de cet état de lutte permanente, qu'elle a levé pour les clercs de Palestine toutes les irrégularités qui pèsent en Europe sur les homicides involontaires ou agissant en cas de légitime défense.

L'étable de Bethléem fut vénérée par les premiers chrétiens qui bâtirent un oratoire au-dessus. Cet oratoire fut renversé l'an 135 par l'empereur Adrien: un bois sacré fut planté tout autour, et la déesse Vénus y reçut de sacrilèges hommages. Au commencement du IV° siècle, sainte Hélène et son fils Constantin purifiaient ce lieu si indignement profané et y élevaient une superbe basilique. Vers la fin du même siècle, saint Jérôme et sainte Paule se fixèrent tout à côté. Depuis cette époque, l'histoire de ce sanctuaire ressemble à celle de tous les principaux sanctuaires de Palestine.

On descend dans la grotte ou étable de Bethléem par un double escalier d'une quinzaine de marches. L'étable se compose de deux parties: un long couloir à l'entrée duquel se trouve le lieu vénérable de la naissance du Sauveur, et l'oratoire de la Crèche, petit parallélogramme de trois mètres de côté, un peu en contre-bas par rapport au couloir. A mi-chemin entre le lieu de la naissance et la crèche, c'est-à-dire à un mètre cinquante environ de l'un et de l'autre, s'élève *l'autel des Mages*. L'autel du lieu de la naissance est entre les mains des Grecs schismatiques qui y célèbrent leurs mystères; et chose extraordinaire, l'étoile d'argent appliquée sur le sol, au-dessous de cet autel, nous appartient, sans que les Grecs aient le droit d'y toucher. Elle porte cette inscription: « *Hic de Virgine Mariâ Jesus-Christus natus est*; ici Jésus-Christ est né de la Vierge Marie. » L'autel des Mages est à nous, et nous pouvons y célébrer à toute heure, pourvu que ce ne soit pas pendant les offices des sectes dissidentes. Quant à la crèche, elle est aussi en notre possession; mais comme elle se trouve dans l'enfoncement du rocher, très basse et recouverte par une arcature peu élevée, l'on n'y peut offrir le saint sacrifice. Je dis *la crèche*, c'est-à-dire l'emplacement creusé dans le roc, de la véritable crèche ou de l'auge en bois qui a été transportée à Rome dans l'église Sainte-Marie-Majeure.

Jésus fut déposé dans cet enfoncement qui fut témoin de ses premières larmes et abrita sur un peu de paille les membres délicats de l'Enfant-Dieu. Aucun bruit ne vient d'ordinaire y troubler le recueillement du pèlerin, si ce n'est, dans la matinée, le murmure du prêtre qui prononce à l'autel d'à-côté les paroles saintes de la consécration, et annonce une nouvelle venue d'un Dieu parmi les hommes. Ce réduit devait être bien pauvre et bien obscur du temps de Marie et de Joseph; il est éclairé par un grand nombre de lampes suspendues à la voûte, propriété des diverses communions qui viennent y prier.

Ce lieu célèbre reçut, la nuit où naquit le Sauveur du monde, la visite des Pasteurs; et peu de jours après, des Mages partis de l'extrême Orient, vinrent y offrir leurs présents. Les bergers occupaient une caverne située à une demi-heure de la ville, lorsqu'ils entendirent pour la première fois le cantique des anges: « *Gloria in excelsis Deo*: Gloire à Dieu au plus haut des cieux, et sur la terre paix aux hommes de bonne volonté. » J'ai visité cette grotte qui sert d'église paroissiale aux Grecs schismatiques de Beit-Sahour (village des Pasteurs), église qu'ils nous ont volée, bien entendu; leur curé nous y laisse entrer moyennant une légère rétribution. Nous chantons, nous aussi, le *Gloria in excelsis*, et le cantique si connu, si parfaitement approprié aux lieux où nous sommes :

> Les anges dans nos campagnes
> Ont entonné l'hymne des cieux
> Et l'écho de nos montagnes
> Redit ce chant mélodieux :
> > Gloria, etc.

Entre la caverne des Pasteurs et Bethléem nous traversons Beit-Sahour et le *champ de Booz*, où glanait Ruth le Moabite. Booz et Ruth furent les aïeux de Jessé qui fut le père de David. L'on dépiquait du blé (le 20 mai), sur une aire voisine qui était peut-être l'aire du patriarche; mais comme le champ tout entier était labouré, je n'ai pas cru devoir rapporter des épis qui sans doute n'auraient pas appartenu au véritable champ de Booz.

XXIII

Bethléem.

(Suite.)

Bethléem, 27 mai 1882, veille de la Pentecôte.

Deux soldats turcs, l'un à la grotte, l'autre dans la basilique, sont
chargés d'empêcher tout conflit entre catholiques et dissidents. Bien que
les schismatiques jouissent, il leur est interdit de faire acte de propriété.
Si, par malheur, il leur prenait fantaisie de réparer la nuit une vitre
brisée, elle tomberait infailliblement à la pointe du jour, par le fait des
catholiques; et lorsqu'un travail est très urgent, on s'adresse au Gouverneur de Jérusalem qui pourvoit d'office aux réparations, aux frais
de la Turquie. C'est ainsi que, dernièrement, le curé schismatique de la
Grotte des Pasteurs ayant réclamé le droit de restaurer une porte qu'il
prétendait avoir été démontée par nos pèlerins, il lui a été répondu qu'on
aviserait. Par suite de cet état de choses, la basilique de Bethléem qui
possède de vraies richesses, a toutes les apparences d'un édifice délabré.
Personne n'ayant le droit de travailler à son embellissement, et le gouvernement turc se gardant bien de dépasser le strict nécessaire, on devine
que les décors luxueux ont été depuis longtemps supprimés.

De la grotte ou étable de Bethléem, on communique par des couloirs très étroits avec quatre cellules de même niveau; on y remarque six autels, dont les quatre premiers sont dédiés à saint Joseph, aux saints Innocents, à saint Eusèbe de Crémone, à saintes Paule et Eustochium, et les deux derniers à saint Jérôme. *L'oratoire de saint Jérôme* est particulièrement vénérable ainsi que la grotte dans laquelle il a vécu trente-quatre ans, constamment occupé à l'étude et à la traduction des Livres Saints. Les autres cellules ont servi de lieu de retraite ou de tombeau aux saints dont elles portent encore les noms. J'ai eu le bonheur de célébrer ce matin le divin sacrifice sur le tombeau du grand Docteur; il m'avait été déjà donné de l'offrir dans la grotte de la Nativité, le 20 mai; j'avais même attendu jusqu'à une heure de l'après-midi, afin de jouir de cette insigne faveur.

Les trois couvents franciscain, grec et arménien, entourent la basilique. Le plus remarquable des trois est, sans contredit, celui des Pères de Terre-Sainte, sorte de forteresse qui domine le versant nord de la montagne et devait être imprenable. Il s'appuie sur l'église paroissiale de Sainte-Catherine, et, par elle, sur la basilique avec laquelle il communique par un passage direct. L'église paroissiale est rebâtie à neuf dans de belles et gracieuses proportions; elle sera, pour les générations futures, un souvenir de la munificence de l'empereur d'Autriche François-Joseph, qui fit la visite des Saints Lieux, en 1869, à son retour de l'inauguration du canal de Suez, et s'arrêta quelques jours à Bethléem. Nous dînons à la table où il prit lui-même ses repas avec sa suite; son portrait et celui de l'impératrice décorent les murs de la salle à manger. Un bon religieux nous raconte l'accueil touchant qui lui fut fait et l'impression heureuse que l'on a conservée de son passage.

Aujourd'hui, veille de la Pentecôte, les confessionnaux sont assiégés; il paraît que tous les catholiques font leur devoir, sauf deux ou trois. Les pasteurs grecs et arméniens non unis ont beaucoup moins d'affaires que le clergé franciscain; chez eux, la confession se fait en bloc, et le travail est éminemment facile. L'ignorance de ces gens-là tient du phénomène.

Nous assistons à la réconciliation d'un apostat et de sa compagne, qui, après quelques années de schisme, ont cru bon de rentrer dans la véritable église. Nous sommes aussi les témoins d'une sépulture d'enfant présidée par un prêtre grec; un homme d'une quarantaine d'années porte le petit cadavre sur les mains, devant la poitrine, comme chez nous lorsqu'on présente au baptême un nouveau-né. J'ai vu dans le cimetière catholique une quinzaine de femmes accroupies autour d'une fosse fermée; je suppose qu'elles y priaient à l'occasion de quelque anniversaire. Les femmes sont isolées des hommes à toutes les cérémonies. Les femmes catholiques ont gardé autant que possible les mœurs et les coutumes musulmanes compatibles avec notre religion; leur costume, ici et à Jérusalem, se compose fréquemment, surtout aux jours de fête, d'une robe blanche très simple et d'un grand voile blanc qui leur cache entièrement la figure; les jours ouvrables, le voile est de couleur, semblable aux fichus d'indienne que portent sur leurs épaules nos bonnes villageoises; elles voient très bien à travers le tissu, mais il est impossible de distinguer leur physionomie. Le plus souvent, il faut l'avouer, elles se passent de cet appendice qui n'est pas toujours un signe de haute vertu, bien qu'il caractérise d'ordinaire les exigences d'un mari jaloux. Dans les églises, on ne trouve ni bancs, ni chaises; les hommes et les femmes sont debout, agenouillés par terre ou assis sur leurs talons.

Un sanctuaire très vénéré dans Bethléem, c'est encore la *grotte du Lait*. D'après une tradition fort ancienne, la sainte Vierge y allaitait un jour le divin Enfant, lorsque surprise par les soldats d'Hérode, elle s'enfuit en toute hâte, laissant tomber sur le pavé quelques gouttes de son lait. La grotte est une caverne fort irrégulière, dont les parois sont formées d'une pierre douce et crayeuse. Les mères qui manquent de lait, font avec cette pierre de petites boulettes qu'elles mélangent par fragments à leur boisson; grâce à la vertu de Marie, il est rare que leurs seins ne se remplissent aussitôt; les femmes musulmanes elles-mêmes ont une grande confiance dans ce spécifique. Cette grotte nous appartient; j'y ai entendu une messe solennelle avec d'autres pèlerins.

A quelques cinq cents mètres de la ville, vers l'ouest, une riche béarnaise, Mlle de Saint-Cricq Dartigaux, a fondé récemment une maison de Carmélites; elle y a établi vingt-une religieuses munies de tous leurs moyens d'existence. A côté, s'élève par ses soins une construction grandiose dont le prix vénal en France serait de cinq à six cents mille francs; elle est destinée aux Pères de Bétharram (Basses-Pyrénées), désormais les aumôniers chargés de la direction du Carmel. Ils sont actuellement au nombre de trois, surveillant les travaux et préparant un asile princier à d'autres confrères qui viendront sous peu les y rejoindre.

En Palestine, la main-d'œuvre n'est pas très chère; un bon tailleur de pierre ne se paie que deux francs cinquante, et les ouvriers exceptionnels n'exigent jamais plus de quatre francs. Plusieurs sont très entendus et travaillent avec art. Les matériaux sont habituellement sous la main; pour ceux qui seraient à distance, on les transporte aisément à dos de mulet ou de chameau.

Le monastère et ses dépendances terminés, Mlle de Saint-Cricq se propose de réaliser une œuvre semblable à Nazareth. Dieu bénisse ses efforts; les trois Carmels de Bethléem, de Nazareth et de Jérusalem seront un fort levier pour la conversion des Arabes endurcis. Il faut reconnaître toutefois que si le retour des schismatiques n'offre pas de difficultés sérieuses, la conversion des Musulmans est aujourd'hui presque irréalisable. En principe, ils sont libres; de fait, tant de tracasseries et de misères les attendent de la part de leurs coreligionnaires, qu'il leur est moralement impossible d'entrer dans le catholicisme sans quitter le pays. Les schismatiques reviennent souvent, mais leur conversion n'offre pas toujours de vraies garanties; leur foi est très vacillante.

Les Musulmans seuls sont soumis à l'impôt du sang; les chrétiens en sont dispensés; ou plutôt, jugés indignes de porter les armes pour la défense du pays, ils y suppléent par une redevance annuelle de cinq à six francs par personne. Ce dernier impôt pèse lourdement sur la plupart des familles, nombreuses et généralement très pauvres.

On peut visiter aux environs de Bethléem la *citerne de Marie*) Bir-

Mariam), dont l'eau très basse monta, d'après la tradition, jusqu'aux lèvres de la Très Sainte-Vierge pour la désaltérer, les ruines d'une maison que saint Joseph aurait habitée, et la *citerne de David*, près de sa maison paternelle. C'est de cette citerne qu'il parlait, lorsque dans une guerre contre les Philistins, il s'écria en présence de ses troupes : « Oh ! si quelqu'un pouvait me donner de l'eau de la citerne qui est près de la porte de Bethléem ! » Et trois de ses soldats s'étant détachés pour aller en puiser, David ne voulut pas en boire : « A Dieu ne plaise, dit-il, que je boive le sang de ces hommes qui, au péril de leur vie, m'ont apporté de l'eau. » Il leur avait fallu traverser l'armée ennemie maîtresse dans Bethléem.

Deux excursions intéressantes vers le sud-est, sont celle du *mont des Francs*, l'ancienne Hérodium, château-fort bâti par Hérode-le-Grand au sommet d'une colline, en mémoire de sa victoire sur les Parthes, dans lequel il voulut être enseveli, et celle des ruines de *Saint-Chariton*, du fameux couvent ou laure de Souka, habité par saint Chariton au IVe siècle. La description de ce monastère curieux formé de salles et de couloirs creusés dans le roc sur des points inaccessibles, suffit à la plupart des touristes, qui se dispensent volontiers d'une inspection plus minutieuse. La grotte a deux entrées; on ne pénètre dans l'une qu'au moyen d'une échelle; l'antre est immédiatement précédée d'une fosse profonde, large de quatre-vingts centimètres, qu'il s'agit de franchir; mais encore faut-il auparavant faire l'ascension de plusieurs roches verticales, en mettant le pied sur des entailles informes. « Les voyageurs doivent être avertis, nous dit Frère Liévin, qu'il est impossible de visiter la grotte de Saint-Chariton sans en sortir couvert d'une poussière noire, vu que le sol en est tapissé, et qu'il y a un passage si étroit et si bas qu'on ne peut le franchir qu'en s'y glissant sur le ventre. En un mot, à l'exception des salles qui sont assez vastes, il n'y a qu'un seul endroit long de six mètres où l'on peut marcher debout. Un autre désagrément attend le visiteur lorsqu'il devra descendre le long d'un rocher à pic et haut de trois mètres. » L'ensemble forme un labyrinthe où le secours d'un guide devient indispensable. Et dire que des centaines de religieux se sont sanctifiés dans ces antres !

Une autre excursion qui a son prix par les souvenirs qu'elle nous rappelle, c'est celle du jardin fermé (*hortus conclusus*), de la fontaine scellée (*fons signatus*), et des vasques de Salomon. Ces vasques sont trois immenses bassins dont le plus grand a une longueur de cent soixante-dix-sept mètres et le plus petit de cent-seize; leur largeur est d'environ soixante-dix mètres et leur profondeur de dix à quinze. Les vasques reçoivent leurs eaux de la fontaine scellée, monument composé d'une double pièce souterraine, et les déversent dans le jardin fermé. Ce jardin est une vallée très étroite, d'une fertilité prodigieuse; elle donne jusqu'à cinq récoltes de pommes de terre dans l'année. La fontaine scellée fournit encore à l'*aqueduc dit de Salomon*, bien qu'il remonte probablement à une époque antérieure, les eaux qui alimentent la ville de Jérusalem. C'est tout près de là, dans une caverne d'Etam (Kherbet-Boko), que Samson s'était caché après avoir incendié les moissons des Philistins.

Livré entre leurs mains, il brisa les cordes neuves qui le retenaient, et fit périr un millier de ces infidèles avec une mâchoire d'âne[1].

Le pèlerin qui veut visiter l'une des plus anciennes villes qui soient au monde, s'avance jusqu'à quinze kilomètres au midi de Bethléem et pénètre dans *Hébron*, cité fameuse qui recèle le tombeau d'Abraham et de plusieurs patriarches; une mosquée, dont l'entrée est interdite aux profanes, en recouvre l'emplacement. Nous sommes dans le pays de Mambré. L'on y voit un arbre qui, l'an 1133, du temps de Daniel, l'Ingoumène russe, avait plus de quatre mètres de tour; il en a sept aujourd'hui. C'est le *chêne d'Abraham*, sur les racines d'un vieil arbre qui périt du vivant de saint Jérôme, et près duquel le saint patriarche aurait reçu les messagers célestes qui vinrent lui annoncer la destruction des villes de la Pentapole. Le *champ Damascène*, dont la terre rougeâtre aurait servi à la structure du premier homme, est encore l'une des curiosités des environs d'Hébron.

Entre Hébron et Bethléem, la ville de *Thécna*, d'origine chananéenne, rebâtie par Caleb, patrie d'Amos et d'Habacuc, mérite une mention toute spéciale; le désert de Thécna eut aussi sa célébrité.

Mars 1883.

La tradition constante des Juifs assignait à Hébron et au lieu précis où se trouve la mosquée actuelle d'Abraham, la *sépulture des Patriarches*. Cette sépulture fut murée au VIIe siècle, lors de l'invasion des Sarrazins. Mais les Juifs vendirent à ces derniers le secret des saints tombeaux qui restèrent en grande vénération chez les Musulmans jusqu'à la conquête latine. A cette époque, un couvent de religieux fut préposé à leur garde.

Un jour de l'an 1120, à l'heure de la sieste, un clerc de la communauté qui priait dans l'église, sentit un souffle de vent frais par l'interstice de deux dalles. Il eut l'idée de sonder cet interstice et le trouva profond de onze coudées. Des fouilles furent ordonnées par le Prieur. On arriva ainsi successivement et avec des difficultés énormes à la découverte d'un couloir large d'une coudée et long de dix-sept, d'une deuxième salle semblable à la première, d'une basilique ronde, susceptible de contenir trente personnes, et enfin, d'une cinquième pièce dans laquelle on ne rencontra que de la terre imbibée de sang.

Les moines ne se découragèrent pas. Je donne ici la parole au comte Riant, ou plutôt à un document du XIIe siècle relaté dans un manuscrit du XVe, et mis en lumière par le savant académicien:

« Le Prieur invita Arnoul à pénétrer une seconde fois dans la grotte et à fouiller le sol de tous côtés avec le plus grand soin. Arnoul obéit, prend un bâton et entre dans la grotte. En fouillant la terre avec son bâton, il trouva les os de saint Jacob. Et à ce moment, ignorant à qui ils appartenaient, il les réunit en un monceau. Puis allant plus avant et

[1] Juges, xv.

examinant avec plus d'attention, il vit vers la tête de saint Jacob l'entrée d'une seconde grotte, où se trouvaient les os des bienheureux Abraham et Isaac; mais la grotte était alors fermée. Quand il l'eut ouverte, il examina l'excavation, y entra et trouva au fond le corps scellé du patriarche saint Abraham. A ses pieds étaient les os du bienheureux Isaac son fils, car ils ne furent pas tous, comme quelques-uns le prétendent, renfermés dans la même caverne; mais Abraham et Isaac le furent dans celle de l'intérieur et Jacob dans celle de l'extérieur.

» Arnoul ayant trouvé cet immense et incomparable trésor, sortit de la caverne pour aller annoncer au prieur et à ses frères qu'il avait rencontré les restes des saints patriarches. Ceux-ci apprenant ce qu'ils attendaient depuis si longtemps, laissèrent éclater leur joie en hymnes et en cantiques et glorifièrent Dieu. Alors Arnoul prit de l'eau et du vin, lava les os des saintes reliques, et posa, après les avoir scellés, les restes des saints patriarches sur des tables de bois préparées à cet effet. Puis il les laissa et s'en alla. Le prieur fit sortir tous les moines, et en leur présence, scella l'entrée de la grotte pour que personne ne pût y pénétrer sans sa permission. Le lendemain, quelques-uns y allèrent pour prier, et, en tournant sur la droite, aperçurent des lettres gravées sur des pierres; ils firent part de leur découverte à leurs frères. Ils soulevèrent une pierre et ne trouvèrent que de la terre. Mais ils pensèrent que ces lettres avaient une raison d'être. Ils tournèrent alors sur la gauche, et ayant percé le mur, trouvèrent, le 27 juillet, environ quinze vases d'argile pleins d'ossements; mais ils ne purent connaître d'une manière certaine à qui ils appartenaient. Pourtant on peut conjecturer que c'étaient les restes de quelques patriarches d'Israël. »

En 1187, le sépulcre des patriarches était retombé entre les mains des infidèles. Voici ce que nous en dit Benjamin de Tudèle, qui fit cette année même son pèlerinage des Saints-Lieux :

« Les gentils y ont élevé six sépulcres qu'ils prétendent être ceux d'Abraham et de Sara, d'Isaac et de Rébecca, de Jacob et de Lia. On raconte aux pèlerins, pour leur extorquer de l'argent, que ce sont les sépulcres des Patriarches. Mais s'il se présente quelqu'un qui donne un surplus de gratification au gardien des souterrains, on lui ouvre une porte de fer, datant de l'époque de nos ancêtres (la paix soit avec eux!); et, tenant un flambeau allumé dans les mains, le visiteur descend dans un premier caveau. Il est absolument vide. Une seconde chambre, vide encore, est traversée. On arrive enfin dans une troisième pièce qui renferme six sépulcres. Tous portent des inscriptions. Voici celle qui est gravée sur le sépulcre d'Abraham : *Ce tombeau est celui de notre père Abraham, sur qui soit la paix!* Une lampe brûle nuit et jour dans le caveau et sur les sépulcres. On voit là des cuves remplies des ossements des Israélites; car çà été jusqu'à ce jour la coutume des fils d'Israël de réunir les ossements de leurs morts à ceux des ancêtres. »

La vénération dont les Musulmans ont de tout temps entouré les saints Patriarches, donne fort à présumer que leurs précieux restes

9

sont aujourd'hui à la place qu'ils occupaient en 1187. Il reste même moralement établi qu'ils étaient dans ces tombeaux lors de l'invasion première du vii⁰ siècle, et qu'à cette époque, leur sommeil n'avait point été troublé depuis l'ensevelissement d'Abraham, d'Isaac et de Jacob dans la vallée de Mambré, aux dates fixées par l'histoire du peuple de Dieu.

XXIV

La Pentecôte.

Jérusalem, 28 mai 1882, fête de la Pentecôte.

Ce n'est pas sans mal au cœur que j'ai dit un adieu, peut-être éternel, à la grotte de Bethléem et à tous ses vieux souvenirs. Je n'ai pu quitter la cité royale sans baiser une dernière fois la sainte Crèche et le lieu où Jésus prit vie parmi les hommes. Les Grecs et les Arméniens célébraient à cette heure les premières vêpres de la Pentecôte. Leur chant est excessivement rapide et contraste d'une manière frappante avec nos rithmes cadencés. Le spectacle qu'ils nous donnent et qu'ils nous ont plusieurs fois fourni dans la basilique du Saint-Sépulcre ne serait pas sans grandeur et nous intéresserait volontiers, si l'indignation ne nous montait au cœur à à la pensée de leur hypocrisie sauvage. Nous n'appellerons pas le feu du ciel sur eux; mais nous remercierons bien sincèrement la Providence le jour où elle nous en aura débarrassés.

Un trait qui prouve le peu de confiance qu'ils nous inspirent. Deux ou trois jeunes gens, venus de Jérusalem sur une mauvaise carrriole, étaient logés comme moi chez les Franciscains. Le Père Hippolyte, le sympathique directeur de la *Picardie*, était parti seul à pied en récitant son bréviaire, les précédant, après leur avoir donné mission de le prendre dans la route. Mais ils ne l'avaient point rencontré, et c'est en vain qu'ils le cherchent dans tous les recoins du monastère. Aussitôt leur tête se monte : « S'il était tombé entre les mains des schismatiques! quelle aubaine pour eux! Certainement, ils l'auront massacré. » Je ne partageai pas leurs appréhensions; on peut être grec et schismatique, et ne pas attenter sans but utile à la vie de son prochain. Il fallut se mettre immédiatement en quête du bon Père, certes, digne à tous égards de ce témoignage de haute affection. Il arriva heureusement ce que plusieurs d'entre nous avions présumé; le Père Hippolyte s'était arrêté à l'entrée de la ville, à l'orphelinat de dom Belloni, et lorsque nous y pénétrons, vers dix heures du soir, il dormait paisiblement. Cet acte fait, à coup sûr, autant d'honneur à celui qui en a été l'objet qu'à ceux qui l'ont accompli. Mais je me permis de demander à ces braves jeunes gens : « Si vous ne l'aviez point rencontré, qu'eussiez-vous fait à cette heure, soit dans les rues de Bethléem, soit sur le chemin de Jérusalem, en pays absolument inconnu? » Je crois que la réponse eut été difficile. Nous n'en étions pas moins satisfaits de notre expédition; nous avions retrouvé celui qui a toujours été pour nous un père tendrement dévoué.

Je viens de citer dom Belloni; il a fait pour Bethléem, et avec un plein succès, ce que le Père Ratisbonne a tenté dans Jérusalem; l'un et l'autre, fondateurs d'établissements modèles, ont rendu d'immenses services à la cause du catholicisme et de la civilisation. Dom Belloni prépare sur son terrain la construction d'une belle église en l'honneur du Sacré-Cœur.

Durant mon retour de Bethléem à la Ville-Sainte, rien de bien saillant, si ce n'est qu'en face du monastère de Saint-Elie, je me suis passé la fantaisie de marchander un chameau. L'arabe qui le conduisait se mit à rire; et il ne fut pas le seul. En fin de compte, il m'en demanda vingt napoléons (quatre cents francs); je lui en proposai quinze et le marché ne put être conclu. J'avoue que j'aurais été joliment embarrassé de mon acquisition, et le chamelier fut le premier à le comprendre. Il eut encore la gracieuseté de faire coucher sa bête et de me proposer d'en faire l'ascension. Ce n'était pas une entreprise difficile. Mais le chameau, en se relevant, décrit d'effrayantes oscillations et peut fort bien lancer à une distance indéterminée un cavalier qui n'est pas sûr de son aplomb. Je remerciai l'arabe et pris congé de lui.

Il était nuit, lorsque j'ai mis le pied dans Jérusalem. Je cours au Saint-Sépulcre dont les portes ne sont pas encore fermées. Une illumination splendide décore la façade et les côtés du saint édicule tout parsemés de lampes d'argent. Les Grecs en font les frais; une autre fois ce sera le tour des catholiques, et l'on dit qu'ils ne le cèdent en rien à leurs frères séparés. De mon logement, j'aperçois une croix de feu qui étincelle au-dessus de la coupole. Tout cela présage pour le lendemain une fête de premier ordre.

Elle est belle, en effet, surtout pour nous, pèlerins de la pénitence, la fête de la Pentecôte que nous célébrons après dix-huit cent cinquante ans à côté de ce même Cénacle où un vent impétueux fut l'avant-coureur des dons et des merveilles de l'Esprit-Saint. Nous eussions voulu en rappeler la mémoire dans le lieu même où se tenaient Marie et les apôtres. Hélas! le Cénacle n'est plus qu'une mosquée, et les bâtiments qui l'enceignent sont le réceptacle des mœurs hideuses introduites par l'Islam. Nous ne pouvons y offrir les saints mystères; et, d'ailleurs, où pourraient tenir mille pèlerins? Le sanctuaire où nous prierons est tout désigné. C'est dans le cimitière catholique, sur le mont Sion, et à cent mètres environ du Cénacle, que nous ferons retentir le *Veni Creator*, le *Credo* et tous ces chants d'allégresse qui raisonneront aujourd'hui sous les voûtes de toutes les églises du monde. Quatre cents messes y sont dites sur des autels portatifs, sur des pierres tombales, tandis que le Père Picard, le premier officiant, rappelle les grandes pensées que réveillent en nous les circonstances du temps et des lieux : l'institution de la divine Eucharistie, la descente du Saint-Esprit, les catacombes ou cimetières dans lesquels les premiers chrétiens se retiraient pour prier. On devine quel aliment précieux puisait ici la parole improvisée de l'orateur. Rappelant le don des langues que reçurent les apôtres à pareil jour, il a pu dire sans crainte d'être démenti : « Aujourd'hui, le nombre des parleurs est grand, mais combien peu qui parlent par l'Esprit-Saint..... C'est d'ici qu'est partie l'étincelle qui a enflammé le monde, et la vérité captive a pu se répandre de nouveau et reconquérir dans la société la place qui lui revenait. »

Il me semble que les morts ont dû tressaillir dans leurs tombeaux, tandis que le sang divin coulait jusqu'à leurs ossements refroidis et venait détremper, pour y déposer un nouveau germe de résurrection, la terre avide qui les recouvre.

Le cimetière catholique est entouré de hautes murailles; nous sommes ici chez nous, dominés toutefois par les fortifications de la ville sur lesquelles les musulmans se tiennent perchés pour jeter un regard curieux sur nos cérémonies et s'édifier de notre recueillement.

La messe principale s'était dite à côté de la fosse fraîche encore de notre regretté confrère d'Angoulême. Après l'action de grâces, parcourant de l'œil les monuments, tous bien simples, de ce champ funèbre, j'aperçois les noms d'un prêtre de Nancy, de deux religieuses de Notre-Dame de Sion, originaires l'une de Blois et l'autre de Mont-de-Marsan, et d'un membre de la haute société de Metz, M. du Goëtlosquet. Le nom de ce personnage a été l'occasion d'un incident qu'il faut que je vous raconte. Une dame de Metz m'aborde : « N'auriez-vous pas trouvé, me dit-elle, la trace de M. du Goëtlosquet? Ce monsieur fit, il y a quelques trente ans, le pélerinage de Terre-Sainte avec deux de ses amis, dont l'un est mon cousin; j'ai été chargée par sa famille de rechercher sa tombe et d'y faire une prière. Je suis en quête depuis ce matin, et tous mes efforts sont restés sans résultat. Cela me cause une profonde peine. » Elle me quitte; nous nous dirigeons en sens opposé; et voilà qu'après deux minutes, j'aperçois deux prêtres écartant avec la main la poussière qui recouvre une pierre tumulaire, et dénichant le nom si désiré. Je reviens sur mes pas à la poursuite de la dame intéressée, et je la rencontre terminant une prière à Saint-Antoine. Devinez quelle fut sa joie, et en quels termes elle exprimait sa reconnaissance. Elle me dit l'impression produite à Metz par le départ des nombreux Lorrains qui sont avec nous. On se souvenait que, il y a trente ans, il en mourut un sur trois; or, cette fois, ils sont dix-sept; que ne doit-on pas appréhender? Espérons au contraire que sur dix-sept, dix-sept reviendront sains et saufs dans leur pays.

Nous visitons le *Cénacle* sous la conduite de Frère Liévin. Dans l'intérieur de la ville, du temps de Notre-Seigneur Jésus-Christ, il est actuellement en dehors des remparts, sur les hauteurs de Sion. C'est une pièce gothique du quatorzième siècle, au premier étage, reste d'une église bâtie par les Franciscains vers l'an 1342. Un siècle auparavant Saint-François d'Assise était venu établir en ce lieu une colonie de son ordre; mais si nous remontons aux origines, nous voyons qu'une tradition non interrompue fait de ce sanctuaire, aujourd'hui mosquée musulmane, le lieu précis de l'institution de la divine Eucharistie. Jésus-Christ y apparut à ses disciples le soir de la résurrection, et huit jours après, quand il leur confirma le pouvoir de remettre les péchés [1]. Le Saint-Esprit y descendit sur les apôtres le matin de la Pentecôte, et Saint-Pierre y parla lorsqu'il fut question de remplacer Judas [2]. Guillaume de Tyr nous dit que les premiers chrétiens s'y réunissaient, et que de tout temps le Cénacle avait été considéré comme l'Eglise-Mère.

Depuis 1551, la messe n'y a été célébrée qu'une fois, et voici dans quelles circonstances vraiment singulières. En 1860, Mgr Spaccapietra archevêque de Smyrne, à qui l'on doit, dans le diocèse d'Auch, la consécration de l'église St-Michel de Condom, se trouvait à Jérusalem aux approches de la grande semaine, lorsque arriva dans la Ville-Sainte la princesse catholique allemande de Hohenzollern. Elle avait caressé le projet d'assister au saint sacrifice de la messe dans le Cénacle le jour même du Jeudi-Saint. On eut beau lui objecter des difficultés qui semblaient insurmontables, lui certifier que le Sultan de Constantinople ne serait pas en pouvoir de lui accorder cette faveur. Elle ne s'arrêta qu'après avoir obtenu à prix d'or de l'effendi ou gardien du Cénacle la permission demandée. Mgr l'archevêque de Smyrne pouvait se faire assister de douze prêtres, et la mosquée était mise à leur disposition pendant deux heures.

La veille du Jeudi-Saint, fort tard dans la soirée, les personnes désignées arrivent une à une, à des intervalles inégaux; et l'heure venue, Mgr Spaccapietra, sur l'invitation de la princesse, se prépare à offrir le Saint-Sacrifice. Il fallait dresser un petit autel portatif. A cette vue, l'effendi sent son fanatisme se réveiller; il refuse absolument, et une nouvelle bourse garnie d'or peut seule triompher de ses scrupules. La cérémonie commence.

« Dire les émotions de l'assistance et l'abondance des larmes du célébrant, me serait chose impossible, raconte le P. Marie Ratisbonne dans les *Annales de N.-Dame de Sion*. Par moments, je croyais que le saint archevêque ne pourrait pas achever le saint sacrifice, et je me tenais prêt à le recevoir dans mes bras. Deux heures ne furent pas de trop pour l'accomplissement de notre mystérieuse solennité pascale... Depuis des siècles, la messe n'avait été célébrée dans ce lieu vénérable, témoin, et de l'institution Eucharistique, et de la descente du Saint-Esprit, et de la naissance de l'église catholique. De longues années se passeront peut-être encore avant que l'autel du sacrifice y soit de nouveau dressé, et c'est à Mgr Spaccapietra, successeur du disciple bien-aimé, que Notre-Seigneur réserva cette insigne faveur, et c'est une pieuse princesse catho-

[1] Luc, XXII. — Jean XX, 19. — [2] Actes. II. — I, 13.

lique, qui nous fît pénétrer dans le Cénacle, les portes en étant fermées. »

Actuellement, je viens de le dire, les musulmans sont les détenteurs de ce sanctuaire. Il vint un jour à l'esprit de quelques Juifs de leur faire accroire que le Cénacle renfermait le tombeau de David. Aussitôt ils s'y rendirent en foule, y prièrent, et comme conséquence, étant d'ailleurs les plus forts, ils se déclarèrent maîtres de la position. Ils nous y laissent entrer comme par grâce, toujours moyennant backchiche, et nous voient avec peine chanter le *Veni Creator* et le *Pange lingua*. Plus ils font les difficiles, plus nous crions de toute la force de nos poumons; il faut bien qu'ils se soumettent; d'ailleurs, le backchiche ne sera livré qu'à la sortie, et ils ne voudraient pas en compromettre l'importance. Très probablement, le tombeau de David n'est pas ici, bien qu'ils exhibent une espèce de dos d'âne recouvert de tapis, qui ne contient rien du tout. La salle du lavement des pieds est à l'étage inférieur, occupée par les femmes musulmanes, et l'entrée en est interdite.

Sortant du Cénacle avec notre guide, nous saluons l'emplacement de la *maison où la sainte Vierge dut mourir* vers l'âge de soixante-douze ans, assistée de saint Jean et des autres apôtres. Tout dans Jérusalem contredit la tradition certainement erronée d'après laquelle la sainte Vierge aurait passé les dernières années de sa vie à Ephèse. A peu de distance de cette maison dont il ne reste plus qu'un pan de mur, on rencontre le lieu où les disciples portant à Gethsémani le corps de la sainte Mère de leur maître, furent arrêtés par les Juifs qui voulurent leur enlever leur précieux fardeau; mais les uns furent aveuglés, les autres paralysés; et ils ne guérirent que grâce à l'intercession des apôtres. Des oratoires s'élevèrent dans les premiers siècles sur les deux emplacements; ils ont été ruinés de très bonne heure.

La *maison de Caïphe* est un peu plus loin, occupée par une église arménienne non-unie. Les Arméniens, sous la présidence de leur évêque, célèbrent leurs offices dans la cour qui sert d'atrium; c'est là que sans doute Jésus fut renié trois fois par l'apôtre Saint Pierre. L'autel de l'église a pour table une portion de la pierre qui fermait l'entrée du tombeau de Notre-Seigneur; l'autre fragment, nous l'avons déjà vu, est dans la première pièce de l'édicule du Saint-Sépulcre. Une sorte de cachot, à droite de l'abside, servit de prison à Notre-Seigneur une partie de la nuit du Jeudi au Vendredi-Saint.

XXV

La Pentecôte.

(Suite.)

Jérusalem, 28 mai 1882.

A quelques pas de la maison de Caïphe, on est à la porte de Sion. Le plus hideux spectacle dont nous ayons été les témoins durant notre voyage, nous est offert par une vingtaine de lépreux relégués dans des huttes tout près de cette porte. On ne leur permet pas d'entrer dans la ville. Ils sont recouverts de pustules blanchâtres dont l'odeur est repoussante. Or, ils semblent prendre plaisir à vous agoniser d'instances, vous poursuivant dans le sentier, portant les mains jusqu'à votre figure et répétant ce cri perpétuellement agaçant : *Backchiche, seignour; seignour, madame, backchiche.* Leur escarcelle est un grand seau en fer-blanc dont la capacité est bien d'un double décalitre et dans lequel ils recueillent en moyenne cinq centimes par jour. Il faut reconnaître cependant que si les lépreux se tiennent hors ville, tous les mendiants n'y sont pas confinés. Certaines rues en sont infestées, et il n'y a pas jusqu'au jeune homme à tenue parfaitement correcte, à goûts aristocratiques même, qui ne vous tende la main et ne réclame son backchiche. La portion élégante de la population arabe, qu'elle soit chrétienne ou musulmane, est très pauvre d'ordinaire et malgré tout d'un orgueil singulièrement raffiné; polie et affectueuse, si vous voulez, mais très difficile pour le vêtement et pour certains aises de la vie extérieure. Il lui semble que le travail est une honte; la mendicité seule ne l'humilie nullement, et des refus multipliés ne la décourageront jamais. C'est ainsi que, parmi les catholiques, nous n'éprouvons pas le moindre embarras à rencontrer des servants de messe; ce n'est pas tout à fait pour nos beaux yeux, et je n'oserais affirmer que leur éminente piété soit la vraie force d'attraction. Toujours est-il qu'il en pleut tous les matins par douzaines, de tout âge, et tout disposés à recevoir leur petite pièce qui doit être blanche, si on veut leur être agréable. Rendons-leur toutefois ce témoignage, c'est que leur tenue est généralement irréprochable durant le Saint Sacrifice; ils répondent très bien et ne sont pas trop distraits.

Ces divers détails me mènent à vous dire que la monnaie française est très bien accueillie chez les Turcs. Si l'on en excepte nos pièces de bronze qui n'ont pas cours ici, toutes les autres, depuis la pièce de vingt centimes en argent jusqu'à celle de vingt francs en or, sont les bienvenues. Ils ont une monnaie de cuivre, le *para*, d'une valeur insignifiante; deux cents paras, de la dimension d'un sou français, valent à peine un franc, et les backchiches, donnés en monnaie de cette nature, n'ont pas grande faveur. J'ai souvenir qu'un jour, ayant à prendre trois timbres de vingt-cinq centimes au bureau de la poste ottomane, je présentai une pièce de un franc au directeur. Il me devait par conséquent une valeur de cinq sous. Le pauvre malheureux vide ses poches, compte, compte encore, me présente provisoirement une jointée de paras et se remet à chercher dans ses tiroirs pour compléter la somme : « Merci bien, lui dis-je, gardez soigneusement vos paras et donnez-moi un quatrième timbre, cela me pèsera moins. » Et il s'exécuta volontiers.

Revenons à nos lépreux. Ils vivent ensemble dans une liberté relative; ils se marient entr'eux, et leurs enfants, sains jusqu'à la puberté, ne sont pas pour cela préservés des suites du virus qui leur a été inoculé. Le mal se manifeste par des taches violacées sur la face, le nez et les doigts; bientôt après surviennent des abcès purulents et les extrémités tombent en lambeaux. Il est fréquemment question des lépreux dans l'Ancien Testament, et Jésus-Christ exerça plusieurs fois sur eux sa grande miséricorde. Le vice et la malpropreté sont les causes principales du terrible fléau qui les torture.

Nous laissons sur notre droite la grotte *in Gallicantu* où Saint-Pierre « pleura amèrement » et rentrons dans la ville pour visiter la *maison d'Anne*. Elle est remplacée par deux oratoires contigus, propriété des religieuses arméniennes non-unies. L'un d'eux est le lieu où Notre-Seigneur subit le premier interrogatoire et reçut un soufflet du serviteur du grand-prêtre[1]; on montre dans un jardin extérieur deux petits oliviers qui seraient les rejetons d'un arbre auquel Jésus fut attaché pendant que l'on délibérait sur son sort.

L'église de *Saint-Jacques-le-Majeur*, bâtie sur le lieu de son supplice, sert de cathédrale aux Arméniens schismatiques; c'est un bel édifice à trois nefs, à quelques pas de la maison d'Anne. Saint-Jacques y fut décapité par Hérode-Agrippa à son retour d'Espagne, l'an 44 de Jésus-Christ, et l'on croit que les Espagnols ont érigé ici-même le premier oratoire en son honneur. Les Pères Franciscains ont conservé le droit

[1] Jean, XVIII.

d'y célébrer les saints offices le jour de sa fête. Près de l'autel dédié à Saint-Jacques, les Arméniens montrent l'endroit où fut enseveli Saint-Macaire, l'évêque de Jérusalem qui reconnut la vraie croix découverte par Sainte-Hélène. Une autre chapelle de la basilique arménienne renferme trois pierres brutes superposées venant du Jourdain, du Thabor et du mont Sinaï.

Frère Liévin nous conduit dans le couvent des Syriens Jacobites où une église assez modeste occupe l'emplacement de la *maison de Marie, mère de Jean*, surnommé *Marc*. Saint-Pierre, délivré miraculeusement de prison par l'ange du Seigneur, s'y réfugia quelques instants : « Or, comme il frappait à la porte, une jeune fille, nommée Rhode, vint pour écouter. Dès qu'elle reconnut la voix de Pierre, transportée de joie, elle n'ouvrit pas, mais, rentrant en courant, elle annonça que Pierre était à la porte. Ses parents dirent : Tu es folle. Mais elle assurait qu'il en était ainsi. Sur quoi ils disaient : C'est son ange. Cependant, Pierre continuait à frapper. Et lorsqu'ils eurent ouvert, ils le virent et furent dans la stupeur[1]. » Le tableau du fond, au-dessus du maître-autel, représente la Vierge et l'Enfant-Jésus avec un nimbe d'or; il est attribué à Saint-Luc. Les Syriens montrent sur la droite et contre le mur méridional de l'église, l'endroit plus ou moins authentique où la Vierge immaculée aurait reçu le baptême.

Au bout d'une rue, presque en face du couvent, on aperçoit le lieu *où Pierre avait été emprisonné*, et sur la gauche, une mosquée en ruines sur l'emplacement de la *maison de Saint-Thomas*. Remontant jusqu'à la porte de Jaffa, nous longeons la *tour de David*, théâtre de son péché et aussi de ses jeûnes et de ses larmes, les tours Phasaël, Marianne et Hippicos qu'Hérode l'Ascalonite, celui qui reçut les mages, fit élever en l'honneur de son frère, d'une de ses maîtresses et du plus grand de ses amis. Les bases de la tour de David possèdent tous les caractères des constructions salomoniennes: les assises sont formées de blocs immenses d'une longueur de plusieurs mètres.

Il est temps de mettre un terme à cette intéressante excursion. L'heure de la messe solennelle a sonné et les pèlerins accourent en toute hâte vers la grande église du Patriarcat. Je doute que cérémonie plus imposante se soit accomplie dans cette basilique, même au jour de son inauguration. Le Patriarche pontifie, entouré d'une multitude de prêtres parés, en présence d'une assistance d'élite. Il apporte dans ces fonctions une dignité profonde et une lenteur calculée susceptible d'influer heureusement sur les musulmans trop habitués aux rites sautillants des schismatiques.

C'est ce soir, vers les quatre heures, que s'est cloturée dans l'église de Patriarcat, une retraite prêchée pour les pèlerins par le P. Marie-Antoine. Durant quatre jours consécutifs, on s'est pressé autour de sa chaire pour écouter cette parole qui ne respire que la sainteté et l'amour de Notre-Seigneur; et à l'heure où je vous écris, il vient de terminer les exercices par un magnifique discours sur les merveilles du Saint-Esprit aux diverses époques de l'église; il nous a dit ce que nous devons espé-

---

[1] Actes, XII.

rer du grand acte religieux de la journée, qui comptera certainement dans les fastes du xix⁰ siècle. Après la bénédiction du Saint-Sacrement, il reçoit au cordon et au tiers-ordre de saint François un grand nombre d'associés; il leur commente les indulgences qu'ils peuvent gagner et l'absolution générale accordée aux Tertiaires à toutes les fêtes de Notre-Seigneur, de la sainte Vierge et des Saints de l'ordre.

Comme le Cénacle est entre les mains des musulmans, les indulgences que l'on y gagnait autrefois ont été transférées par les Souverains-Pontifes dans la *basilique de Saint-Sauveur*, aux trois autels du Saint-Esprit, de l'institution de la sainte Eucharistie et de l'Apparition de Notre-Seigneur à saint Thomas. Je n'ai point négligé de faire ma visite à ce pieux sanctuaire. Il est situé dans l'intérieur de la résidence des Franciscains, au premier étage, et sert d'église paroissiale. J'y ai remarqué un autel d'une grande richesse, tout argent, qui est venu de Naples; on l'a découvert à l'occasion de la fête. Le couvent appartient aux Franciscains depuis 1559, époque à laquelle ils l'achetèrent aux Géorgiens; on croit qu'il a été bâti dans le v⁰ siècle et restauré par l'empereur Justinien; le P. Custode y réside. Il est très vaste, quoique irrégulier, et renfermait naguère deux écoles d'enfants et un établissement pour les jeunes apprentis. Il y a même une imprimerie et un atelier de reliure. On s'occupe de construire dans l'intérieur de la grande cour une nouvelle église destinée à devenir paroissiale et à remplacer la basilique notoirement insuffisante.

Comme complément à mon récit de nos fêtes de Pentecôte, laissez-moi vous dire que des agapes exceptionnelles nous ont été servies à l'Hospice autrichien. Un de nos amis avait mis en réserve quelques conserves apportées de France et deux bonnes bouteilles de Bordeaux; c'était pour les prêtres du Gers. Le P. C. Maumus, notre compatriote, a bien voulu s'y associer, ainsi que l'excellent abbé Galloni, prêtre d'Ajaccio, secrétaire provisoire de l'Hospice. Ajouterai-je que le Directeur, dont la bienveillance est allée jusqu'à nous offrir son salon principal et la vaisselle dont lui avait fait don l'empereur d'Autriche, a daigné accepter de partager notre café : « Vous pouvez le boire sans crainte, nous a-t-il dit, je l'ai préparé moi-même. » Je recueille ces détails, si matériels qu'ils puissent être, parce qu'ils font diversion à la monotonie de nos repas de pèlerins, et auront contribué pour leur part proportionnelle à laisser en ma mémoire un souvenir exquis de la Pentecôte de Jérusalem, en l'an de grâce 1882.

XXVI

Œuvres catholiques en Palestine.

SOMMAIRE.

Lundi de la Pentecôte. — Communion du départ. — La *Guadeloupe* vers Jaffa. — Idée des Coocks. — Eglise russe. — Hôpital français; nos malades. — Dernières visites. — Les marchands. — Jours fériés. — Les malles faites. — 18 sièges. — Saint-François d'Assise. — Luttes de ses enfants. — Influence française. — Influence russe. — Œuvres franciscaines. — Leurs écoles; écoles professionnelles. — Hôtelleries. — Aumônes. — Missions. — Patriarcat; origine; prêtres indigènes; besoins. — Melchites grecs-unis.

Jérusalem, le 29 mai 1882.

Nous sommes au 29 mai, lundi de la Pentecôte; or, mercredi soir à dix heures, il faut que les deux vaisseaux aient levé l'ancre. C'est vous dire que nos moments sont comptés, et qu'il est temps de faire ses malles. Les pèlerins de la *Guadeloupe* sont partis ce matin vers neuf heures. Avant tout, réunion générale au Saint-Sépulcre, messe chantée par le P. Picard sur le tombeau de Notre-Seigneur; les communions ont été très nombreuses. Cette messe, le dernier exercice commun du pèlerinage, a été particulièrement belle et touchante. Le P. Picard a donné ses derniers avis et recommandé les intentions générales; il a demandé que les prêtres disent une messe à l'intention des bienfaiteurs; les laïques feront une communion.

Après une longue attente, j'offre le saint sacrifice à l'autel de Sainte-Marie-Madeleine; puis l'action de grâces terminée, je fais une halte en face du chœur des Grecs où le Patriarche schismatique officie pontificalement (1), je visite la chapelle extérieure de Sainte-Marie-Egyptienne où les Arméniens célèbrent, et je vais à l'agence Coock, assister au départ des derniers voyageurs du premier groupe. Ces aimables Coocks n'avaient-ils pas eu l'idée ingénieuse de faire partir l'escouade de la *Guadeloupe* le matin de la Pentecôte, au mépris de toutes les conventions, afin de renvoyer un peu plus tôt bêtes, moukres et drogmans; il a fallu que la Direc-

(1) Le patriarche grec est mort peu de jours après notre départ, le 22 juin d'une chute de cheval, en rentrant de son séminaire de Sainte-Croix, sur le chemin de Saint-Jean.

tion s'y fit des pieds et des poings pour faire maintenir les dispositions premières et nous assurer la faculté de célébrer dans Jérusalem la grande fête de l'Esprit-Saint.

J'entre dans l'Eglise russe; pas trop mal; de riches tableaux, un lustre immense, genre byzantin, dont le diamètre est presque égal à la largeur de la nef; les dépendances sont très vastes. Je vais à l'hôpital français de Saint-Louis fondé par Madame de Piellat. Cette femme généreuse consacre tous les ans à cette œuvre une soixantaine de mille francs; et l'on dit que sa charité s'exerce aussi largement près de Vienne, en Dauphiné, où elle a ses propriétés. Elle est au milieu de ses malades, parmi lesquels cinq de nos amis : un prêtre blessé à la jambe, depuis Naplouse, par un coup de pied de cheval; un jeune homme, qui, désarçonné de sa monture à Bethléem, a eu la rotule brisée; un autre dont le doigt a été entamé par un révolver; un second prêtre atteint d'un érysipèle; je ne sais quelle est la maladie du cinquième; ils vont sensiblement mieux et sont hors de tout danger.

Ma journée se passe à parcourir une dernière fois les Lieux-Saints de la ville et des environs, Gethsémani, la Voie douloureuse, les principaux sanctuaires, et à faire mes dernières acquisitions, ce qui n'est pas facile; car presque tous les magasins sont fermés. Le Lundi de la Pentecôte est férié, et ce n'est qu'exceptionnellement à cause de notre départ, que quelques marchands se permettent d'ouvrir. Le dimanche chez les chrétiens, le samedi chez les Juifs, le vendredi chez les Musulmans, sont rigoureusement respectés en Palestine. M'étant adressé, sans le savoir, à un tailleur juif le samedi, je n'en avais pu rien obtenir; il me renvoyait au lendemain; bien entendu que je n'y revins pas. Cependant cette variété, si édifiante qu'elle puisse être au point de vue de chaque secte prise en particulier, n'entraîne pas moins une confusion qui est un scandale perpétuel; et en réalité, aucun jour de la semaine n'est universellement sanctifié.

Les marchands d'objets de piété ont fait fortune cette année. Ils sont contents de nous, et ils ont raison; soyez sûrs que nous serons bien accueillis l'an prochain. Je pourrais citer tel vendeur qui avait entassé dans son magasin un stock immense destiné aux deux Amériques. Il a trouvé le moyen, sans quitter Jérusalem, d'écouler et le stock américain et toutes ses réserves. Naturellement, tout a surenchéri; les fabricants de Bethléem peuvent à peine suffire aux demandes. La graine d'un arbre des environs de la mer Morte fournit de gracieux chapelets blancs, dont la couleur sera transformée en gris foncé par l'usage; on achète aussi des croix en nacre d'un très beau travail; la nacre provient de l'intérieur de certains coquillages des mers, spécialement de la mer Rouge. En vertu de concessions faites par les Souverains Pontifes, le simple contact de tous ces objets au Saint-Sépulcre leur applique toutes les indulgences des Saints Lieux.

Je viens de recevoir du P. Custode mon reliquaire et mon diplôme de pèlerin; mes malles ou plutôt mes sacs sont bouclés, et je suis prêt à partir. Ce sera pour demain matin mardi, vers six heures. J'anticiperai d'un jour avec quelques confrères, le groupe de la *Picardie* n'étant obligé de quitter Jérusalem que mercredi. Mais mercredi, je n'aurais sans doute qu'une très mauvaise monture sans étriers; et Dieu sait si j'ai sur le cœur les baudets de Samarie; demain je voyagerai en *carossa*. C'est un essai; j'espère être moins mal; je vous dirai sous peu le résultat de mon expérimentation. Cela me fournira d'ailleurs l'occasion de passer près de vingt-quatre heures à Jaffa; je gagnerai sous tous rapports.

Mais avant de fermer mon encrier, un aperçu, si vous le permettez, sur Jérusalem et sur les œuvres de Palestine.

Jérusalem, c'est bien là la grande cité de David et de Salomon, la capitale des rois de Juda, riche et puissante aux jours de sa prospérité, mais aussi la cité la plus malheureuse du monde, chargée des malédictions divines pour avoir méconnu trop souvent les devoirs que lui imposaient son origine et ses glorieuses destinées. Elle a été prise dix-huit fois d'assaut. Tacite évalue à six cent mille hommes le nombre de ceux qui soutinrent le siège contre Titus; Josèphe dit qu'il en périt onze cent mille et que quatre-vingt-dix-sept mille furent faits prisonniers. Pour les grandes fêtes, on accourait de tous côtés; le peuple grouillait dans les rues; car les dimensions de la ville étaient tout au plus ce qu'elles sont aujourd'hui. Sous l'empereur Adrien, cinq cent mille Juifs furent mis à mort, et le reste fut vendu à raison de trente pour un denier. Les Juifs viennent encore des quatre coins du monde s'entasser dans le sale quartier qui leur est réservé, afin d'obtenir pour leurs ossements un peu de cette terre prédestinée sous laquelle leurs pères furent ensevelis. La population actuelle de Jérusalem ne va pas au-delà de vingt-cinq à trente mille habitants, et c'est déjà bien raisonnable.

Les œuvres catholiques en Palestine sont dirigées par les Franciscains et par les prêtres du Patriarcat. Les Pères de Bétharram se sont établis près de Bethléem, et les Carmes résident depuis de longs siècles dans leur solitude du Carmel (1).

Saint François d'Assise fit son pèlerinage en 1219. Trois ans plus tard, ses disciples s'établissaient près du Cénacle, avant même que l'ordre des Frères Mineurs ne fut confirmé par la bulle *Solet annuere* du pape Honorius III. Ils ont passé depuis cette époque par des difficultés de toute sorte; un grand nombre d'entr'eux sont morts martyrs de leur devoir. Ils ont eu à lutter contre le mauvais vouloir et la cupidité des gouverneurs, pour qui le vol, l'injustice et la férocité étaient presque élevés à la hauteur d'un dogme. Sans doute, des plaintes étaient de temps en temps portées près des cours d'Europe, mais les communications ne se faisaient que péniblement; les voyages de France en Orient sur de mauvais navires à voiles duraient souvent six mois entiers. Les pachas vivaient indépendants, se moquant des menaces et des firmans qui pouvaient les condamner. Un argument irrésistible et péremptoire a toujours

(1) J'apprends avec bonheur que les Dominicains viennent d'acheter vingt mille mètres de terrain pour bâtir un couvent sur l'emplacement du martyre de saint Étienne. Le P. Mathieu Lecomte, après avoir heureusement terminé les négociations, s'est chargé de recueillir les ressources nécessaires. Dieu bénira certainement cette sainte entreprise. (Juin 1883.)

été pour eux, alors comme aujourd'hui, une bonne bourse pleine de napoléons. Hélas! les napoléons épuisés, c'était à recommencer.

Cependant l'influence française n'a pas toujours été inutile; elle a souvent produit de très heureux résultats. Dès 1519, François Ier faisait restituer une partie du Cénacle; il obtenait, en 1540, la délivrance des quelques religieux qui avaient survécu à trente-neuf mois d'une atroce captivité. Louis XIII a donné les plus beaux ornements qu'ait jamais possédés la basilique du Saint-Sépulcre, entr'autres une crosse qui sert encore dans les cérémonies pontificales. Louis XIV et Louis XV prirent les Franciscains sous leur protection; ils ne purent toutefois réussir à établir un consul à Jérusalem. En 1802, la grotte de l'Agonie nous était rendue grâce à l'appui du maréchal Brune. La guerre de Crimée entreprise dans le but avéré de protéger les Lieux Saints, faisait concevoir les plus belles espérances. Illusion! lorsqu'on traita de la paix, cette question fut mise de côté; et l'occasion eut été si favorable pour réduire les prétentions des Grecs dont toute la force vient de l'appui de la Russie! Ce qui fait que la Turquie, obligée de compter avec sa puissante voisine, laisse faire et ne dit rien. C'est ce qui explique ce mot d'un haut personnage durant notre séjour à Jérusalem : « Tant mieux que les Français soient ici; les Russes enragent. » Le consulat français établi en 1843 à le protectorat de tous les sanctuaires; c'est à lui que l'on en réfère en cas de litige; des honneurs spéciaux lui sont rendus dans les cérémonies publiques. Quelle force pour la France, si nos gouvernants savaient tirer profit de cette situation! Chaque semaine une messe est célébrée pour notre pays à Bethléem, à Nazareth, à Saint-Jean et sur le Calvaire.

Les Franciscains ont une école apostolique à Saint-Jean dans la Montagne, un noviciat à Nazareth; ils enseignent la philosophie à Bethléem et la théologie à Jérusalem. Les uns sont employés à la garde des sanctuaires et à la solennité du culte, les autres au ministère paroissial et à celui des missions. Ils ont un personnel d'environ trois cent cinquante religieux départis en Palestine, en Syrie, dans l'île de Chypre et dans la Basse-Egypte, en un mot, dans tous les pays que le Sauveur a parcourus durant sa vie mortelle. Ils occupent quarante-six couvents ou résidences, administrent une cinquantaine de paroisses ou d'aumôneries, et sont les gardiens de quarante-quatre sanctuaires. Je ne parle pas des orphelinats, collèges, ouvroirs qu'ils dirigent. Ils avaient à Jérusalem une école florissante de garçons qu'ils ont confiée aux Frères de la Doctrine chrétienne; ces derniers ont leur maison non loin de Saint-Sauveur, sur la partie la plus élevée de la ville; c'est un établissement modèle. Les Frères sont aussi à la tête des écoles d'Alexandrie, et presque tous les employés d'Egypte sont passés entre leurs mains (1). L'école professionnelle de Saint-Sauveur, tenue par les Franciscains, forme à tous les métiers usuels; elle prépare des minotiers, des boulangers, des cordonniers, des tailleurs, des forgerons, des serruriers, des menuisiers, des imprimeurs. Les Sœurs de Saint-Joseph de l'Apparition ont été chargées de l'éducation

(1) L'Egypte devenait par la force des choses un pays de langue française; et voilà qu'elle nous échappe!

des filles. J'ai déjà parlé des orphelinats du P. Ratisbonne et de dom Belloni, ainsi que des Carmélites et des Dames de Sion; je citerai encore les Dames de Nazareth qui ont quelques maisons en Palestine.

Ajoutons que les Franciscains ont établi pour l'usage des pèlerins des hôtelleries gratuites à Jaffa, à Ramleh, à Jérusalem, à Bethléem, à Saint-Jean, à Emmaüs, à Nazareth, à Tibériade et sur le mont Thabor.

Toutes ces œuvres réclament d'énormes dépenses, aggravées encore par la nécessité de subvenir aux besoins d'une population excessivement pauvre, sans industrie, chargée d'impôts et malheureusement trop apathique pour se suffire elle-même. Dans la seule ville de Jérusalem, il se distribue annuellement plus de trente mille francs de pain. Les quêtes du Vendredi-Saint à l'adoration de la Croix, sont spécialement destinées aux œuvres des Pères de Terre-Sainte; leur désir serait qu'elles se fissent exactement dans toutes les églises d'Europe. Ils doivent prélever là-dessus une somme de trente-sept mille francs pour les œuvres du Patriarcat.

Ils n'ont jamais négligé les missions. Il y a quelques années, sous l'influence de leurs prédications, sept mille Arméniens d'Adana, leur évêque en tête, renonçaient au schisme et rentraient dans la religion catholique; on leur a laissé leur liturgie, et ils sont restés fidèles sous la direction des mêmes pasteurs; les Pères Franciscains n'ont eu qu'à s'effacer. Beaucoup d'autres conversions ont eu lieu dans des centres divers; le Saint-Siège a exigé plusieurs fois que les Franciscains établissent un curé du rit latin chez les nouveaux convertis, bien que, généralement, on les ait laissés libres de garder leurs rites ou d'adopter les usages latins; et cette déférence pour leurs vieilles traditions n'a pas peu contribué dans ces derniers temps à en ramener un grand nombre.

Le Patriarcat date de 1847; la création en avait été préparée par l'entrée dans les ordres d'un certain nombre d'indigènes sortis des écoles apostoliques franciscaines, et désireux de se consacrer au ministère des âmes, sans être obligés d'embrasser les austérités de la vie religieuse. C'est une force nouvelle pour la propagation du catholicisme; déjà une quinzaine de paroisses, munies de leurs pasteurs, ont été créées, et le grand séminaire établi par Mgr Valerga aux environs de Bethléem, dont la direction est confiée à l'unique vicaire général du Patriarche, sera pour le vaste diocèse de Jérusalem une pépinière de nouveaux Apôtres dignes de leurs aînés. Le Patriarcat, comme les Pères de Terre-Sainte, compte sur les aumônes de la chrétienté pour le développement de ses œuvres; il ne peut mettre son espoir dans le casuel que lui fourniront ses administrés; hélas! trop heureux lorsqu'il n'est pas obligé de venir à leur secours.

Indépendamment des Latins, il y a parmi les catholiques de Jérusalem des religieux Melchites du rite grec-uni et quelques Arméniens-unis; les Melchites dirigent une petite paroisse.

XXVII

De Jérusalem à Jaffa.

Jaffa, 30 mai 1882.

Nous l'avons enfin terminé, ce voyage redouté de Jérusalem à Jaffa. Le *carossa* a subi pas mal de cahots dans le parcours; mais il est sain et sauf, et nous aussi. Notons en passant un gracieux procédé de la Compagnie Coock qui, tenue de nous faire transporter et de nous nourrir gratuitement le mercredi 30 mai, a trouvé le moyen d'écouler la veille, sans pourvoir à sa subsistance, une partie de son monde, en lui faisant payer de dix à quinze francs par tête. Elle ne nie pas que nous lui rendons un service éminent en anticipant le départ, car demain l'encombrement sera moindre, et bon nombre de ses hommes et de ses bêtes seront mis un jour plus tôt en disponibilité. Elle est anglaise, la Compagnie Coock, protestante de religion, juive de tempérament, c'est tout dire.

La distance à parcourir était de soixante-cinq kilomètres, par une route assez mal pavée, mais suffisamment large pour que deux voitures puissent se croiser; comme il ne pleut presque jamais, les matériaux de la chaussée ne prennent que difficilement. Nous avons eu à franchir bien des montagnes, à décrire bien des zig-zags pour tomber enfin dans la vaste plaine de Saron qui nous a conduits jusqu'à la Méditerranée. Le pays serait peut-être un peu moins aride que la Samarie; je n'oserais trop l'affirmer cependant, car la malédiction céleste a passé par ici comme là-bas, laissant des traces ineffaçables.

Mais ne nous pressons pas. Voici le menu de la matinée : Lever à trois heures et demie, messe à quatre heures dans la basilique de Saint-

10

Sauveur, à l'autel de Sainte-Philomène, patronne des marins; nos derniers adieux à l'Hospice autrichien et à son excellent Directeur qui nous dit « au revoir » les larmes aux yeux, une dernière prière en passant au Saint-Sépulcre, et vite dans nos fourgons, nous et nos bagages. Les Coocks nous chippent encore quelques pièces pour des kilogrammes d'excédant; nous leur en chippons à notre tour, et nous prétendons ne pas être quittes; c'est à la vallée de Josaphat que nous règlerons définitivement nos comptes; Dieu veuille que ce soit le plus tard possible. Nous sommes six : le cocher, un toulousain M. Latou, et quatre gascons, placés deux à deux sur trois bancs. D'où venait ce cocher? Nous n'en savons rien. Etait-il arabe, anglais, allemand? Pas un signe qui nous ait fait deviner sa nationalité. Un mot sortait de ses lèvres toutes les deux heures, nous ne le comprenions pas; lorsque nous lui parlions, il ne nous comprenait pas; et

C'est ainsi que finit cet aimable entretien.

J'augure toutefois qu'il était de la blonde Albion; les Arabes sont plus intelligents; lorsqu'ils ne vous saisissent pas, ils vous devinent.

Il ne nous avait pas été défendu comme à la femme de Loth de porter notre regard en arrière; aussi n'avons-nous cessé de considérer Jérusalem, le mont des Oliviers, Bethléem, jusqu'à ce que la dernière coupole, le dernier minaret a complètement disparu à l'horizon. Et, bien que nous soyons partis sans trop de regret, — car, au dire de tous les voyageurs, Jérusalem est une ville que l'on ambitionne de visiter, mais d'où l'on s'éloigne avec empressement, — nous avons murmuré comme malgré nous le psaume *Super flumina Babylonis*, ce chant de tristesse que faisaient entendre les Juifs dans leur douloureuse captivité. Notre cœur se serrait et nos yeux se mouillaient de larmes; car peut-être, la Jérusalem de la terre, nous ne la reverrons jamais.

Deux hautes collines, terminées en pain de sucre, s'élèvent des deux côtés de la route. Une mosquée, ancienne église bâtie en 1131 par les Prémontrés, couronne la première, sur notre droite. C'est *Nébi-Samouil*, très probablement *Ramataïm-Sophim* des Saintes Ecritures, patrie de Samuel, qui dut y être enterré; les Musulmans y vénèrent son tombeau. C'est l'un des points culminants de la Palestine; nous l'avions aperçu de la route de Samarie, longtemps avant d'arriver à Jérusalem; et lorsque nous étions sur le mont des Oliviers, il clôturait notre horizon au nord-ouest. Sur notre gauche s'élève Soba, démantelée en 1834, l'ancienne *Modine*, patrie de Mathathias et des Macbabées; elle fait face à la grotte de Saint-Jean-Baptiste, à une lieue d'Aïn-Karim (Saint-Jean dans la montagne). Nous traversons près de Kalounieh la vallée du Térébinthe, pierreuse et fort étroite; nous dédaignons de nous baisser pour saisir, qui sait? peut-être l'un des cinq cailloux que David destinait à sa fronde et à la tête de Goliath; c'est tout près d'ici, entre le pont du torrent et le village de Saint-Jean, que le géant fut tué. Nous faisons une courte halte pour laisser reposer nos chevaux; ces pauvres bêtes rentraient de Jaffa à l'heure de notre départ, et n'avaient pas eu le temps de débrider.

Emmaüs est dans la direction de Nébi-Samouil, un peu sur le cou-

chant. Les Croisés y campèrent en 1099, et c'est de là qu'une nuit Tancrède partit pour Bethléem sous la direction de quelques indigènes, et
ut arborer avant le lever du soleil le drapeau français sur la basilique de
la Nativité. En 1292, Richard Cœur-de-Lion contemplait des hauteurs
d'Emmaüs la ville de Jérusalem qu'il ne pouvait délivrer. Les Franciscains y ont un beau couvent récemment terminé grâce à la générosité de
la famille de Nicolay. — Emmaüs fut le théâtre d'une partie de cette scène
admirable que raconte saint Luc dans le 24e chapitre de son Evangile.
Là se termina par la fraction du pain le merveilleux colloque de Jésus
avec les disciples d'Emmaüs. Ce n'est plus aujourd'hui qu'un bourg habité
par une vingtaine de fellahs.

Le centre le plus important que nous rencontrions avant d'atteindre la
plaine de Saron, est le village d'Abougosche, ainsi nommé d'un fameux
brigand, jadis la terreur des pèlerins, sur lesquels il prélevait d'exorbi-
tants tributs (1). Ibrahim-Pacha y mit ordre vers 1830. Abougosche n'est
autre que *Kariathiarim*, si célèbre dans l'ancien Testament par le séjour
de vingt ans qu'y fit l'Arche d'Alliance dans la maison d'Abinadab de
Gabaa, après que les Philistins frappés de fléaux nombreux s'en furent
dessaisis. Uri, fils de Séméi, qui prophétisa contre cette ville, fut mis à
rt par le roi Joachim. Kariathiarim est la patrie de Jérémie. On y voit
de très beaux restes d'une ancienne église à trois nefs dédiée à saint
rémie; ils ont été donnés à la France en 1873, en compensation sans
te de l'église Saint-Georges de Lydda, dont les Pères de Terre-Sainte
aient d'être dépossédés.

Nous passons à côté d'*Amoas*, une autre Emmaüs, où Judas Machabée
fit Georgias, général d'Antiochus-Epiphane, roi de Syrie; il y reste une
rtion d'abside d'une église dédiée aux sept frères Machabées et à leur
re. *El-Latroun*, domicile ordinaire de l'égyptien Dismas, le bon larron,
t à Amoas de si près, que plusieurs supposent que les deux villages
is l'un à l'autre ont formé dans le temps la ville de Nicopolis.

Nobé (Beit-Nouba) est à l'est, au pied d'une hauteur. Le grand-prêtre
chimelech, qui permit à David d'emporter les pains de proposition et
donna l'épée de Goliath, était de Nobé. Saül le fit périr avec quatre-
gts prêtres ses compatriotes [1]. Puis, c'est *Gézer*, sur une colline à
che. Située sur les frontières des Philistins, cette ville dut passer par
en des vicissitudes; elle existait lors de l'entrée des Hébreux dans la
erre-Promise [2].

Nous laissons une bonne fois derrière nous les montagnes de la Judée
r entrer dans la *plaine de Saron* que nous ne quitterons plus jusqu'à
mer. Elle a bien une longueur de trente lieues sur une largeur de huit
neuf. Elle est légèrement ondulée, ce qui nous la faisait prendre à dis-
ce pour la Méditerranée. Il paraît qu'au printemps elle est ravissante.
y coupe aujourd'hui les blés, et les dernières traces de verdure ont
éjà disparu; les blés eux-mêmes ne sont pas très beaux; il faut sans

_____

(1) Ce même Abou-Gosche fournit en 1807 une escorte à Chateaubriand.

[1] I Rois, xxii. — [2] Josué, x, 33.

doute l'attribuer à la piètre culture organisée par les habitants, qui font juste les travaux indispensables pour que le sol ne reste pas stérile. Isaïe nous parle de Saron, dont il vante la beauté à l'égal de celle du Carmel : *Gloria Libani data est ei, decor Carmeli et Saron*; il dit ailleurs, pour donner une peinture des fléaux qui accompagneront l'oubli de Dieu et la violation de ses commandements, que Saron deviendra semblable à un désert [1].

Ramleh et Lydda sont les principales agglomérations que nous rencontrons sur notre route; il faut se dévier sur la droite et suivre des sentiers fort mal entretenus pour arriver à Lydda. L'une et l'autre possèdent une population de cinq à six mille âmes, en grande partie musulmane; il y a quelques catholiques dans les deux, et deux mille Grecs à Lydda.

Lydda, l'ancienne Lod, plus tard Diospolis, bâtie par le benjamite Samad, a vu dans ses murs Cassius, le meurtrier de Jules-César, Antoine le proconsul Cestius, l'empereur Vespasien et bien d'autres qui, soit pour la réduire, soit pour la défendre, lui ont fait subir de terribles épreuves. Le juif Gamaliel y dirigeait au 1er siècle une école fameuse. Plus tard, Lydda devint évêché; Pélage y rendit compte dans un synode de sa trine aventureuse sur la grâce et sur le péché originel. Cette ville est patrie de saint Georges qui mourut à Nicomédie, dans l'Asie-Mineure, 404. Ses restes y furent rapportés et déposés dans une magnifique successivement ruinée et rebâtie, successivement temple cathol mosquée et temple schismatique; les Grecs s'en sont emparés en malgré les protestations du consul français. On visite à Lydda, près l'église Saint-Georges, l'emplacement de la *maison du paralytique E* qui fut guéri au nom de Jésus par l'Apôtre saint Pierre.

Ramleh est la même cité qu'*Arimathie*, patrie de Nicodème et Joseph, qui ensevelirent Notre-Seigneur [2]. Sa position topographique excellente; son agencement intérieur est affreux, tout comme celui Lydda sa voisine. Les Pères de Terre-Sainte y ont un couvent et hôtellerie convenables, où nous nous reposons quelques instants et nous des rafraîchissements; le soleil et la poussière nous avaient aba Inutile d'insister sur la douce et franche hospitalité que nous recevons ces bons Pères sont partout les mêmes. Leur église est dédiée à Nicodème; une petite chapelle a été bâtie sur l'atelier du saint, à faible distance de sa maison. De cet atelier serait sorti, d'après une dition respectable, le crucifix miraculeux de la cathédrale de Lucqu Italie. L'appartement principal du monastère, composé d'un div salon fort simple et d'une petite chambre à coucher, fut occupé, en par le général Bonaparte. Tout, y compris le lit de repos, a été main dans l'état primitif.

Les Sœurs de Saint-Joseph ont tout près de là une école qui de peine; elles nous prient de la visiter, et nous sommes heureux d donner ce faible gage de notre sympathie.

Une mosquée assez importante que les indigènes prétendent avoir bâtie au xiiie siècle par un de leurs sultans, était autrefois une

[1] Isaïe, xxxiii, 9. — xxxv, 2. — [2] Jean, xix, 38.

à saint Jean-Baptiste; elle est assez bien conservée. Un monument remarquable d'Arimathie, c'est encore la tour des Quarante Martyrs,
élevée sans doute au XIV° siècle en l'honneur des Quarante Martyrs de
Sébaste, en Arménie; elle fait suite à un ancien couvent de Templiers ou
à un vieux khan abandonné.

Ramleh nous offre le spectacle hideux dont nous avons été les témoins
à la porte de Sion. Un certain nombre de lépreux sont entassés à l'entrée
de la ville et nous demandent backchiche avec toute la délicatesse des
procédés mis en jeu par leurs congénères de Jérusalem.

Un vieillard, qui se dit agent consulaire français, vient nous saluer au
moment du départ; il nous certifie « lui aimer beaucoup la France, avoir
en grande estime les habitants de ce noble pays, s'intéresser vivement à
leur prospérité, et attendre comme une grande faveur l'honneur de saluer
le grand Directeur du pèlerinage. » Comme il ne nous demande rien,
nous l'en croyons sans peine; nous lui annonçons que le grand Directeur
arrivera demain, et tout ahuris de rencontrer un Arabe désintéressé,
nous reprenons sur notre fourgon, et la plaine de Saron et la voie de
Jaffa.

Les trois cents renards de Samson eurent beau jeu à travers cette vaste
plaine; et je crois sans peine que si l'incident eut lieu vers la fin de mai,
les blés des Philistins calcinés déjà par les ardeurs du soleil, durent être
promptement détruits.

Après Ramleh, rien de très remarquable, pas même Safirieh (Sériphée
premiers siècles), pas même Beit-Dedjan (maison de Dagon, ville
nommée dans le livre de Josué comme appartenant à la tribu de Juda),
même Yasour, petit village qui rappelle un autre Yasour déjà vu entre
Carmel et Nazareth. Dix-sept tours habitées par deux gendarmes ou
ibouzouks s'échelonnent de distance en distance, et servent de corps
garde pour empêcher le brigandage entre la Ville-Sainte et la mer;
ont été bâties en 1860 par Souraya, pacha de Jérusalem; elles sont
caractère architectural.

Russes arrivent par escouades, et nous croisent dans le parcours.
ent-ils des pays brumeux de la Finlande ou des montagnes arides
l'Oural et du Caucase? Je ne sais; ils portent le costume frileux des
riens; la plupart vont à pied; ils font sans doute leur pèlerinage.

Aux environs de Jaffa, le pays change sérieusement d'aspect. Nous
versons plusieurs kilomètres de jardins d'une végétation luxuriante;
citronniers, les orangers, les bananiers s'élèvent à des hauteurs consi-
comme en France les bois de chênes; de beaux fruits d'un jaune
rares à cause de la fin de la saison, sont appendus aux branches; les
les feuilles et les fruits jettent un parfum exquis qui se répand
à plusieurs lieues dans la mer. Nous sommes dans un pays de
nous sommes à *Jaffa*; mais nous n'en avons pas fini avec nos
A demain les détails.

XXVIII

Jaffa.

En rade de Jaffa, 30 mai 1882.

Le soleil venait de disparaître et le crépuscule, toujours très court en Palestine, ne nous promettait que quelques minutes de clarté. Voilà qu'une nuée d'Arabes, cent, deux cents, je ne sais trop combien, se précipitent sur nous, entourent le *carossa*, et nous prennent l'un par le pied, l'autre par la jambe, tel par un pan de nos vêtements; tous nous offrent leurs services empressés et sautent sur nos effets. Il va sans dire qu'au milieu de cet encombrement subit les chevaux n'avançaient plus et notre embarras devenait sensible; quant au cocher, cette scène le rendait muet et stupide. Je n'hésite pas, je saisis un gros bâton d'olivier, souvenir de Jérusalem: je frappe à droite et à gauche; mes confrères font de même; un peu de place se fait et nous sautons à terre. Le bâton ne cesse de jouer; il faut à tout prix préserver nos bagages.

Je me croyais perdu et nous touchions au port. Le cocher, malgré sa stupidité, avait eu un grain de bon sens et nous avait conduits à l'hôpital Saint-Louis tenu par des religieuses françaises; la porte s'ouvre et le digne aumônier se présente. J'essaie de parlementer avec lui pour qu'il nous délivre de la bagarre; lui aussi saisit une canne et se met en mesure de nous défendre. Je me retourne; hélas! mes colis ont disparu. Un gros sac de vingt-huit kilos est porté en triomphe sur les épaules d'un Turc; deux ou trois autres, moins volumineux, sont disséminés entre les mains de la foule. Il n'y a pas à balancer. Je ressaisis mon bâton par le petit bout, et cette fois je suis sans miséricorde. Mes Arabes ne sont en paix qu'après avoir déposé un à un tous mes effets dans le vestibule de l'hospice, après quoi, je leur donne congé et lève encore mon sceptre en guise de backchiche.

Je me doute que, coutumiers du fait, ils n'ont pas été trop surpris du dénouement inattendu de cette scène et se sont retirés sans trop maugréer contre nous. Ils ont généralement les épaules très flexibles et le tempérament assez bon. Quant au malheureux cocher, il dut s'éloigner sans pourboire; ce ne fut pas notre faute, car nous le perdîmes dans la mêlée; et lorsque, nos colis en sûreté, nous jetâmes par le guichet de la porte un regard sur l'extérieur, il avait disparu, et toute la bande avec lui. Rendons-lui le témoignage que, sans en avoir conscience, il fit produire à son char des miracles d'équilibre en un moment où les deux roues de droite étaient à quelques lignes d'un contre-bas farci d'indigènes. Le danger, d'ailleurs, ne devait pas être très sérieux; nous ne pouvions tomber que sur un pâté d'Arabes qui eussent certainement amorti notre chute.

Ces misérables ont pour le vol des aptitudes au moins égales à leur désir de vous être utiles; ils sont la plaie des maisons d'hospitalité dans lesquelles ils se glissent à l'improviste, tout disposés à mettre la main sur le premier objet à leur convenance.

La nuit était venue, et le Directeur de l'hôpital, ne pouvant nous loger, nous fait accompagner chez les Franciscains dont le couvent n'est séparé de la mer que par un simple quai assez étroit. D'ici, la vue est fort belle; le port est sillonné de barques, et, à trois kilomètres environ, la *Picardie* avec sa forêt de mâts et de vergues nous attend calme et sereine; nous la retrouverons avec bonheur, sinon pour elle-même, du moins pour la patrie vers laquelle elle nous ramènera bientôt.

Ce matin, un nouvel incident a caractérisé mon lever. Dans le voyage d'hier, une épaisse couche de poussière s'était incrustée sur mon pardessus; rien de plus simple que de le suspendre à une corde et de frapper à tour de bras avec mon bâton, comme j'eusse fait sur des épaules d'arabes; j'entends un bruit, un cliquetis, et mes coups redoublés n'en diminuent en rien la sonorité. C'était ma pauvre montre, montre chère à plusieurs titres, mon excellente compagne de voyage qui, pantelante à l'extrémité de sa chaîne, criait miséricorde. Je m'en aperçus trop tard; le verre et les aiguilles avaient vécu, le cadran était perforé, le boîtier se détachait du mécanisme, le mouvement ne marchait pas; ce n'était plus qu'un squelette. Dirai-je à l'honneur de la ville de Jaffa qu'elle possède un habile horloger qui, en quatre heures de temps, a restauré le tout; à midi, j'avais ma montre en bon état, trottinant comme par le passé; le cadran seul conservait ses blessures, nobles cicatrices qui feront sa gloire. Grand merci à la religieuse toulousaine de Saint-Louis qui m'a fourni, dans la circonstance, de précieux renseignements (1).

La matinée se passe à visiter la ville et les alentours : le couvent

(1) Cette religieuse me rappelle le nom d'un de nos bons confrères du pèlerinage, M. l'abbé Dantin, vicaire de Saint-Exupère, à Toulouse, avec qui elle eut tant de joie de parler des connaissances et du pays. M. Dantin est mort subitement dans sa paroisse, le 10 février 1883. Ses relations étaient douces, et sa piété tout affectueuse; il n'avait que trente ans. Il a été universellement regretté.

d'abord, sorte de labyrinthe très curieux au centre duquel se trouve l'église paroissiale dédiée à Saint-Pierre; j'y dis la Sainte-Messe. A dix minutes au Sud, près du phare, une mosquée rappelle l'emplacement de la *maison de Simon le Corroyeur* où logea l'apôtre Saint-Pierre; il eut dans ce lieu la vision des animaux purs et impurs, images de toutes les nations indistinctement appelées à la connaissance de l'Evangile[1].

Le marché, au centre de la ville, fournit un spécimen de tous les produits du pays : oranges, citrons, concombres, abricots, dattes, diverses sortes de légumes; pas de céréales (1). Il est très fréquenté, surtout à certaines heures. Nous examinons les jardins plus en détail; le grenadier, le mûrier, la vigne, la canne à sucre, s'ajoutent à la nomenclature des arbres et des plantes déjà observés. Le sol, excessivement fertile, est abondamment pourvu d'eau; il est formé d'un mélange de sable et d'argile; on bêche soigneusement le pied des arbres qui sont très rapprochés, un peu comme les taillis. La colonie prussienne, hors ville et à l'Est, nous offre une réunion de gracieuses villas bâties à l'européenne; la Compagnie Coock a son agence dans ce quartier; nous nous apercevons que d'autres sociétés, protestantes comme elle, sont à même de lui faire une concurrence sérieuse.

Le couvent des Arméniens non-unis renferme une salle renommée, dite *salle des pestiférés*; on prétend que Bonaparte y fit empoisonner tous ses soldats atteints de la peste pour les empêcher de périr sous les coups des Musulmans.

Un cimetière abandonné, près du chemin de Jérusalem, renferme, dit-on, l'emplacement de la *maison de Tabite* que ressuscita Saint-Pierre[2]; on montre en face son caveau sépulcral, but de pèlerinage pour la population de Jaffa qui s'y transporte à certains jours, par exemple le quatrième dimanche après Pâques.

Jaffa est bâtie sur une éminence au bord de la mer; le site en est très gracieux, mais l'intérieur offre peu d'intérêt. Sa population est de sept mille habitants, parmi lesquels près d'un millier de catholiques Latins, Grecs-unis ou Maronites. Jaffa est l'ancienne *Joppé*, antérieure au déluge d'après la tradition. Noé y aurait construit l'arche; les bois du Liban, destinés à l'édification du temple, arrivaient par Joppé. Jonas s'y embarqua sur un vaisseau faisant voile pour Tharsis, au lieu de se rendre directement à Ninive. L'antiquité profane place dans ses eaux le monstre marin auquel fut exposée Andromède. Ne serait-ce pas en l'honneur de ce souvenir que tout aujourd'hui, il n'est question que de prudence à garder afin de nous préserver de la dent des requins assez communs dans ces parages? « En général, il ne faut pas jouer avec les bêtes féroces, » disait un vénérable supérieur de maison, un jour que le veston d'un de ses élèves avait été déchiré par la griffe d'une panthère. Nous sommes de son avis, et nous nous tenons à une distance respectueuse de l'onde amère.

(1) On vend du vin de Chypre si renommé loin de ces parages. J'en ai bu que l'on m'a certifié très authentique; il était détestable; goût de goudron très prononcé.

[1] Actes, IX. — [2] Actes, IX.

L'histoire de Jaffa est très longue et très compliquée. Cette cité a vu Noé, Jonas, Judas Machabée, Saint-Louis et Napoléon; elle fut prise par les Français en 1799 et livrée à trente heures de pillage. Ses dernières souffrances lui sont venues d'un tremblement de terre en 1838. Ces secousses, dont on ne connaît pas la vraie cause, sont très fréquentes en Palestine; de nombreux villages, des centres importants, tels que Naplouse, ont été plusieurs fois renversés par des tremblements de terre.

Nous avons toute la soirée pour nous embarquer; mais autant nous brûlions de descendre à terre lorsque nous touchions à la baie de Caïffa, autant il nous tarde de reprendre la mer et de cingler vers notre beau pays de France. Vers deux heures, arrive l'avant-garde de nos amis partis le matin même de la Ville-Sainte; intrépides cavaliers qui viennent de faire leurs soixante-cinq kilomètres sous un ciel de feu; ils sont tout en nage. Remercions les bons Pères, les excellentes Sœurs de l'hôpital et partons vite, car l'encombrement sera grand dans quelques heures. Je fais l'inventaire de mes colis, je m'assure qu'aucun ne manque, et à la pre-mière éclaircie, je pénètre dans une barque. Nous y sommes trente pour le moins; la mer est houleuse, de vigoureux coups de rame précipitent la marche, et après trente minutes, nous abordons au vaisseau. Ce n'a pas été sans fatigue; le ballottement de la nacelle, joint au remous des eaux, nous a bouleversés jusqu'aux profondeurs de notre être, et plusieurs des nôtres ont déjà le mal de mer. C'est le petit nombre; mais tous sont éprouvés.

Nous avons enfin échappé à tout ce qui sent le Turc et l'Arabe; ce n'était pas trop tôt, disions-nous presque instinctivement. Du bord du navire, nous contemplons jusqu'à la nuit ce perpétuel va-et-vient des barques qui amènent et vont chercher de nouveaux pèlerins. Le Père Picard arrive, il est le dernier; avec lui, Père Léon et Frère Liévin qui sont accueillis par des applaudissements frénétiques; ils ne font que nous dire adieu. Ce n'est pas sans un profond regret que nous les voyons repartir; qu'ils comptent du moins sur le souvenir affectueux et recon-naissant de tous ceux qui les ont connus. Bientôt le dernier esquif glisse et disparaît; les costumes amples et bigarrés avec lesquels nous nous étions familiarisés nous échappent avec le dernier Arabe qui s'enfuit vers le port. C'est un élément nouveau qui prend vie; nous sommes tout étonnés de nous retrouver Français. A neuf heures on lève l'ancre, et nous partons au chant de l'*Ave Maris stella*.

XXIX

De Jaffa à Marseille.

En rade de Marseille, jeudi de la Fête-Dieu, 8 juin 1882.

« Daigne l'Ange de la Palestine, de concert avec l'Ange de la Provence, nous conduire dans notre route et maîtriser le courroux des flots impétueux. » Ce fut notre prière au moment du départ. Pendant plus d'une heure notre regard ne put se détacher de la côte et de la ville de Jaffa que nous distinguions encore à ses lumières et à son phare. Le sommeil finit par nous dominer et nous gagnons nos couchettes. Hélas! le lendemain, quel pénible réveil! Un de nos confrères, M. l'abbé Gilbert Laurent, vicaire de Montluçon, est mort dans la nuit, trois heures après l'embarquement. Trop souffrant pour prendre la *Guadeloupe*, il était resté à Jérusalem jusqu'au départ des pèlerins de la *Picardie*, et après avoir voyagé sur des fourgons cahotants peu faits pour porter des malades, il avait subi non sans douleur l'atroce balancement de la nacelle qui le conduisait au navire. Sur le port, il chancelle : « Je n'en puis plus, dit-il, le froid me gagne, je vais mourir. » Une série de circonstances malencontreuses fait différer de près d'une heure la concession d'une cabine; à minuit, une crise l'emporte. Il n'avait que vingt-huit ans; il était distingué dans ses manières, très intelligent et plein de zèle pour le salut des âmes; le soir de la Pentecôte, il s'était fait recevoir au tiers-ordre de Saint-François.

La sépulture eut lieu vers neuf heures. Quelle lugubre cérémonie que celle de l'ensevelissement en pleine mer! Par deux fois nous avons eu le triste privilége d'en être les témoins. On chante la messe et l'absoute en présence des passagers et de l'équipage; quelques paroles de regret servent d'oraison funèbre, et puis vient l'heure de la séparation dernière. Moment bien dur et bien terrible! Un cimetière avec ses croix pleines d'espérance, avec ses quatre murs de terre qui délimitent et assurent à votre corps un lieu déterminé de repos, n'est pas sans offrir de réelles consolations pour ceux qui restent et qui pleurent, pour celui qui s'en va se disant qu'un jour ses cendres seront mêlées aux cendres de ceux qu'il a le plus aimés. Ici, c'est l'immensité de la mer dans laquelle vous serez engouffré; et vous allez être abandonné seul jusqu'à l'heure de la résuration, à la rapacité des montres qui attendent leur pâture. Tout à coup le vaisseau s'arrête. On approche du bord la planche sur laquelle gît le défunt, cousu dans un linceul, les fers aux pieds, et recouvert du drapeau français, dernier signe d'affection que lui donne la patrie absente. On enlève le drapeau, la planche s'incline, et le corps tombe, verticalement d'ordinaire, comme un lourd madrier. C'est dans l'assistance tout entière un saisissement indescriptible. En un clin d'œil, l'onde a tout englouti; ce sont des bulles d'air qui remontent du gouffre en tourbillonnant et qui vous disent : « Quelqu'un a passé par ici. » On entend un coup de sifflet, l'hélice projette des flots d'écume, et l'immense carapace se remet en mouvement pour ne plus s'arrêter qu'au port ou pour de nouvelles obsèques.

Toute notre journée se ressentit de ce funèbre événement. Notre douleur était profonde; c'était un frère que nous avions tous perdu.

La mer n'a pas été précisément mauvaise durant les sept jours de notre traversée; mais le vaisseau a toujours eu vent debout; et l'on n'est pas à l'aise sous ces perpétuelles rafales qui donnent du tangage, et contre lesquelles il est difficile de se garantir. L'intérieur du navire n'est pas habitable; c'est bien assez qu'il faille y passer la nuit; nécessité dès lors de rester sur le pont. Des distractions variées contribuent, il est vrai, à dissiper nos tendances mélancoliques, et rendent notre voyage très supportable. Je place en première ligne les exercices religieux, la messe de communion tous les matins, la faculté pour les prêtres d'offrir eux-mêmes le saint-sacrifice, — pour mon compte, j'ai pu célébrer quatre jours sur sept, — la récitation des trois chapelets du rosaire à des intervalles divers, le chemin de la croix, les prédications du mois du Sacré-Cœur. Puis, des causeries entre amis, des entretiens familiers dans lesquels chacun donne sa pensée, parle de ses goûts, de ses habitudes, de ses relations, de son pays. Nous faisons en pleine mer de profondes études de mœurs qui nous serviront; nous acquérons dans une foule de branches des connaissances précieuses. Un vieux loup de mer, ancien capitaine au long cours, nous fournit des notions très intéressantes sur les termes de marine. Les officiers de l'équipage passent au milieu de nous leurs heures de loisir; et ainsi des matelots, des petits mousses, des mécaniciens et des chauffeurs qui, noircis par la fumée et calcinés par plusieurs heures d'une chaleur de cinquante-six degrés au service des machines, viennent respirer un peu d'air pur et se distraire avec nous. Cela nous fait disserter des chances de salut qui s'offriraient à nous en cas de danger. En principe, un grand vaisseau bien lesté, et la *Picardie* est dans ce cas, ne peut sombrer; il n'a guère à redouter, en ce qui le concerne, les effets d'un abordage, vu la difficulté de rencontrer un navire de dimensions égales ou supérieures; une côte, un rocher peuvent être évités, car tous les passages maritimes sont aujourd'hui parfaitement connus. La nuit, des feux et des signaux très précis préviennent de quel côté serait le péril; une simple manœuvre du timonier suffit pour le conjurer. Un épais brouillard est le seul obstacle sérieux, surtout le long des côtes ou dans un passage fréquenté. Le cas d'incendie est généralement chimérique. Si une des sept à huit pièces dont se compose le navire prend feu, on en bouche toutes les issues, et l'on y introduit un jet de vapeur; l'oxygène disparaît et le feu s'éteint. Si, par exception, l'incendie était presque général, on ferait entrer les passagers dans une pièce préservée: on les y retiendrait le temps nécessaire pour faire opérer au bâtiment un immense plongeon, durant lequel les pièces atteintes seraient inondées, et le feu s'éteindrait; j'avoue que je n'ai nul désir d'assister à l'expérience. Enfin, si un passager tombe dans l'eau, on lui jette une bouée, sorte de couronne gonflée de vent, et on lui tend une corde; poussé par l'instinct de la conservation, il s'y accroche presque toujours, et sur cent naufragés, quatre-vingt-dix-neuf sont sauvés.

Le P. Marie-Antoine nous fait de la poésie mystique; il surnaturalise tout ce qu'il voit. Il remarque les trois personnes divines dans l'immensité de l'Océan, la lumière qui nous éclaire et le souffle qui nous fait marcher. Pendant qu'assis à l'arrière sur des cordages, il soigne deux jeunes tourterelles qu'il a dénichées dans la Tour de David, il admire les voyages de la Sainte Famille dans les riches couleurs produites par le sillage du vaisseau; pour lui, le bleu représente Jésus; le blanc, Marie, sa mère; le vert, Joseph, son père nourricier, etc., etc. Et ses Chemins de Croix! Ils ont été sa merveilleuse spécialité. Faire quinze Chemins de Croix avec une variété complète d'idées et d'aperçus, sans tomber dans des redites, ayant toujours le don d'intéresser et de plaire, c'est ce qui a paru se rapprocher du prodige; nous ne nous lassions jamais; les officiers libres de leur temps y assistaient régulièrement, c'était une fête pour tous. Avec le P. Marie-Antoine, un autre capucin, le P. Guillaume, de la maison de Cahors, et les Pères dominicains Lavy et Naumus rivalisaient de zèle et d'entrain pour organiser la prière publique. D'autres orateurs, tous éminents, se faisaient entendre aux exercices du soir. Je signalerai parmi ces derniers, l'abbé Chavanty, de Bordeaux, voyageur infatigable qui a fait à pied les courses de Tibériade, de la Samarie et de la mer Morte. Il a voulu étudier sur place les hommes et les choses, et après avoir inspecté les mœurs de la *Guadeloupe* à l'aller, il vient voir, au retour, ce que vaut la *Picardie*; comme il est très spirituel et très aimable, nous lui passons sans peine toutes ces fantaisies.

De temps en temps, les derniers jours surtout, les mouettes venaient pousser des cris jusque sur le navire; de grosses tortues faisaient le plongeon, les marsouins et autres poissons plus volumineux encore accouraient en bondissant sur notre flanc et nous suivaient des quarts d'heures entiers. Des voiliers, quelques vapeurs, un trois-mâts des Messageries maritimes sillonnaient la surface des eaux, se dirigeant, les uns vers l'Orient d'où nous venions, les autres d'Afrique en Europe ou d'Europe en Afrique, pour des relations de commerce et d'affaires.

Le samedi matin nous étions en vue de *Crète* ou Candie, et la plus grande partie de la journée s'est écoulée à longer cette île célèbre que l'on nommait l'île des Plaisirs. De hautes montagnes limitaient notre horizon; entr'elles et la mer, des plaines incultes et inhabitées; en deçà, de petits îlots sans importance. La Grèce était trop loin, vers le nord, pour que nous pussions la considérer autrement que par le souvenir de ses anciennes gloires.

Le lundi 5 juin, dès notre lever, un spectacle ravissant s'offre à nos regards. Nous sommes à deux kilomètres de la Calabre, où naquit saint François de Paule; les dernières pentes de ses montagnes couvertes de maisons et de verdure, descendent insensiblement vers la mer. Une petite ville, fort gracieuse, paraît servir de tête de ligne à une voie ferrée; des plantations, des vignes, des champs de blé surgissent de toutes parts. C'est féérique pour nous, venus d'un autre monde, et depuis quarante jours déshabitués de tout ce qui ressemble à un pays de culture : comme ces villas diffèrent des tentes enfumées des Bédouins! Au sommet des coteaux, deux roches excentriques ont l'air de deux grosses dents plantées en ex-voto par des touristes délivrés de la morsure des fauves ou de la rapacité des brigands. Sur notre gauche, la Sicile et les pics de ses montagnes à travers desquels le soleil joue à cache-cache; l'Etna, dans le lointain, à peine visible. Nous avons là Catane et Syracuse, patrie de sainte Agathe et de sainte Lucie. Nous touchons à Messine.

Quel malheur ! Tout à coup un brouillard à couper au couteau descend des hauteurs et nous enlève toute perspective. C'est le chaos après les éblouissements de la pure lumière. Et nous nous immobilisons de trois à quatre heures dans le détroit, n'osant avancer, hésitant à reculer pour ne pas allonger trop sensiblement notre route. Toutes les cinq minutes, le sifflet strident de la machine se répercute sur les roches voisines, et, le plus souvent, un second coup de sifflet répond d'un vapeur amarré dans le port. On n'avance pas; le moindre faux mouvement peut nous faire échouer dans cet étroit espace qui n'a pas plus de trois à quatre kilomètres de largeur.

Nous voulons forcer la consigne; il faut traverser à tout prix les écueils fameux de Charybde et de Scylla et jouir des merveilleux panoramas que la Providence a semés à profusion dans ces parages. Sur l'invitation du P. Picard, on entonne les litanies de la Sainte-Vierge. Marie exauce notre prière; le brouillard se dissipe aussi rapidement qu'il était venu, et nos yeux charmés contemplent à loisir, en Italie la ville de Reggio, en Sicile Messine et Capo di Faro à l'extrémité du triangle. Les deux grands monstres marins ne nous inquiètent pas.

Le vaisseau essaie de regagner en vitesse le temps perdu; il vogue en toute vapeur vers les îles Lipari et passe au pied du Stromboli, dont le cratère fumant nous rappelle le volcan plus terrible du Vésuve qu'une forte lunette distinguerait peut-être dans la direction du nord-est; car nous avons sur notre droite Naples et la côte d'Italie. Le mardi soir nous laissions sur notre gauche les montagnes de Sardaigne; nous arrivions trop tard pour nous aventurer dans les bouches de Bonifacio, toujours dangereuses, — demandez à la *Sémillante*, — la nuit surtout, lorsque l'on y passe pour la première fois, et c'était le cas de nos braves officiers. Le capitaine Fortier et ses seconds étaient la sagesse et la prudence mêmes; les itinéraires choisis à l'aller et au retour nous l'ont bien prouvé.

Le mercredi 7, nous nous réveillions en face de Bastia et de la Corse septentrionale; l'île d'Elbe avec ses deux grands rochers était à notre droite; et par delà, si elles n'eussent été si basses, nous eussions aperçu les côtes d'Italie. Matinée bien lugubre, par suite d'un nouveau deuil que le bon Dieu nous envoyait. Le F. Simon, religieux convers de l'Assomption, était mort dans la nuit des suites d'une maladie de poitrine dont il possédait le germe avant son départ de France. « Prenez garde, lui avait-on dit, vous allez ne pas rentrer. — Tant mieux! » avait-il répondu. Le sacrifice de sa vie était fait d'avance. C'était l'une des plus humbles victimes du pèlerinage, et certainement l'une des plus saintes et des plus pures. « Il était juste, nous a dit le P. Picard, que la Direction fût éprouvée par la perte de l'un des siens. Celle-ci nous touche au cœur; mais bénissons le Seigneur; il est infiniment miséricordieux, même lorsqu'il nous frappe. » Et nous avons dû abandonner ce jeune prédestiné dans les eaux de la Corse, comme nous avions déjà laissé entre Chypre et Alexandrie le cher abbé Laurent. F. Simon était d'origine savoisienne et n'avait que 24 ans.

Ce même matin je disais la messe de Sainte-Angèle de Mérici qui, comme nous, avait fait le pèlerinage de Terre-Sainte; elle y avait été rudement éprouvée, car elle y perdit la vue, et n'échappa que par miracle au naufrage et à la servitude. Je ne pouvais oublier que nous voguions sur les eaux qu'elle avait traversées, et à une faible distance de Décensano, sa patrie.

Dans la soirée, nous longions les îles d'Hyères, nous remarquions la ville de Toulon à la lueur de ses becs de gaz; et ce matin, nous entrions au port par un vent formidable. Une heure plus tard, et nous allions être condamnés à reprendre le large. Quelle joie, quel bonheur de revoir enfin notre pays, de saluer celle que les Marseillais appellent la *bonne mère*, la douce Vierge de Notre-Dame de la Garde! Nous avions une peur effroyable de la quarantaine; le deuil récent que nous avons eu semblait légitimer nos appréhensions; et puis, que de figures blafardes! Les médecins de la Santé, avec une bienveillance dont nous leur sommes profondément reconnaissants, décident au coup-d'œil que nous allons bien, et nous invitent à descendre. Devinez notre empressement; mais ce n'est pas sitôt fait, il faut bien des manœuvres préliminaires. Après quoi, nous laissons nos bagages dans un coin, et nous sautons par cinquantaines dans d'immenses barques qui nous conduisent directement sur le quai des Anglais.

Nous sommes à terre. Vive la France!

Novembre 1882.

Parmi les souffrances de la traversée de Jaffa à Marseille, je signalerai en première ligne le dégoût profond que nous éprouvions pour toute sorte de nourriture. Que nous aurions croqué de grand cœur et d'un excellent appétit, nous semblait-il, du bon pain de notre France! Car celui que l'on nous servait...! mais n'en médisons pas.

Et nous nous portions vers M. le Comte de Coupigny, le charmant poète qui nous a si souvent intéressés durant les longues journées de notre voyage. Et nous lui disions : « Allons! M. de Coupigny, *le pain de chez nous! le pain de chez nous! »*

Et M. de Coupigny dont l'estomac réflétait admirablement les aptitudes et les convictions du nôtre, nous disait sans trop se faire prier :

Le pain de chez nous.

C'était en février de l'année effrayante :
La France déchirée, épuisée, haletante,
Comme un blessé qui rend son suprême soupir,
Dans un dernier sanglot achevait de mourir.
Sur les sentiers neigeux la malheureuse armée
Qu'en un honteux traité l'on avait oubliée
Allait, semant au loin dans ce long champ de deuil
Quelque pauvre soldat, comme en un blanc cercueil;
Puis, quand elle eut gagné la Suisse hospitalière,
Lorsque, mourante, elle eut dépassé la frontière,
Ces robustes enfants, brisés par tant de maux,
S'en allaient expirer au fond des hôpitaux.

Un mobile Breton, enfant de la bruyère,
Triste, sur son grabat, se mourait de misère;
Il avait au pays, là-bas, laissé son cœur :
Son père, vieux chouan, sa mère et puis sa sœur,
Puis deux frères aînés qui, pour servir la France,
Étaient aussi partis... C'était là sa souffrance,
Et cela le tuait... Dans un dernier désir
Il avait dit un jour : « Sœur, avant de mourir,
Je voudrais voir mon père!... » Et la sœur infirmière
Avait écrit ses vœux à la pauvre chaumière.

Et la lettre arriva..., presque comme un bienfait,
Car dans l'humble logis tous les soirs on pleurait :
L'enfant était mourant, mais il pouvait renaître;
Au village, en Bretagne, il reviendrait peut-être,
Comme les deux aînés qui, sauvés du trépas,
Un jour étaient venus se jeter dans leurs bras!
Et, dans un coin obscur de l'armoire de chêne,
Le père avait tiré d'une bourse de laine

Quelques vieux louis d'or, qu'en des jours de bonheur
Il avait enfermés pour des jours de malheur.
Puis il était parti... sans songer que la route
Était longue, et qu'au bout... Mais non, l'horrible doute
N'avait point effleuré son cœur; et plein d'espoir,
Il arrive : « Mon fils, Mon fils, je veux le voir!... »
A l'hospice il accourt... mais ô douleur amère!
L'enfant râlait déjà... « Mon fils, c'est moi! — Mon père!
Ah! je le savais bien que vous alliez venir;
Mon père, votre main... merci... je puis mourir!...
— Non, tu ne mourras pas : tiens, vois, ma bourse est pleine,
Tu sais bien, le trésor de l'armoire de chêne.....
J'ai tout pris... nous allons te nourrir comme un roi,
Te bien loger... toujours je serai près de toi,
Je saurai t'arracher à la mort!... — Non, mon père,
Je ne puis pas guérir, quittez cette chimère,
Car je ne mange plus, je n'ai plus jamais faim! »

Et le père pleurait... Tout à coup, sous sa main,
Comme un dernier secours que son ange lui garde,
Il sent un objet dur... il le prend, le regarde :
C'est un gros pain de seigle, un pain noir qu'au logis
Il a pris en partant... « Tiens, dit-il, à son fils,
Ta mère l'a pétri! — Ma mère! oh! que je vois
Le bon pain qu'au pays je mangeais avec joie. »
Il le prend, le retourne, avide et tout tremblant :
C'est bien lui, le voilà! Tout à coup, haletant,
Il le porte à sa bouche, et muet, le dévore;
D'un flot de sang vermeil sa lèvre se colore;
Puis les yeux pleins de pleurs et tombant à genoux :
« Oh! père, que c'est bon! c'est du pain de chez nous! »
L'enfant était sauvé; vers la douce bruyère
Il revient tout joyeux; puis, embrassant sa mère :
« Oh! mère, lui dit-il, ils seraient sauvés tous,
S'ils mangeaient, comme moi, du bon pain de chez nous! »

. . . .

XXX

A Marseille.

Marseille, 8 juin 1882.

Nous sommes en France ! Notre premier mouvement est d'aller remercier la *bonne mère*. Il est onze heures, et comme la distance du port à la basilique est considérable, plusieurs prêtres, craignant de ne pouvoir y offrir le Saint-Sacrifice, s'arrêtent en ville et vont célébrer dans les églises les plus proches. Je fais comme eux et j'ai l'avantage de dire à l'église des Augustins ma messe d'action de grâces. Que de remerciements n'avais-je pas à adresser à Dieu, et pour mon voyage si bien réussi au gré de mes désirs, et pour l'inappréciable bonheur d'avoir pu visiter les Saints-Lieux ! Durant cet intervalle, des pèlerins résolus, bravant les fureurs de la tempête et la poussière qui leur crève les yeux, montaient quand même à Notre-Dame de la Garde où une messe fut célébrée vers midi aux intentions de tout le pèlerinage.

Après quoi, nous avons hâte de dîner en français; il en était temps. Nos pauvres estomacs n'en pouvaient plus; on ne saurait imaginer l'immense part qu'ils ont prise à la pénitence générale et le sentiment indéfini de satisfaction qu'ils ont éprouvé à la première bouchée de pain absorbée sur le sol marseillais.

A quatre heures, réunion à La Major. Le Père Emmanuel Bailly nous raconte le voyage de la *Guadeloupe* qui a eu ses exercices pieux, ses fêtes et aussi ses chagrins, comme la *Picardie*. Une première communion a été célébrée à bord, le dimanche 4 juin, pour le contre-maître d'équipage, âgé de trente ans, un matelot de vingt ans et un jeune mousse; grand sujet d'édification pour tous. Une partie de l'office était tous les jours récité en commun. Des orateurs d'élite portaient la parole aux réunions quoti-

11

diennes du soir : M. l'archiprêtre de Perpignan, M. l'abbé Pilain du diocèse d'Arras, M. l'abbé Destrac du diocèse d'Agen, le Père Pierre franciscain, le Père Dubourg de l'ordre de Saint-Dominique et son confrère, le Père Mathieu Lecomte qui s'était fait apprécier pour sa forte et mâle éloquence dans ses discours de l'*Ecce Homo* et de Sainte-Anne. Dieu a également visité ce navire en lui enlevant deux nobles et pures victimes, deux prêtres, encore. Le premier, M. l'abbé Célestin Rouèche, curé de Chèvremont dans le diocèse de Besançon, s'était imprudemment exposé à une insolation. Deux attaques de congestion en furent la conséquence, et il est mort dans les sentiments de la piété la plus vive, baisant son scapulaire et disant : « J'ai fait mon sacrifice, je sais que c'est fini, je ne regrette pas de mourir. J'ai fait mon pèlerinage pour offrir à Dieu expiation et réparation. Je sens que le moment est venu. Je me garde bien de résister, j'en suis même tout heureux. » Et il ajoutait : « Surtout quand je serai sans connaissance, qu'on me renouvelle l'indulgence plénière à l'article de la mort. » Le second était du diocèse de Bordeaux, M. l'abbé Henri Viros, curé de Saillans; il a été emporté par une fièvre d'épuisement. Sa connaissance a été parfaite jusqu'à la fin; il s'est montré d'une résignation admirable, et, lorsqu'on lui a porté le Saint-Viatique, il a tenté un effort suprême pour se dresser sur son lit et s'agenouiller.

Le Père Picard prend la parole à son tour; il résume en quelques mots pleins de feu les événements divers du pèlerinage et rend grâces à Dieu du succès inespéré de la Croisade. « C'est Dieu qui a tout fait, nous dit-il; les hommes n'y sont pour rien; nous n'avons été pour lui que des instruments. » Et, en effet, si l'on s'en était rapporté aux prévisions humaines, jamais le grand acte qui comptera dans les fastes glorieux de notre pays n'aurait été réalisé. Le bon Père nous a avoué confidentiellement — pardon si je le trahis — qu'à côté d'encouragements précieux il avait reçu des lettres désespérantes de la part de ceux qui, les premiers, eussent dû pour le moins tenir compte de la droiture de ses intentions; on a été jusqu'à l'insulte. Et à l'heure décisive, au milieu des difficultés énormes de l'embarquement, pendant qu'à Marseille on traitait son entreprise de haute folie, ne recevait-il pas d'Orient des dépêches conçues en ces termes : « Vous courez à un désastre. — Vous en aurez toute la responsabilité devant Dieu. — A Caïffa, on a donné l'ordre de ne pas vous laisser débarquer. — Vous l'avez voulu, tant pis pour vous. » Et à Jérusalem, n'a-t-on pas cru jusqu'à notre arrivée qu'un bon tiers des pèlerins de la Samarie resteraient en route ! Il fallait un tempérament énergique, une âme fortement trempée pour dissimuler toutes ces misères au fond de son cœur et dire cependant avec un accent de conviction qui en imposait aux pusillanimes : « En avant, Dieu le veut. » Le Père Picard, s'il répond à sa sublime vocation et si la France en est digne, sera certainement un de ces hommes par qui Israël eût pu être sauvé.

Et puisque nous sommes sur ce thème, un mot seulement sur le *Pèlerin*, l'organe principal des grandes œuvres du Révérend Père. « Bien des personnes, nous dit le Père Picard, font un crime à ce journal de son esprit gouailleur et caricaturiste. Ne pourrait-on pas leur faire cette réponse : Pourquoi ne pas utiliser, dans d'honnêtes limites, une arme précieuse dont nos ennemis tirent tant de profit, lorsque, après tout, on ne se propose d'autre but que celui de flageller les vices d'une époque et de démasquer de faux visages, sachant par ailleurs que cette arme est la seule susceptible de produire des effets solides et durables sur toute une catégorie de combattants? Pratiquement, le *Pèlerin*, qui en style ordinaire obtiendrait tout au plus deux mille abonnés, arrive aujourd'hui à la centaine de mille, et il est peut-être l'organe le plus terrible avec lequel l'esprit de secte et la franc-maçonnerie aient à compter. Notez en passant que trente mille clients lui sont nécessaires pour vivre dans les conditions exceptionnelles de bon marché qu'il a adoptées. Où les eût-il trouvés, en dehors de son genre satirique, et honnêtement satirique, je le répète (1)? »

La digression nous éloigne de La Major. Les pèlerins y sont encore et les passagers de la *Guadeloupe* signent à la porte une adresse au Souverain Pontife Léon XIII, adresse que nous avons déjà signée sur la *Picardie* et dont M. de Belcastel a rédigé les termes.

Très Saint Père,

En abordant les rivages d'Europe, au retour de Jérusalem, notre premier regard se tourne du côté de Rome, le premier élan de nos cœurs est pour acclamer le Vicaire du Christ qui gouverne, aujourd'hui, à travers les épreuves du temps, son immortelle Eglise.

A vrai dire, Très Saint Père, cette pensée ne nous a pas quittés un jour.

Sur la terre prédestinée où Israël a reçu les promesses du ciel, devenue plus sainte encore par le sang divin qui, en coulant sur elle, l'a consacrée à jamais comme le grand autel de la grande victime, Rome catholique sans cesse nous apparaissait.

Vénérant la place où le Verbe Eternel s'est incarné pour le salut du monde, ou prosternés à Bethléem; mêlant nos larmes à la sueur sanglante du Christ agonisant, dans la grotte de Gethsémani, ou baisant la pierre que toucha le pied du Christ ressuscité; partout et toujours, depuis le sépulcre vide, saint et incorruptible témoin du triomphe de la vie sur la mort, entouré à chaque instant de la durée, du culte le plus merveilleux, jusqu'aux déserts de Samarie étonnés de voir se célébrer en trois jours plus de saints sacrifices qu'ils n'en virent durant dix siècles; soit que nous redisions le salut de l'ange aux lieux mêmes qui l'entendirent pour la première fois, soit que nos mille voix répètent le *Pater* sur la colline où il tomba des lèvres d'un Dieu sur le cœur d'un homme, partout et toujours, sur chaque prière qui s'envole au ciel, est porté le nom du Pape et de l'Eglise. Chaque fois aussi que ce Verbe incarné descend dans nos poitrines, nous sentons grandir notre foi au Père, au Fils et au Saint-Esprit, notre fidélité à la Sainte-Eglise, notre obéissance à son chef infaillible.

L'Eglise, d'ailleurs, est vivante à Jérusalem, où elle a été fondée. Les

(1) Depuis le 15 juin 1883, les Pères de l'Assomption publient un journal quotidien à un sou, *La Croix*. Les quatre pages sont exclusivement réservées à l'appréciation religieuse des faits de chaque jour; il n'y a pas d'annonces.

Franciscains, héritiers héroïques de l'âme des Croisés, depuis six cents ans, gardent les Lieux Saints au prix de leur sang, avec une invincible constance; ils y demeurent comme jadis, l'honneur traditionnel du nom chrétien, et pour tous les pèlerins des frères hospitaliers. Le Patriarche a bien voulu accueillir le pèlerinage comme un messager de la foi française, confirmé par Votre Sainteté. L'on aime à voir, sous sa douce autorité, rayonner une floraison nouvelle d'œuvres et d'ordres religieux, gage d'un épanouissement de plus en plus large dans l'avenir.

Très Saint Père,

Trois fois vous avez daigné bénir le pèlerinage populaire de pénitence. La bénédiction de Pierre lui a porté bonheur. Il s'est accompli avec des marques visibles de la faveur divine, et nous avons la confiance qu'il a plu à Dieu.

Nous sommes entrés dans les murs de Jérusalem, processionnellement, bannière déployée, en chantant des cantiques sous le regard des infidèles saisis et respectueux.

Nous avons porté sur nos épaules, en triomphe, dans la Voie douloureuse, les croix que nous avions arborées sur nos navires et sur lesquelles nous avions fait le serment solennel d'être fidèles, jusqu'à la mort, à Dieu crucifié. Ces croix, nous les porterons un jour au Vatican, afin qu'elles deviennent, sous la garde de Votre Sainteté, le témoignage inépuisable de l'acte de foi réalisé en pleine lumière du ciel d'Orient. Nous avons vu la montagne des Oliviers couverte de tant d'autels, le jour de l'Ascension, que, pour ainsi dire, elle était toute ruisselante du sang divin; nous avons, le jour de la Pentecôte, entendu la messe du pèlerinage au pied du Cénacle, sur le mont Sion, dans une liberté et une paix plus profondes que sous le soleil des peuples baptisés.

C'est pourquoi, Très Saint Père, après avoir rempli nos âmes de tant de souvenirs sacrés, de si vives émotions, et d'espérances fondées sur la résurrection de notre Dieu, après avoir collé cent fois nos lèvres sur ses traces divines, après nous être nourris de sa chair et de son sang adorables, nous venons vous dire en face du ciel et de la terre :

Plus que jamais nous croyons à la divinité du Christ, plus que jamais nous appelons de nos ardents désirs l'avènement de son règne sur la terre comme dans les hauteurs des cieux.

Plus que jamais nous le saluons Roi suprême des peuples et des Rois, nous croyons qu'il a le droit absolu, inviolable, éternel de régner sur toute créature et toute société d'êtres intelligents et libres.

Plus que jamais nous avons à cœur et tenons à honneur de confesser cette vérité, quand l'Europe travaillée par la Révolution, s'efforce de ravir au Christ l'empire des lois, des mœurs et des âmes; et nous sommes résolus à consacrer toutes les forces de notre vie à étendre en nous et hors de nous le règne de Notre-Seigneur Jésus-Christ.

Ce sont ces sentiments et ces résolutions, Très Saint-Père, que nous déposons humblement aux pieds de Votre Sainteté, avec l'hommage de reconnaissance pour la bénédiction que vous nous avez donnée. Nous vous supplions de nous bénir encore afin qu'ils deviennent inébranlables dans nos cœurs, pour le bien de la France, notre bien-aimée Patrie, l'exaltation de la Sainte Eglise, et la plus grande gloire de Dieu.

Prosternés aux pieds de Votre Sainteté, et les embrassant avec une tendre vénération,

Nous sommes, Très Saint-Père, de Votre Sainteté, les Fils très soumis et très dévoués.

Inutile de dire que la lecture de cette adresse avait été saluée par les plus chaudes acclamations.

M. de Belcastel avait été chargé d'en rédiger une seconde pour le Père Picard; nous l'avions signée sur le vaisseau; mais toute trace en a disparu, par suite de l'excessive humilité du Révérend Père. J'ai le regret de ne pouvoir la transcrire.

M. de Belcastel, l'une des grandes figures du pèlerinage de Pénitence, si connu déjà par les éminents services qu'il a rendus à la cause catholique, a été nommé, par le Patriarche, *commandeur* du Saint-Sépulcre. Le titre de *chevalier* a été décerné à MM. Tardif de Moidrey, Frédéric de Lacroix de Toulouse, Henri de l'Epinois et Ernest Saulnier de Paris.

La réunion terminée, nous nous dispersons et nous nous préparons à faire le plus rapidement possible nos adieux à Marseille.

Une grande préoccupation nous agite : c'est celle de rentrer en possession de nos bagages. La nuit arrive, et il ne paraît pas qu'ils soient encore sortis des cales de notre chère *Picardie* qui se pavane là-bas. Patientons l'espace de trois heures et cherchons enfin parmi ces quinze cents colis empilés dans un ordre relatif. Ne désespérons jamais; j'en avais trois pour mon compte; le premier est à l'extrémité d'une vaste salle, le deuxième près du centre, et le troisième dans une salle voisine. Mes amis cherchent et trouvent comme moi. Tel objet perdu à Jérusalem ou en Samarie, est arrivé comme par miracle dans les docks de Marseille; il y a des surprises épatantes. Les douaniers sont charmants; un bon petit chapelet de Jérusalem est hautement prisé par ces braves gens qui évitent de nous faire des misères et de prolonger notre embarras.

Nous sommes accueillis avec une universelle sympathie dans les rues de la ville, surtout par les gens du peuple qui nous saluent et seraient heureux de conserver un souvenir des Lieux que nous avons visités. Faisons abstraction toutefois des conducteurs de voitures et d'omnibus privés, dont les procédés ne le cèdent en rien aux plus hideuses spéculations des Arabes. Et nous n'avons pas, hélas! la ressource d'user du bâton qui courrait chance de ne pas être bien accepté par des épaules françaises. Vers minuit, tous les adieux sont faits, les derniers trains sont partis. Le pèlerinage de Pénitence est terminé.

Avril 1883.

Le Naufrage de la Picardie.

Les annales maritimes n'offrent peut-être pas le récit d'un drame plus émouvant que celui de la lutte épouvantable valeureusement soutenue par notre chère *Picardie* durant vingt et un jours et vingt et une nuits, avant de s'engouffrer dans les profondeurs de l'Océan Atlantique. Les détails que je donne ont été fournis pour la plupart au *Pèlerin* par le capitaine Fortier, notre ancien commandant, et par plusieurs officiers de l'équipage.

La *Picardie*, après avoir déposé les pèlerins à Marseille, appareilla bientôt pour aller à New-Yorck faire son dernier voyage.

De France en Amérique, pas d'incident; elle reprit la mer à New-Yorck le 21 décembre 1882, et quand le jour de Noël arriva, elle ne put avoir aucune de ces belles cérémonies qui s'étaient accomplies quelques mois auparavant sur son pont tout rayonnant de prières et de sacrifices. Nos steamers, on le sait, n'ont aucun service religieux; ils ont un médecin pour le corps et point de prêtres pour l'éternité.

La *Picardie* portait cinquante-deux hommes d'équipage et seulement deux passagers qui devinrent, pendant la tempête, d'ardents travailleurs.

Le 28, à la hauteur de Terre-Neuve, le mauvais temps se déclara avec violence, et la mer, dans sa fureur, enleva successivement toutes les embarcations de sauvetage, brisa le gouvernail qu'on tenta de rétablir jusqu'à quatre fois. Le navire était donc dépouillé de ses principaux moyens de salut.

Les coups de mer multipliés enlevèrent d'abord l'ancienne chambre de la direction du pèlerinage, qui était celle du commandant; elle disparut en petits morceaux dans la mer; la passerelle fut arrachée, et, peu à peu, presque tout le bordage; mais la machine fonctionnait encore.

Le 3 janvier, un coup de mer plus terrible brise tout le pont, enlève les six matelots timoniers jusqu'au milieu du navire; le commandant est pris sous les débris et c'est à grand peine qu'on parvient à le dégager. Le lieutenant Glattin a la jambe fracturée, il se traîne à travers le navire, arrive à sa cabine, demande si le capitaine est tué : « Non, » dit-on. — « Alors, ça va bien, » fait-il, et lui-même coupe la botte autour du membre fracturé qui restera sans autre soin que l'eau froide, durant quatorze jours.

La violence de l'eau, en brisant les fermetures, avait envahi les machines, éteint les feux.

Un navire allemand fut rencontré, il allait à New-Yorck; il offrit de recueillir l'équipage si on voulait abandonner le vaisseau, mais il refusait de tenter de le remorquer. Le commandant Fortier refusa, à son tour, d'abandonner le navire, et l'on se sépara.

Le 11 janvier, après quatorze jours de tempête, le *Labrador*, steamer de la même compagnie transatlantique, parti treize jours plus tard de New-Yorck, vit dans la nuit les signaux de la *Picardie* et parvint à se rapprocher.

Le commandant Fortier entre aussitôt en relations avec le commandant Servan du *Labrador*, son ami, qui s'était distingué en Calédonie lors de l'insurrection des Canaques; c'était également un homme de grande énergie, et l'on résolut de lutter ensemble, jusqu'à toute extrémité, pour sauver le navire en perdition. C'est que, pour les hommes de mer, le navire est comme une patrie qu'il faut sauver à tout prix; et, sans

compter avec les périls, souvent on donne sa vie pour lui. Il fallait, d'ailleurs, que la fin de la *Picardie* fut en quelque sorte providentielle,
puisque malgré tant de courage déployé, sans abordage, sans incendie,
elle allait périr en pleine mer, dans des conditions où le naufrage semble
presque impossible pour un bon navire.

On essaya de la remorquer : mais la tempête brisait les plus grosses
chaînes d'amarre dont le ?. . . rdait en un instant, et elle causait sans
cesse de nouveaux sinistre. . ' fallait réparer entre deux coups de mer.
Les pompes fonctionnaient sans désemparer, les brisures du pont étaient
fermées avec des matelas, et l'on s'efforçait de diminuer les voies d'eau.

Cependant l'équipage de la *Picardie* surmené depuis quatorze jours,
pouvait à peine manger ou dormir, succombait à la tâche; c'est alors
qu'une embarcation aborde avec six hommes vigoureux et deux officiers
du *Labrador*, MM. Leclanchon et de Brix, qui s'étaient offerts de bonne
volonté à partager les périls de leurs frères naufragés. Les matelots de
la *Picardie* croyaient que tout était fini. La présence de ces hommes qui
venaient au péril de leur vie, avec l'espoir de sauver le navire, releva le
moral; on reprit les travaux avec ardeur, on jeta les blés imbibés d'eau
qui formaient la cargaison.

Mais le dévouement de ces hommes, venus si généreusement, faillit
leur être fatal. En effet, la mer plus furieuse sépara les deux navires, les
signaux de nuit ne leur permirent pas de se retrouver; la journée sui-
vante se passa, terrible, suivie d'une nouvelle nuit d'angoisses; et le troisième jour ne laissa plus que l'espoir de rencontrer de nouveaux navires,
si, toutefois, l'on n'était pas trop éloigné de la ligne de New-Yorck en
Europe. Mais comment s'y maintenir ? Les feux étaient éteints; les coups
de mer multipliés empêchaient de déployer des morceaux de voiles, et
défonçaient les barricades de matelas placées sur les ouvertures.

Une autre circonstance vint menacer et hâter le dénouement fatal. Le
charbon de New-Yorck, très fin, mêlé à l'eau, empêchait tout à fait les
pompes de manœuvrer, et le sinistre devenait immense.

On commença, munis de tous les ustensiles qu'on put rencontrer, une
chaîne désespérée qui dura soixante-douze heures sans interruption,
pour dégager les chaudières et les foyers; et, cependant, l'eau gagnait et
l'on devait se tenir à l'avant, lorsqu'enfin, après quatre jours, grâce à un
point relevé très exactement, le *Labrador* montra ses feux et vit les
dernières fusées de détresse de la *Picardie* qui allait manquer même de
ses signaux d'alarme.

Les principaux chefs de service déclarèrent qu'ils ne voyaient plus de
salut possible, qu'il fallait, cette fois, profiter au plus vite du *Labrador*
et échapper à la mort. Le *Labrador* lui-même manquait de charbon. Le
commandant examina une dernière fois la situation, et, voyant tout fini,
se soumit à l'avis unanime.

Les deux canots de sauvetage vinrent chercher les hommes par cinq et
six à la fois. On fit à la hâte une caisse capitonnée de matelas pour y
f. . . le malheureux lieutenant Glattin, et on le descendit au milieu de
la tempête vers la chaloupe; on coupa les cordes qui la retenaient, et,
arrivée près du *Labrador*, on pût la hisser de même. Enfin, la dernière

chaloupe quitta le navire abandonné, et le chien du bord sauta dedans, enlevant à son capitaine l'honneur de partir le dernier.

Quand le commandant Fortier, tout couvert d'eau, les habits en lambeaux, arriva sur le *Labrador*, les passagers firent la haie et le saluèrent respectueusement. Il les remercia, et regarda encore son navire qui flottait à deux cents mètres. Bientôt l'arrière, à demi submergé, s'enfonça; puis le devant se leva et prit une inclinaison de 45 degrés sur l'eau. Il allait sombrer.

Soudain, le navire prend une position absolument verticale : cinquante mètres sont sous l'eau, une tour de cinquante mètres se dresse au-dessus. L'arrière, chargé d'eau, pénétra rapidement dans l'abîme, et un instant après, au milieu d'une suite de fortes explosions produites par le brisement des cloisons, la *Picardie* et ses marchandises descendirent à pic; la lame passa, c'était fini.

Une circonstance que je n'aurai garde d'omettre : Une vieille croix de cuivre, d'environ un mètre de haut, destinée aux processions du grand pèlerinage, avait été oubliée sur le vaisseau. Le brave capitaine Fortier, qui avait perdu tous ses effets dans la tempête, voulut conserver ce précieux souvenir. Avant de descendre dans la chaloupe qui allait pour toujours l'éloigner de son navire, il prend la croix; et c'est avec elle qu'il aborde le *Labrador*. Cette croix est rentrée avec lui en France, et c'est sous sa direction que partiront désormais les pèlerins de Terre-Sainte.

Ils n'auront rien à craindre : la croix les gardera, comme elle nous a gardés, comme elle a gardé l'équipage de la *Picardie*. « Seigneur, pourra-t-elle dire, je n'ai perdu aucun de ceux que vous m'avez confiés. »

XXXI

En France.

Octobre 1882.

Et maintenant que je suis totalement remis de mes fatigues, laissez-moi vous dire ce que je pense de notre pèlerinage à Jérusalem.

Nous avons fait acte de bons Français en affirmant en Orient le prestige de notre nation. Le gouvernement l'a si bien compris, que non-seulement il n'a mis aucune entrave sérieuse à l'organisation du voyage, mais encore a-t-il voulu paraître officiellement nous protéger, et par l'envoi d'un aviso dans les eaux de Caïffa, et par les démonstrations les plus sympathiques du consul et de ses agents. Et si, malgré les troubles d'Egypte, pas un Européen n'a été inquiété dans la Palestine, je ne serais pas éloigné de croire qu'une partie du mérite nous en revient ; les indigènes n'ont pas oublié nos bons procédés et, l'heure venue, ils ne nous ont plus considérés comme des ennemis.

Nous avons ouvert une ère nouvelle dans l'histoire des sanctuaires de Terre-Sainte. Les Lieux-Saints, mieux connus, seront plus favorisés par les aumônes des Catholiques; l'odieux trafic des schismatiques sera dévoilé, leur influence baissera et ils seront obligés de céder à des revendications précises, depuis longtemps exprimées sur des titres certains et indiscutables. Les Musulmans reviendront de leurs préjugés contre nous, et loin d'être hostiles, nous seconderont avec moins de mollesse dans le développement de nos œuvres.

En France, les pèlerinages vers la Terre-Sainte se multiplieront, il en résultera un véritable réveil de la foi pour tant d'esprits indifférents qui, à l'imitation de Thomas, refusent de croire pour la raison futile qu'ils n'ont pas encore vu.

Aussi le Comité n'a-t-il pas hésité à proposer pour 1883 un nouveau pèlerinage pour le mois de mars ou d'avril. M. Tardif de Moidrey, dans une intéressante conférence qu'il a donnée à Lourdes à l'occasion du pèlerinage national, nous l'a officiellement annoncé. Il nous a même dit une nouvelle qui me fait de la peine, c'est que la *Picardie* serait remerciée et définitivement confinée dans les stocks de la *Compagnie transatlantique* (1). Pauvre *Picardie!* C'était un imposant édifice tout de même, qui filait lestement ses nœuds sur le liquide élément et n'a pas trébuché un seul instant durant sa longue route. Il fallait voir sa proue s'avancer grave et digne, sa quille fendre imperturbablement les eaux bouillonnantes, tandis qu'une forte mâture s'élevait bien haut vers les cieux, pleine de grandeur et de majesté. Les bas-fonds, il est vrai, n'étaient pas parfaits. Nos couchettes, à trente centimètres l'une de l'autre, semblables à de profonds cercueils, juxtaposées quatre à quatre, six à six, et munies de matelas qu'un fort levier aurait peut-être soulevés, nos couchettes n'étaient pas d'un confortable énervant. Le goudron dont les parois intérieures du vaisseau furent enduites par deux fois successives, à Marseille et à Jaffa, vous lançait des odeurs qui, jointes aux miasmes nocturnes de six cents colons, tendaient à vous faire restituer le trop-plein des excès de table. Par bonheur que ces excès étaient rares! Une cuisine modeste, d'une propreté relative, un pain nauséabond venu de Jaffa ou des cales du vaisseau, on ne le saura jamais au juste, nous tinrent cinq jours sur sept l'estomac en éveil, et, par une sobriété sagement réglée, le préservèrent d'inopportunes absorptions.

Eh bien! je regrette la *Picardie* pour les pèlerins de l'avenir. Le P. Marie-Antoine, qui s'y entendait, nous disait que nous serons tous des saints et que l'on nous représentera sur les grands images, une *Picardie* à la main, absolument comme saint Paul avec son épée, saint André avec sa croix, sainte Catherine avec sa roue, saint Laurent avec son gril.

Or, demain, M. de Moidrey nous l'a dit, vous serez cinquante de moins sur un splendide navire et vous aurez un cuisinier de plus. Tant pis! On nous gâtera tout à fait ces beaux pèlerinages de la Pénitence, ou plutôt, nous aurons été les premiers et les derniers, les seuls vrais pèlerins de la Pénitence à Jérusalem.

Et cela ne vous empêchera pas de mourir en route, si telle est la volonté de Dieu. La preuve, c'est que sur six pèlerins décédés dans les deux mois qui ont suivi notre embarquement à Marseille, un seul, le F. Simon, était de la *Picardie*, qui, je crois, est restée bien innocente de cette mort; les cinq autres appartenaient à la *Guadeloupe*, dont l'aménagement était cependant supérieur à celui de sa compagne. La sixième victime, dont je n'ai pas encore eu l'occasion de parler, a été un second prêtre du diocèse de Besançon, M. l'abbé François Vincent, curé d'Aboncourt; il est mort

(1) Nous avons vu dans le supplément à la lettre précédente que Dieu s'était lui-même chargé de mettre fin à la mission de la *Picardie* sur notre planète terrestre.

dans l'hospice des Frères de Saint-Jean-de-Dieu, à Marseille, huit jours après le débarquement, dans les sentiments de la plus parfaite résignation. Il avait dit peu de temps avant son départ : « Ce sera mon dernier pèlerinage ; ensuite, j'entreprendrai le beau voyage du Ciel. »

Je ne vous détournerai pas cependant de prendre certaines précautions : « Aide-toi, le Ciel t'aidera. » Ainsi, en partant de Marseille, vous ne feriez pas trop mal d'emporter avec vous un de ces gros pains de ménage, qui ont la propriété de demeurer frais les huit jours entiers ; il vous fournirait les premiers éléments d'une nourriture saine et agréable durant une première traversée. Sur le navire, soyez munis d'habits d'hiver; les soirées et les matinées sont toujours très fraîches. Dans le voyage de terre, portez en bandoulière un petit sac de toile blanche à sept compartiments très distincts, dans lesquels vous puissiez enfoncer la main instantanément, et destinés : 1° A des pièces de monnaie française de cinquante et de vingt centimes, pour backchiches; 2° à des morceaux de sucre et à un tout petit verre; 3° à un petit flacon de bonne eau-de-vie; 4° à deux oranges ou citrons; 5° à un livre-indicateur qui vous fixe sur les curiosités de la route, à votre carnet et à votre crayon; 6° à des souvenirs, pierres, fleurs ou autres, que vous cueillerez dans le voyage; 7° à votre livre de prières et à votre chapelet. Gardez-vous de mêler tout cela, vous ne vous y reconnaîtriez pas. Je vous tolèrerai un bidon avec mélange d'eau et de vin, vous ferez mieux de vous en passer, buvez très peu. Attachez solidement sur le dos de votre monture, d'abord une cravache et une sangle à étriers venues de France avec vous, puis un sac à besace contenant une chemise de flanelle, cinq à six mouchoirs, deux paires de bas, une bonne couverture de laine, une paire de draps légers, les ustensiles de table : plat en fer, cuiller et fourchette, une réserve d'eau-de-vie, d'oranges, de citrons, etc. Vous y puiserez aux heures de halte, si besoin est. On recommande une petite provision de quinine.

Pour votre costume, le blanc autant que possible, — cependant j'ai toujours porté la soutane noire, sans manteau, et je le ferais encore, — ne vous surchargez pas. Sur la tête une pièce d'étoffe blanche qui vous couvre le front, les tempes et le cou, et vous préserve des insolations; un parasol pourrait embarrasser. Ayez une voilette pour le sommeil, de peur des moustiques. Entourez deux fois vos reins d'une ceinture rouge ou bleue, et ne vous en séparez ni le jour, ni la nuit.

Tout le reste serait du superflu, de plus très encombrant pour Nazareth, Tibériade ou la Samarie. Du vin, des conserves : vous ne sauriez où les mettre; comptez d'ailleurs que dorénavant tous les Cooks possibles donneront du vin, on a été à trop bonne école; quant aux conserves, elles ne cadrent pas suffisamment avec un voyage de pénitence. Tout ce que vous aurez d'effets, linge, aliments, provisions quelconques, ne doit pas être débarqué à Caïffa, mais demeurer sur le navire jusqu'à Jaffa, pour de là être porté directement à Jérusalem dans le logement qui vous est destiné.

Si vous êtes prêtre et que vous ayez l'intention de dire fréquemment la Sainte-Messe sur le vaisseau, vous pouvez emporter avec vous votre chapelle, c'est-à-dire les ornements sacerdotaux, un surplis et une étole pour le prêtre assistant, une nappe susceptible d'être pliée en trois, une pierre sacrée, de modestes cartons d'autel, deux burettes, un missel et un calice. Pour le reste, rapportez-vous en aux directeurs du pèlerinage qui vous fourniront pain d'autel, vin, cire, etc., toutes les fois qu'il y aura possibilité d'offrir le Saint-Sacrifice, soit sur terre, soit sur mer, — si toutefois l'organisation n'est pas modifiée.

Si l'on en excepte les jours de roulis, pour la traversée, et les jours de fatigue excessive, dans les voyages en caravane, le prêtre pèlerin dit généralement la messe toutes les fois et dans tel sanctuaire qu'il désire. J'en puis donner la preuve par cet extrait de mon journal :

27 avril, messe à Notre-Dame-de-la-Garde, à Marseille.

28, 29, 30 avril, 1er mai : Néant.

2 mai : Sur mer.

3 mai : Néant.

4 mai : Sur mer.

5 mai : Néant.

6 et 7 mai : Mont-Carmel.

8 et 9 mai : Nazareth, dans la basilique de l'Annonciation.

10 mai : Néant.

11 mai : Naplouse, à l'église paroissiale.

12 mai : Néant.

13 mai : Jérusalem; Hospice autrichien, à la 3e station.

14 mai : Basilique du Saint-Sépulcre, autel de la Colonne.

15 mai : *Ecce Homo.*

16 mai : Sainte-Anne, à l'Immaculée Conception.

17 mai : Chapelle de la Flagellation.

18 mai, *Ascension :* Mont des Oliviers, au *Pater.*

19 mai : Gethsémani, à la Grotte de l'Agonie.

20 mai : Etable de Bethléem.

21 mai : Basilique du Saint-Sépulcre, aux galeries.

22 mai : Calvaire, au *Stabat.*

23 mai : Basilique du Saint-Sépulcre, sur le saint Tombeau.

24 mai : Saint-Jean dans la Montagne, à la Grotte de la Nativité de Saint-Jean-Baptiste.

25 mai : Basilique du Saint-Sépulcre, à Sainte-Croix.

26 mai : Calvaire, au Crucifiement.

27 mai : Bethléem; à la Grotte de Saint-Jérôme.

28 mai, *Pentecôte :* Près du Cénacle, dans le cimetière catholique.

29 mai : Basilique du Saint-Sépulcre, à Sainte-Marie-Madeleine.

30 mai : Basilique de Saint-Sauveur, à Sainte-Philomène.

31 mai : Jaffa; à l'église Saint-Pierre.

1er et 2 juin : Néant.

3, 4 et 5 juin : Sur mer.

6 juin : Néant.

7 juin : Sur mer.

8 juin : Marseille; aux Augustins.

Comme on le voit, j'ai pu célébrer dans tous les sanctuaires que j'ai visités, et je n'ai pas été obligé de dire deux fois la messe sur le même autel.

Nous avons ouvert la route; il ne vous reste plus qu'à la suivre. N'hésitez pas; allez en Terre-Sainte. Les conditions nouvelles sont évidemment plus dures que celles des caravanes annuelles du passé, mais elles sont bien plus en rapport avec les petites bourses; on n'en meurt pas davantage, et l'édification pour soi et surtout pour ces contrées lointaines ne peut qu'y gagner beaucoup. Vous rencontrerez un pays bien triste, bien dénudé, un pays maudit, et, à côté, les plus hautes consolations que la foi chrétienne puisse donner. Vous verrez de vos yeux, vous baiserez de vos lèvres les vestiges sacrés du Sauveur, de sa Sainte-Mère, des patriarches et des prophètes. Vous organiserez sur place la plus merveilleuse concordance des Saintes Écritures qui puisse se faire. Et vous rentrerez, la joie dans le cœur, emportant des souvenirs plus que suffisants pour alimenter une existence d'homme (1).

Partez, vous avez des guides intrépides qui vous conduiront sûrement. Vous avez mieux que cela, la certitude que Dieu bénit ces glorieuses entreprises. Il vous suffira de vous rappeler l'histoire du premier pèlerinage de Pénitence, les encouragements précieux que le Pape donna dès le début au projet des organisateurs, cette lettre admirable du 6 mars que nous appellerons volontiers la *Bulle de la Croisade*, et celle du 31 juillet qui sert de réponse à l'adresse des pèlerins français. Je la transcris intégralement; ce sera le bouquet de la fin

A nos chers fils François Picard, supérieur général de la congrégation des Augustins de l'Assomption et directeur du pèlerinage à Jérusalem, et à tous les membres de ce pèlerinage.

LÉON XIII, PAPE,

Chers Fils, salut et bénédiction apostolique.

Nous souhaitions que le pèlerinage entrepris par vous, spécialement pour votre nation, présentât et conservât le caractère, indiqué d'avance, d'expiation. Nous apprenons avec joie, par vos lettres, que cela s'est réalisé.

Tout ce que vous racontez sur les grandes souffrances supportées

(1) Le premier pèlerin Français connu est le *Pèlerin de Bordeaux* qui se trouvait à Jérusalem l'an 333. Le récit qu'il nous laisse dans son *Itinerarium à Burdigala Hierusalem usque*, n'est guère qu'une nomenclature; encore reste-t-elle fort incomplète. Nous y remarquons une multitude de haltes et d'étapes dont les principales sont, d'après lui, Arles, Milan, Aquilée, Sirmium, Sardique, Constantinople, Nicomédie, Ancyre en Galatie, Tharse, Antioche, Tyr, Césarée de Palestine et Jérusalem. Il dut suivre la grande voie romaine; car il passa par Bazas, Eauze, Auch, Toulouse, Carcassonne, Narbonne, Béziers, Nîmes, Arles, Avignon, Orange, Valence et Die, les seules localités importantes qu'il qualifie du titre de *civitas*, sauf toutefois Carcassonne, qu'il appelle *castellum*.

— 175 —

joyeusement en Palestine, la visite très religieuse des Lieux-Saints, la
fréquence des prières et des cantiques, les supplications publiques de
pénitence, le grand nombre de messes célébrées en plein air, la fréquen-
tation des sacrements, tout cela montre bien que le désir de l'expiation
était profondément gravé dans les âmes.

Et vous avez raison de penser que Dieu l'a eu pour agréable et l'a
approuvé en considérant qu'il vous a ramenés en santé dans votre patrie
après avoir appelé à lui quatre prêtres et un religieux laïc, qui, partis
avec vous, avaient offert leur vie pour l'Eglise.

Nous nous réjouissons que ce pèlerinage, entrepris par vous pour
toute la France, soit devenu vraiment national par la présence d'un grand
nombre de religieux de toutes les congrégations, de prêtres de tous les
diocèses, de laïques de toutes les provinces, et aussi qu'il ait pu s'accomplir
au milieu d'un peuple étranger à la foi catholique, si bien que partout on
ne pouvait désirer une liberté plus grande, une tranquillité, une hospitalité plus aimables. Il vous a même été permis de déployer, entourés
d'une foule sympathique, les pompes de nos solennités en portant les croix
et les bannières au milieu des prières et des chants.

Ces bienfaits, qu'il faut attribuer, après Dieu, à la bienveillance de
de l'autorité civile et à l'urbanité du peuple, nous font espérer que la
protection des Lieux-Saints sera de plus en plus efficace et semblent
présager que les fidèles mettront un plus grand empressement pour
aller les vénérer. Ils y seront d'ailleurs puissamment attirés par les
très doux sentiments de foi et de piété qu'ont excités en vous, comme
vous le dites, la vue et la vénération des vestiges de la naissance, de la
vie, des voyages, des enseignements, de la prison et de la mort du Verbe
fait chair.

Et puisque tout a réussi pour la plus grande gloire de Dieu, l'honneur
de l'Eglise et la confirmation de notre foi, nous en rendons grâces à Dieu,
et, en vous félicitant, nous souhaitons que ces vives étincelles de charité,
que vous avez ressenties en présence des monuments sacrés, non-seulement vous les conserviez toujours ardentes, mais que par la parole et par
l'exemple vous vous efforciez de les faire pénétrer dans les cœurs des
autres, en ces temps surtout où la foi circonvenue de toutes parts par
l'impiété et la charité refroidie préparent, pour un nombre immense,
d'âmes, une lamentable perte.

Que la bénédiction apostolique, que nous vous accordons à tous avec
amour, fils bien aimés, comme preuve de notre paternelle bienveillance, vous soit un gage de la faveur divine. Et pour qu'elle s'étende
au loin, nous accordons aux curés et aux prêtres qui ont fait partie
du pèlerinage de la donner en notre nom aux paroisses, communautés,
écoles, œuvres ou confréries pieuses qu'ils dirigent ou auxquelles ils sont
attachés.

Donné à Rome, auprès de Saint-Pierre, le 31 juillet 1882, de notre
Pontificat l'an v.

LÉON XIII, Pape.

Avril 1883.

L'organisation définitive des pèlerinages de 1883 a été ainsi établie :

1er Pèlerinage, sous la direction des Pères de l'Assomption :

Départ de Marseille : le 7 mars.
Rentrée à Marseille : vers le 15 avril.

2e Pèlerinage, sous la direction des Pères Capucins :

Départ de Marseille : le 25 avril.
Rentrée à Marseille : vers le 2 juin.

Prix des places, sur le vaisseau *la Guadeloupe*, y compris les divers embarquements et débarquements, les voyages de Jaffa à Jérusalem et de Jérusalem à Jaffa (transport et nourriture) : 1re classe : 600 francs. — 2e classe : 450 fr. — 3e classe : 300 fr.

Le voyage commence par Jaffa et Jérusalem pour finir par Nazareth et le Carmel. Le parcours à travers la Samarie est encore facultatif, mais il se fait à rebours, c'est-à-dire de Jérusalem à Nazareth. C'est à Jérusalem que les pèlerins pourront s'en entendre avec leurs drogmans.

Prix maximum des frais de logement et de nourriture à Jérusalem, à Bethléem et à Saint-Jean dans la Montagne : 125 francs.

Prix maximum du voyage facultatif à travers la Samarie, par Béthel, Silo, Sichem (Naplouse), Sébaste, Djennin, Nazareth et le Carmel : 125 francs.

Restent à la charge du pèlerin : le double voyage de son domicile à Marseille et le prix d'achat des objets de piété et autres souvenirs.

Il aura de plus la faculté de débarquer à Naples au retour et de rentrer en France par la voie de terre. Une visite à Rome pourra merveilleusement compléter son pèlerinage, mais les frais de ce dernier voyage seront en dehors des prix déjà donnés.

Pour tous les renseignements, s'adresser à la *Direction générale des Pèlerinages*, 8, rue François-Ier, à Paris.

Juin 1883.

Le premier pèlerinage de 1883 s'est effectué à l'époque fixée. Il a été particulièrement béni du ciel. Au retour, *la Guadeloupe*, sans s'arrêter à Naples, a fait escale à Cività-Vecchia, laissant quarante-huit heures à la disposition des pèlerins pour déposer leurs hommages aux pieds du Souverain-Pontife et visiter les principaux monuments de Rome, inaugurant ainsi le nouvel itinéraire des pèlerinages de l'avenir.

Le second pèlerinage n'a pas eu lieu, le nombre des inscriptions n'ayant pas été suffisant au temps voulu. Ce sera évidemment pour l'an prochain au plus tard. C'est pour stimuler l'ardeur des hésitants et des timides, que je me suis décidé à publier, quoique un peu tard, sur Jérusalem et sur la Terre-Sainte, ce petit livre dont les feuillets manuscrits seraient sans doute restés indéfiniment dans mes cartons. J'estime que nous tous sans exception, anciens pèlerins de la Pénitence, selon la faible mesure des dons que la Providence nous a départis, nous devons humblement tenter toute sorte d'efforts pour propager un mouvement vraiment national vers les Saints-Lieux. C'est accomplir en même temps une œuvre de reconnaissance, de foi et de patriotisme.

XXXII

A Rome.

Novembre 1882.

Il avait été convenu que les grandes croix d'olivier arborées sur les deux vaisseaux pendant la traversée, portées trimphalement dans la Voie douloureuse, seraient remises au Saint-Père, avec les noms de tous les pèlerins et des bienfaiteurs du pèlerinage. La Direction aurait même désiré, et certes nous eussions unanimement applaudi à la réalisation de ce plan, que le voyage de Jérusalem se complétât par une halte à Rome. Ce ne fut pas possible, il eût fallu plus de bon vouloir dans l'esprit de la compagnie qui s'était chargée du transport.

Ce n'a été que partie remise. Le lundi 9 octobre, les représentants du grand pèlerinage, au nombre de plus de trois cents, se donnaient rendez-vous à Assise, dans l'octave du septième centenaire de la naissance de Saint-François. Le 10 au soir ils arrivaient à Rome, et le 15, le dimanche où l'on célébrait la fête de la Pureté de la Très-Sainte-Vierge, ils étaient reçus en audience solennelle par le Saint-Père.

Tout ce voyage, à l'aller et au retour, ne fut qu'une longue fête. A Turin, on vénéra le *Saint-Suaire* et l'on visita l'orphelinat de dom Bosco. C'est un homme bien extraordinaire que dom Bosco. Traité d'insensé dans les débuts de sa vie tout apostolique, il a ouvert la Voie du salut à plus de cent cinquante mille enfants abandonnés; les plus déshérités de la nature, les bandits du jeune âge ont toujours eu ses faveurs, et dans le nombre il a su distinguer jusqu'à vingt mille vocations sacerdotales; il est à tête d'une multitude d'orphelinats disséminés en Europe et en Amérique; toute son existence n'est qu'un tissu de prodiges et d'œuvres surnaturelles. — A Gênes, visite au chef de Saint-Jean-

12

Baptiste et au *Sacro Cattino*, le plat qui l'a porté. — Milan est tout embaumé des souvenirs de Saint-Gervais et de Saint-Protais, de Saint-Ambroise, de Saint-Augustin, de Saint-Charles Borromée. — A Bologne, on peut contempler le corps encore flexible de Sainte-Catherine, assis sur un trône, noirci par un incendie qui ne l'a point consumé, les lèvres et le menton de la blancheur du lait, depuis que dans une apparition de la nuit de Noël 1445, ils ont touché au visage de l'Enfant-Jésus. — A Assise, que de trésors! La Portioncule, la chambre de Saint-François, l'étable où il est né, le rosier de Sainte-Claire, le voile de la Vierge. L'archevêque de Pérouse vint saluer les pèlerins; il y eut des communions nombreuses, de très belles processions. — Lorette et la *Santa Casa* réveillèrent toutes les émotions de Nazareth.

Mais arrêtons-nous à Spolète avec le P. Marie-Antoine qui, dans une lettre à la *Semaine catholique* de Toulouse, datée du 20 octobre, nous communique ses nobles et saintes impressions.

« Nos chers pèlerins sont en marche vers Lorette. Ayant eu le bonheur de visiter déjà ce sanctuaire, je fais halte à Spolète, ancienne capitale des Etrusques, moins célèbre par ses souvenirs historiques que par la gloire d'avoir eu pendant sept ans pour archevêque, l'immortel Pie IX. Le souvenir de ses vertus et de sa merveilleuse charité y est toujours vivant. J'ai visité sa chambre comme on visite la demeure des Saints. Par vénération pour sa mémoire, ses successeurs ne l'ont pas habitée. Aussi lorsque, comme pontife et roi, Pie IX fit la visite de Spolète, où il fut reçu avec un enthousiasme indescriptible, il la trouva intacte, n'ayant pour ornement de plus que son premier portrait que j'ai vu dans la galerie de l'archevêché et où, sous sa figure de trente-deux ans, rayonne déjà son cœur et son génie.

» Son saint épiscopat a porté visiblement la bénédiction dans cet antique et célèbre diocèse; trois grands faits qui tiennent du prodige s'y sont accomplis; j'ai eu le bonheur de les constater de mes propres yeux.

» 1º L'apparition miraculeuse de la Sainte-Vierge à un petit enfant de cinq ans, nommé Henri, actuellement prêtre et religieux. apparition prouvée par de nombreux et grands miracles dont j'ai vu les *ex-voto*. miracles officiellement constatés par l'autorité épiscopale qui, grâce au perpétuel concours des pèlerins, a pu faire construire sur le lieu même, dans la campagne de Spolète, une splendide église sous le titre : *A Marie, secours des Chrétiens.*

» 2º La glorieuse canonisation de sainte Claire de Montefalco, dont le corps, depuis plus de cinq cents ans, est dans un état inouï de conservation ; c'est le corps saint le mieux conservé qu'il y ait sur la terre : même blancheur de traits, même suavité d'expression dans la figure. Les religieuses augustiniennes de son couvent m'ont montré séparément le cœur de la Sainte; il est aussi admirablement conservé que la figure; il est d'un rouge incarnat; il s'ouvre en deux parts comme un livre, et contient, parfaitement distincts et parfaitement visibles, les instruments de la Passion entourant une croix sur laquelle est parfaitement dessiné le corps du Christ ; cette croix est à peu près grande d'un pouce. Les bonnes religieuses m'ont montré aussi, dans un reliquaire de cristal, les *trois petites boules* plus dures que le diamant, trouvées près de son cœur comme témoignage miraculeux de son immense amour pour la Sainte-Trinité. Ici, le miracle est permanent : une de ces boules, mise dans une balance, pèse autant que les trois réunies, et celles-ci pas plus qu'une seule.

» 3° Le troisième fait merveilleux vient de s'accomplir. L'archevêque de Spolète m'en ayant informé lui-même dans la visite que j'eus l'honneur de lui faire, je me suis rendu immédiatement sur les lieux, et j'ai pu voir de mes propres yeux et recueilli moi-même les témoignages.

» Voici le fait dans sa plus exacte vérité :

» A deux lieues environ de Spolète, se trouve la paroisse de Castello qui a une petite annexe ou chapelle vicariale nommée Bianca ; la principale maison du bourg appartient au député Fratellini. Dans une dépendance de sa demeure, faisant angle sur la place, se trouve un petit atelier au rez-de-chaussée. Or, il y a un mois environ, le 20 septembre, m'a-t-on dit, autant qu'on pouvait s'en souvenir (anniversaire du jour où fut consommé l'attentat de la prise de Rome). des flammes et des étincelles sortirent de la muraille, à l'intérieur de l'atelier, à la hauteur de deux mètres. Comme c'était le milieu du jour, et que le soleil donnait sur la muraille, l'étonnement fut grand, mais on ne s'y arrêta pas beaucoup. Quinze jours après, le même fait eut lieu, à peu près à la même heure; on ne s'y arrêta pas davantage; et enfin le mercredi 18 octobre, c'est-à-dire avant-hier, le même prodige se renouvela, mais avec des circonstances extraordinaires : ce fut vers cinq heures du soir et sept fois de suite; et comme c'était le coucher du soleil, les flammes et les étincelles furent plus éblouissantes et de diverses couleurs, blanches, vertes, roses, et elles montèrent jusqu'au plafond. Tous les spectateurs, et ils étaient nombreux, et le député Fratellini avec eux, étaient éblouis et atterrés ; ils me l'ont affirmé eux-mêmes, ainsi que le prêtre chapelain. Ils se décidèrent alors à attendre au lendemain matin pour percer le mur et mieux chercher la raison du prodige; à huit heures. un maçon est appelé ; armé d'un marteau, il frappe là d'où étaient sorties les flammes, et on trouve dans un vide pratiqué au milieu du mur, enveloppé dans un voile de calice, un magnifique tableau sur toile de Jésus en Croix, avec la Vierge d'un côté et Saint-Jean de l'autre, de la grandeur d'un mètre environ, avec ces mots parfaitement bien écrits en italien :

» *Cette image miraculeuse que possédait la famille Orsini et en l'honneur de laquelle une église devait être érigée, a été placée ici en 1793, pour être sauvée.* »

« J'ai vu cette image miraculeuse; l'expression des figures est admirable, elle paraît dater du XVIe siècle, et j'ai éprouvé en la baisant l'impression profonde qu'on éprouve au contact du surnaturel ; elle est encore dans la maison du député Fratellini.

» L'archevêque de Spolète s'était déjà rendu lui-même sur les lieux, et il m'a dit qu'il s'occupait du procès-verbal.

» Quel rapprochement frappant! Voilà l'image du Christ cachée en 1793 qui reparaît merveilleusement en 1882.

» Quand les Français descendent en Italie pour insulter la Papauté et faire la guerre à la Croix, on la cache, et quand ils reviennent au retour de Jérusalem pour honorer la Papauté et installer la Croix en triomphe au Vatican, elle reparaît étincelante au milieu de flammes lumineuses ayant la couleur de l'arc-en-ciel!

» En rentrant à Spolète, au moment où le beau soleil d'Italie dorait de son dernier rayon les cimes blanches de l'Apennin, je disais dans le ravissement : *Vidimus mirabilia hodie!*

» Le matin, au départ, la grande comète devançait l'aurore, et le soir, toute la splendide vallée de l'Ombrie, où brillent comme quatre perles Spolète, Foligno, Pérouse et Assise, était inondée de rayons de feu! La Vierge-Auxiliatrice, sainte Claire de Montéfalco et le Christ de Castello, toutes ces merveilles vues le même jour, n'est-ce pas trop de bonheur pour l'exil?... N'est-ce pas déjà une vision du Ciel? »

A Rome, le temps ne fut pas perdu, les occupations devinrent multiples et variées : visiter le tombeau de sainte Monique et la madone *del Parto* dans l'église de Saint-Augustin ; vénérer la Sainte Crèche à Sainte-Marie-Majeure, la colonne de la Flagellation venue de la maison de Caïphe à Sainte-Praxède, plusieurs instruments de la Passion à Sainte-Croix de Jérusalem, la lance et le voile de Véronique (1) à Saint-Pierre du Vatican, la *Scala Santa* à Saint-Jean-de-Latran, la *Scala Santa* surtout, cette relique de Jérusalem qui, selon la pensée d'un de nos excellents confrères (2), servit au dernier pèlerinage du Christ avant d'aller au Calvaire et au dernier pèlerinage de Pie IX avant d'être enfermé au Vatican par la Révolution triomphante. L'ascension de l'escalier du Prétoire nous est recommandée par le testament de Pie IX : « Allez à la *Scala Santa*, avait-il dit un jour au directeur du pèlerinage français, et montez-la en mon nom avec vos pèlerins, puisque je ne puis le faire moi-même. »

Le 14 octobre, les pèlerins présents à Rome, quatre cents environ, étaient réunis dans la basilique de Saint-Pierre; le P. Marie-Antoine

(1) La Maison de Véronique (VI° Station) vient d'être achetée 60,000 francs par les Grecs catholiques (juin 1883). Les musulmans en ont fortement exagéré le prix, parce que, d'après eux, ce sanctuaire recèle la sépulture d'un Santon (grand personnage de l'Islam).

(2) M. l'abbé Mourot : *La Terre-Sainte et le pèlerinage de pénitence.*

Indépendamment des articles nombreux suscités par le grand pèlerinage soit dans les journaux, soit dans les revues catholiques, une efflorescence d'ouvrages spéciaux a surgi presque subitement. Je signalerai :

Pèlerinage populaire de pénitence aux Saints-Lieux, par M. l'abbé Toupin; *Pèlerinage de Jérusalem* (1883) : *Notes de voyage, impressions et souvenirs*, par M. l'abbé Roux ; *Sentiments inspirés par le pèlerinage de pénitence à Jérusalem*, par Mᵐᵉ la marquise de Villeneuve-Arifat; la *Croisade de la pénitence*, par la rédaction du *Pèlerin*; le *Pèlerinage de pénitence à Jérusalem*, discours de M. de l'Epinois.

les préparait à l'audience du lendemain. Je ne puis résister au plaisir de citer intégralement son discours. C'est tout un poëme en l'honneur de Dieu et de la Croix :

« Bien-aimés compagnons de pèlerinage,

» Vous connaissez la voix qui vous parle, vous connaissez surtout ce cœur qui vous aime; c'est avec toute cette voix et tout ce cœur que je suis heureux de faire retentir en ce moment solennel le seul cri qui peut remplir la majesté de ce temple, le plus grand, le premier, le plus beau temple du monde :

» Dieu seul est grand !

» Nous voici au milieu de toutes les grandeurs de la terre et du ciel; ici, tout est grand. Rome, c'est la grandeur de la force; cette basilique, c'est la grandeur du génie; cette chaire, c'est la grandeur de la vérité, et ce tombeau, la grandeur du triomphe; mais il y a ici une grandeur qui domine toutes ces grandeurs, qui les concentre, qui les résume toutes, et qui, seule, mérite nos chants; c'est votre grandeur, ô mon Dieu.

» Oui, ô très saint Seigneur Jésus-Christ, seul, vous êtes grand ! Et empruntant les magnifiques paroles de mon séraphique Père : « Je vous adore ici et dans toutes les églises de l'univers, parce que par votre sainte croix vous avez racheté le monde ! » et en vous adorant, je vous rends grâces pour le triomphe de votre croix !

» O bien-aimés pèlerins, quel bonheur de nous trouver ensemble, à Rome, sous cette splendide coupole de Saint-Pierre ! Quel bonheur d'y chanter la grandeur de Dieu comme nous l'avons chantée à Jérusalem sous l'antique coupole du Saint-Sépulcre, gardant dans nos cœurs la douce espérance de la chanter ensemble un jour, au terme du pèlerinage de la vie, sous l'éternelle coupole du palais des cieux !

» Jérusalem ! Rome ! le Ciel !... Quel pèlerinage !

» Jésus-Christ, seul grand dans Jérusalem ! seul grand dans Rome ! seul grand dans le Ciel ! Quelle grandeur ! Et partout et toujours, à Jérusalem, à Rome, au Ciel, grand par la croix ! triomphant par la croix ! dominant par la croix ! Quel poëme ! Qui me donnera, pour le chanter, des accents angéliques ?

» Pèlerins, prêtez-moi vos cœurs ou plutôt chantez vous-mêmes, je ne veux être que votre écho.

» Oui, ô Seigneur-Jésus ! nous, pèlerins de France, nous le chantons, et tout ce qui, en France, porte dans sa poitrine un cœur français, le chante avec nous: Vous êtes seul grand, seul tout puissant, seul Très-Haut ! *Tu solus magnus ! Tu solus Dominus ! Tu solus Altissimus !* A vous, Roi immortel des siècles, à vous, Dieu seul et unique, à vous toute gloire, tout honneur et tout amour dans les siècles des siècles !

» Au premier jour de la création, Satan et les anges rebelles refusèrent d'adorer et de chanter, l'enfer engloutit les coupables; mais Michel l'archange et ses légions fidèles entonnèrent aussitôt le cantique d'adoration et d'amour, et il ne s'est jamais arrêté, il n'a jamais été interrompu; et à proportion que se renouvelle et grandit la satanique négation, se renouvelle sans cesse et grandit toujours la sainte et sublime affirmation, et tous les enfants de Dieu au Ciel et sur la terre chantent ensemble :

Dieu seul est grand !

» A la tête des légions du ciel marche le glorieux Archange, redisant sa noble devise : Qui est semblable à Dieu ! *Quis ut Deus !*

» A la tête des légions de la terre marche la glorieuse France, redisant elle aussi sa noble devise : Vive le Christ ! Il aime la France ! *Vivat Christus ! Amat Francos !* Et ainsi s'accomplissent de siècle en siècle les miracles de Dieu par la France : *Gesta Dei per Francos.*

» Avant nous, Clovis, Charlemagne, Saint-Louis, tous les Croisés nos pères ont chanté le Christ ; nous le chantions à Jérusalem. Aujourd'hui, nous le chantons à Rome, et on dirait que le ciel et la terre font silence pour écouter ce chant ; et qu'ils s'arrêtent ravis pour contempler notre nouvelle, notre grande et pacifique croisade ! Oui chers pèlerins, confessons-le ici, près de la confession de Saint-Pierre, en rendant à Dieu toute gloire : Nous voici en spectacle au monde, aux anges et aux hommes : *Spectaculum facti sumus mundo, et angelis et hominibus ;* et rien de si grand ne s'accomplit en ce moment ici-bas. Notre présence ici est un véritable évènement. Elevons nos pensées et nos cœurs pour en mesurer la grandeur.

» La croix prise par la France à Notre-Dame de la Garde ; la croix arborée par la France sur les grands mâts de nos navires, au milieu de la grande mer ; la croix portée par la France à Jérusalem ; la croix placée par la France à Rome à côté du trône du Pontife universel ; oui, chers pèlerins, voilà un grand évènement, et je l'appelle, sans hésiter, le troisième grand évènement de ce siècle.

» Le premier, c'est la proclamation de l'Immaculée Conception.

» Le second, c'est la proclamation de l'Infaillibilité pontificale.

» Le troisième, c'est le triomphe de l'Eglise par les pèlerins de la pénitence armés de la croix !

» Et nous sommes ici, dans cette basilique, sur le théâtre de ces trois évènements.

» Arrêtez un seul instant votre attention, vous verrez des merveilles !

» Dans la proclamation de l'Immaculée Conception, ne voyez-vous pas la morale catholique affirmée tout entière, et tout entière triomphante ? Qu'est cette proclamation, sinon l'affirmation du péché originel par l'affirmation même du privilège qui en exempte, et par conséquent l'affirmation de la lutte contre la concupiscence, l'affirmation du mérite et du démérite de l'acte humain et de sa sanction éternelle : c'est-à-dire encore une fois l'affirmation et le triomphe de toute la morale chrétienne. Par cette proclamation, le vice est vaincu, la vertu triomphante et la tête de Satan complètement écrasée : *Ipsa conteret caput tuum !*

» Et c'est ici, dans cette basilique, sous cette coupole, à la place même où nous sommes, c'est ici que Pie IX le Grand, Pie IX l'immortel, entouré des soldats de notre France qui l'avaient replacé sur son trône et lui faisaient garde d'honneur ; c'est ici que Pie IX a proclamé l'oracle infaillible, c'est ici qu'il a dit à la Ville et au monde : *Marie est conçue sans péché.*

» A ce cri le monde a tressailli : mais il appartenait surtout à la France, le royaume de Marie, de faire éclater sa joie. Elle l'a fait avec le cœur que Dieu lui a donné, avec l'élan qui la caractérise. Vous vous souvenez de ces fêtes féeriques, de ces illuminations universelles; aussi quelle récompense !

» Voici la Vierge Immaculée; elle descend des cieux toute ravissante de beauté, de blancheur, de lumière; elle vient elle-même sourire à la France sur le rocher de Lourdes. Là, elle dit la grande parole : *Je suis l'Immaculée Conception*, la plus grande qui ait été prononcée après celle de Dieu : *Je suis Celui qui suis*; et confirmant par cette parole l'oracle du Pontife, elle prépare et commence en quelque sorte elle-même le second événement de ce siècle.

» Il ne tarde pas à s'accomplir. Encore quelques jours et le Concile œcuménique du Vatican proclame l'infaillibilité pontificale, conséquence logique et complément, on ne peut plus opportun, de la proclamation première, puisqu'elle venait faire pour le dogme catholique ce que celle-ci venait de faire pour sa morale; tout le dogme se trouvant par elle éternellement consolidé dans sa base divine et son divin couronnement ! Quel bonheur ! quelle joie de saluer ce dogme divin et bien-aimé ici, dans cette basilique où il a été proclamé ! Quel bonheur de le saluer au nom de la France et du monde !

» O dogme catholique par excellence, puisque par toi triomphe à la fois et l'unité de la hiérarchie et la vérité de la doctrine ! En acclamant de tout notre cœur l'infaillibilité de notre Père. nous, les représentants de la France, nous acclamons à la fois le phare lumineux qui guide l'humanité, la pierre immuable qui porte l'église et le divin boulevard de la vraie civilisation et de la vraie liberté !

» Les zouaves de notre France, après avoir versé leur sang pour Pie IX, formaient la garde d'honneur autour du concile au moment où les trompettes d'argent annonçaient la proclamation et où le canon du fort Saint-Ange et toutes les cloches de la Ville-Eternelle redisaient l'*alleluia* triomphateur. Soyons fiers de ce souvenir.

» Après ces deux proclamations, vous le savez, toutes les portes de l'enfer se sont ouvertes, il fallait s'y attendre; tous les bataillons sataniques ont fait irruption sur la terre. Rome n'est plus au Pontife du Christ ! et le Vatican lui-même n'est plus assuré !... Qui se lèvera pour venir au secours?

» Qui se lèvera?... Ah ! ne cherchons pas la réponse; les siècles sont là pour la donner.

» Oui. le même Dieu qui a appelé Cyrus pour délivrer son peuple et les Macchabées pour le défendre, a appelé toujours la France pour défendre l'Eglise et délivrer son Pontife !

» Nos pères ont entendu ce cri ! Nous l'avons entendu et nous voici :

» Nous voici avec le même cœur, mais non avec les mêmes armes :

pour des combats nouveaux, ne fallait-il pas des armes nouvelles? *Nova bella elegit Dominus.*

» Nous voici avec l'arme de la prière, avec l'arme de la pénitence et avec l'arme de la Croix; et qui nous arrêtera, qui nous vaincra?

» On peut arrêter les bataillons, mais qui peut arrêter la prière? On peut affadir les âmes avec le plaisir, mais quand elles font pénitence, qui peut les dompter? On peut briser les épées, même les plus fortes, mais qui brisera la Croix?

» Aussi, depuis que nous portons la Croix, notre marche est-elle comme un triomphe, comptons nos étapes : autant d'étapes, autant de victoires !

» O Croix victorieuse, salut! Nous t'avons arborée sur nos mâts au milieu de la grande mer, et les flots sont devenus plus paisibles et plus purs; nous t'avons portée devant les murs de Jérusalem, et ses portes, jusqu'ici infranchissables, se sont ouvertes d'elles-mêmes, et notre entrée triomphale dans la Ville-Sainte a étonné l'univers ! Et maintenant, ô Croix victorieuse, te voici dans la Ville-Éternelle, te voici pour remporter la suprême victoire ! Nous t'avons portée sur nos épaules dans la Voie douloureuse; nous t'avons placée à côté du sépulcre du Christ pour te communiquer, par ce contact divin, la toute-puissance de la résurrection. Te voilà donc bien préparée; à toi maintenant de faire éclater ta force et d'écraser tes ennemis : *Intende, prosperè procede, et regna.*

» Pierre et Paul, partis eux aussi de Jérusalem, arrivèrent un jour dans Rome païenne; ils n'avaient que toi pour vaincre, et Rome qui avait vaincu le monde fut vaincue.

» Hélène ne t'a-t-elle pas prise, elle aussi, au Sépulcre pour te placer triomphante sur le Capitole et sur le diadème des rois? N'est-ce point pour toi que toutes les idoles païennes ont été mises en poudre? *Et idola penitus conterentur.*

» La même victoire sera remportée, je vous l'annonce, bien-aimés pèlerins; les mêmes idoles seront écrasées, je vous l'annonce de la part de Dieu; souvenez-vous que je vous l'ai dit en son nom, près de cette chaire infaillible, près du Christ vivant dans son Pontife.

» A Jérusalem, le Christ est mort; à Rome, il est vivant, et il est vivant pour triompher. A Jérusalem, la Passion continue toujours : l'arabe donne toujours le fiel, le schismatique déchire toujours les vêtements et le juif crucifie. A Rome, la Passion ne peut pas continuer ; il faut la victoire, et elle viendra !

» Dites-le moi, chers pèlerins, qu'avez-vous vu dans votre route? *Dic nobis, quid vidisti in viâ?* Un sépulcre?... Non ! c'est un berceau !... La victime n'y est plus, elle est vivante et toujours glorieuse! *Sepulcrum Christi viventis et gloriam vidi resurgentis !*

» Cette gloire, cette victoire, vous les verrez !

» Encore quelques jours, et le Christ vivant dans son Pontife rentrera triomphant dans cette basilique! ! Non, non, cet autel ne restera pas toujours sans sacrifice, et cette chaire, où ne peut retentir que la voix qui parle à la Ville et au Monde, ne restera pas muette.

» Bientôt le Pontife sera là, debout, tenant la sainte victime; bientôt il proclamera dans cette chaire les miracles divins.

» Je vous l'annonce de la part de Dieu, et en l'annonçant, je ne suis pas téméraire : partout où l'on dresse la Croix, partout on prépare le triomphe !

» Qu'avez-vous lu, en abordant ce parvis, sur l'obélisque de granit, au milieu de la splendide colonnade ? qu'avez-vous lu !... O prophétiques paroles !

» Voici la Croix du Christ ! *Ecce crucem Domini !*

» Légions de l'enfer, il est temps de prendre la fuite ! *Fugite partes adversæ !* Voici le vainqueur ! voici le roi ! voici le maître ! *Christus vincit, Christus regnat, Christus imperat !*

» C'est écrit, et ce que j'ai écrit est écrit, dit le Seigneur ; *quod scripsi, scripsi !*

» Tous les siècles l'ont lu et entendu, et notre siècle ne finira pas sans le lire et l'entendre.

» Il a vu le triomphe de l'Immaculée-Conception, il a vu le triomphe de l'Infaillibilité, il verra le triomphe de la Croix.

» Satan avait dit : « Le XIXe siècle sera mon siècle ; je l'ai préparé de » loin par Luther, de plus près par Voltaire et de plus près encore par » mes loges maçonniques. » Et Dieu a répondu : « Non, ce siècle sera le » siècle de ma gloire ; dans ce siècle, plus que dans tout autre, je veux » manifester mon amour, ma vérité, ma puissance. » Il l'a voulu et il l'a fait, et les trois personnes de la Trinité y auront remporté chacune son triomphe : le Saint-Esprit, le triomphe de l'amour en couronnant son Épouse immaculée, le Fils, le triomphe de la vérité en proclamant son Pontife infaillible ; au Père maintenant de remporter le triomphe de la puissance en écrasant ses insulteurs.

» Notre pèlerinage national est visiblement, dans le plan divin, la préparation de ce dernier triomphe.

» Dieu nous a dit : « Partez ! » et nous sommes partis ; « allez à Jéru- » salem, » et nous y sommes arrivés ; « venez à Rome et portez-y vos » croix, » et nous voici, et nos croix sont dressées de chaque côté du trône du Pontife. Et tout cela, nous l'avons fait en face de la Révolution frémissante !

» Vous souvenez-vous, à notre départ de Marseille, des fureurs de l'enfer ? Il a bien fallu cependant nous laisser passer ? Nous avons chanté : *Dieu le veut ! Dieu le veut !* et nous sommes partis.

» Tant qu'il y aura un Pape et des Français, vraiment Français, Dieu passera, le Pape dira : C'est l'heure, partez, il faut combattre, il faut souffrir, il faut mourir ; — et les Français répondront : Nous voici : partons, combattons, souffrons, mourons ; *Dieu le veut ! Dieu le veut !*

» Un pape le dit à Clovis : il partit, il combattit. Un autre le dit à Charlemagne ; il partit, il combattit. Un autre vint le dire à Clermont, à la France tout entière : « France, nation chérie de Dieu et des Pontifes, s'écria-t-il, lève-toi pour combattre, tout notre espoir est en toi ! » et la France frémissante se leva tout entière, elle partit et combattit. Ce cri de la Papauté, Pie IX l'a dit à Lamoricière, à Pimodan, à tous nos zouaves ; et ils ont bondi ; et, comme des lions, ils ont combattu le grand

combat. Léon XIII nous l'a dit, et nous sommes partis : nous avons traversé la mer; et nous voici.

» Nous voici, non plus armés de l'épée, mais de la croix; nous voici
tout poudreux encore de notre marche à travers l'Orient; nous voici avec
nos prières, nos larmes, nos fatigues et aussi nos cinq victimes, tous
martyrs, et par conséquent prêts pour le triomphe : *Ideó victor quià
victima.*

» Oui, ô Jésus, nous vous offrons tous notre vie, nous vous l'offrons
pour le triomphe de l'Eglise et de notre patrie; et dans ce cri et cette
oblation, entendez le cri et agréez l'oblation de la France catholique tout
entière; nous la représentons aujourd'hui auprès de ce glorieux tombeau
du prince des Apôtres; demain nous la représenterons auprès du trône
encore en deuil du Prince des Pasteurs; et à cause de ce cri et de cette
oblation, pardonnez, ô Jésus, pardonnez à nos frères coupables. *Ils ne
savent pas ce qu'ils font*, nous l'affirmons; nous connaissons trop bien le
cœur de notre chère France. Il est impossible qu'un cœur français, s'il
savait bien ce qu'il fait, put affliger le vôtre : s'il le fait, c'est qu'on l'a
trompé ! Pardon, seigneur, pardon ! Et si pour mériter ce pardon, il faut
des victimes, nous voici.

» Ce n'est pas assez pour des pèlerins della pénitence de porter la croix.
Il y a une mission plus glorieuse et nous l'avons acceptée. Nous voici prêts
à souffrir, prêts à mourir sur cette croix.

» Heureux les pèlerins qui souffrent sur la croix! heureux les pèlerins
qui meurent sur la croix ! Mon cœur qui vous aime, ne peut, mes frères,
vous souhaiter une plus grande gloire; victimes avec le Christ sur la
terre, nous serons triomphants avec lui dans les cieux !!! » (1).

Après ce magnifique discours, l'enthousiasme était à son comble. Il ne
fallait plus que voir le Pape.

Le lendemain 15 octobre, troisième centenaire de la mort de Sainte-
Thérèse, les pèlerins, munis de leurs cartes, la croix rouge sur la poitrine, étaient introduits dans la grande salle ducale splendidement décorée.
Les croix des deux navires, hautes de sept mètres, faites du bois d'un
olivier gigantesque fourni par les Sœurs de l'Assomption de Nice, avaient
été préalablement dressées des deux côtés du trône pontifical. Dans le
bas de chacune d'elles, on avait scellé des tablettes de plomb contenant
les noms des pèlerins et des bienfaiteurs du pèlerinage.

A midi, le Souverain-Pontife fait son entrée solennelle entouré de ses
gardes du corps et d'une escorte de dix-huit cardinaux. Il promène sur

(1) Dieu se plaît à éprouver ses Saints. Le P. Marie Antoine qui nous a si
bien parlé de la Croix et de ses ravissantes splendeurs, pourra désormais ajouter un nouveau chapitre à son poëme. Un effroyable incendie vient de détruire
la plus grande partie de son couvent de Toulouse. Des témoins oculaires
affirment que le feu a pu être maîtrisé à partir du moment où un scapulaire
aurait été jeté par le Révérend Père au milieu des flammes ; il a cessé d'une
manière tout-à-fait anormale, et le scapulaire s'est retrouvé couvert de cendres
et de débris. (Juin 1883.)

l'assistance un regard plein de douceur et de majesté, puis il prend place sur son trône.

Je donne la magnifique Adresse lue par le P. Picard et le remarquable discours de Sa Sainteté Léon XIII. Ces deux documents compléteront à merveille notre récit du Pèlerinage de Pénitence de France à Jérusalem.

Le P. Picard a parlé en ces termes :

« En nous bénissant l'an dernier, Votre Sainteté donnait comme patron à nos pèlerinages le pèlerin Benoît-Joseph Labre et traçait le sillon lumineux qui devait nous conduire à Jérusalem.

» L'entreprise était réputée impossible, mais qu'y a-t-il d'impossible aux enfants de l'Eglise, lorsqu'ils restent fidèles à l'esprit de leur Père?

» Nous prîmes donc notre course à travers cette Méditerranée, tant de fois sillonnée par les Apôtres, et nous revenons aujourd'hui déposer au Vatican ces croix glorieuses, témoins de nos sacrifices et de nos joies.

» Ce sont ces croix, symboles de toute lumière, qui nous ont conduits à Jérusalem, comme l'étoile des Mages.

» Nous les avons chargées sur nos épaules, nous disputant l'honneur de les porter au Calvaire. au milieu des infidèles, surpris d'un spectacle nouveau et pleurant une fois avec nous sur la Voie douloureuse.

» A la base de ces croix, nous avons caché dans l'humilité les milliers de noms qui représentent les innombrables communions, messes, jeûnes, chemins de croix, rosaires et sacrifices de toutes sortes accomplis en union avec le pèlerinage.

» Devant ces croix bénies, nous avons fait le serment d'être fidèles jusqu'à la mort au Vicaire de Jésus-Christ; ce serment solennel, nous le renouvelons aujourd'hui en votre présence, et, faudrait-il verser notre sang, nous y serons fidèles.

» Elles sont donc précieuses pour nous, ces croix d'olivier, symboles de la paix ; puissent-elles se présenter ici comme le prélude du triomphe! Puissent-elles, après avoir eu le bonheur de reposer huit jours à Jérusalem au tombeau du Sauveur, avoir l'honneur de se dresser bientôt à Rome, dans l'enceinte des plaisirs et des spectacles sanglants du paganisme, au Colisée rendu à la Croix.

» Nos mains ne suffisaient pas à porter ici ces croix sanctifiées, il fallait à cette œuvre les mains cicatrisées de François.

» Les fils de saint François nous ont accueillis là-bas sur les traces sanglantes et glorieuses de l'Homme-Dieu, qu'ils gardent depuis des siècles avec une invincible constance; ils nous accompagnent ici pour remercier Votre Sainteté d'avoir élevé si haut leur incomparable Patriarche, de leur avoir donné cette admirable encyclique. où les mêmes lèvres qui préconisaient naguère l'Ange de l'Ecole, célèbrent aujourd'hui le prince de la pauvreté.

» Le trône de Pierre porte toujours ces deux grandes forces du Christ : la force de la doctrine qui s'impose avec une infaillible autorité, et la force de l'exemple qui attire avec une inéluctable douceur l'éclat de la science et la toute-puissance de la Sainteté.

» Ces deux sœurs invincibles reposent comme en leur centre lumineux sur la Croix du Sauveur. Aussi la croix ne sera-t-elle jamais défaut aux successeurs de Pierre.

» La Croix ! Elle ne manque pas aujourd'hui à Votre Sainteté. Croix douloureuse qui tient captif et dépouillé de ses domaines le Père commun des fidèles. Croix plus douloureuse encore de la haine qui poursuit l'innocence de l'enfant. Croix menaçante de la laïcisation universelle. Le puissant ministre d'Assuérus avait aussi préparé une grande croix pour y faire souffrir celui qui avait la garde de la reine Esther, cette douce figure de Marie et de l'Eglise. « *Jussit excelsam parari crucem...* » Mais bientôt, sur l'ordre du roi, le persécuteur Aman était attaché lui-même sur cette croix qui devenait pour le peuple de Dieu l'instrument de salut. « *Et ipsum jussit affigi cruci.* »

» Aujourd'hui encore, les puissants du monde ont dressé une croix gigantesque au gardien de cette épouse du Roi des rois qui est l'Eglise. Ils se croient assurés de la victoire et s'exaltent dans leur orgueil. Ils se trompent. Par leurs prières, par leurs larmes, par leurs sacrifices, tous les chrétiens leur crient, nous leur crions tous : Cessez votre labeur ingrat, car cette croix que vous élevez pour y clouer le Pontife sera votre gibet.

» Depuis la mort du Sauveur, la croix de la victime est et sera toujours l'instrument de son triomphe.

Ad multos annos.

Vive Léon XIII ! »

Le Saint Père a répondu en français :

Très chers fils,

Soyez les bienvenus, très chers fils! La France vous envoie à Nous cette année encore, et elle aime ainsi à Nous donner un nouveau témoignage de son filial attachement. Soyez donc les bienvenus, Nous le répétons avec insistance pour vous exprimer la joie que Nous éprouvons de vous revoir.

Animés d'un sentiment de f . sincère et pénétrés de la nécessité d'apaiser la justice de Dieu et de la rendre propice à votre pays si rudement éprouvé, vous avez entrepris en grand nombre et dans un esprit des pénitence et de réparation le grand pèlerinage de Jérusalem. Nous vous félicitons de l'avoir heureusement accompli à l'ombre de la croix. Ce même esprit d'expiation a guidé vos pas vers les sanctuaires d'Italie, et après vous être agenouillés sur le tombeau de l'humble pénitent d'Assise, c'est ici que vous êtes venus pour mettre à Rome le dernier sceau à votre voyage édifiant.

Nous décernons de grand cœur, très chers fils, Nos éloges bien mérités à la pensée qui a présidé à votre noble entreprise, et Nous voyons avec une satisfaction toute particulière que vous avez joint au pèlerinage des Lieux-Saints la visite de la Rome pontificale et du Vicaire de Jésus-Christ.

En vous inclinant sur cette terre sacrée de Palestine où se sont accomplis les ineffables mystères de la Rédemption, vous avez sans doute médité, au milieu des larmes, sur l'ingratitude des hommes qui avaient préparé le calvaire au Fils de Dieu, descendu du ciel pour les combler de ses bienfaits et leur apporter le salut. Eh bien! l'Eglise militante, qui reproduit en ce monde l'image de la vie mortelle du Sauveur, devait s'attendre, elle aussi, à être traitée par les hommes comme le fut son divin fondateur.

Ne la voyons-nous pas, en effet, incessamment en butte au mépris, aux persécutions, aux haines des impies? Or, à celui qui, par la volonté du Très-Haut, tient sur la terre la redoutable charge de chef suprême de l'Eglise, était-il possible que ne fût pas réservée, à toute époque, une part assez large dans ses poignantes douleurs?

Toutefois, fils chéris, ces douleurs semblent avoir dépassé de nos jours la mesure ordinaire, surtout depuis que l'impiété a violemment établi son siège à Rome. La souveraineté reconnue encore au Pape rappelle la pourpre et le sceptre de Notre-Seigneur au prétoire. Les calomnies, les insultes, les outrages dont il est abreuvé à tout instant réveillent le souvenir des humiliations infligées au Fils de Dieu.

Le Pontife suprême, privé de liberté, se trouve à la merci de pouvoirs qui lui sont hostiles comme le fut jadis son Divin Maître.

En poursuivant cette douloureuse comparaison, il Nous paraît que Nous voyons en vous, très chers fils, les représentants des disciples fidèles et des courageuses femmes qui n'ont jamais voulu se séparer du Sauveur :

comme eux vous partagez Nos peines et vous vous efforcez de Nous en alléger le poids. Cette constance, cette fidélité, ce dévouement sincère, dont vous Nous donnez tant de preuves, Nous les louons hautement, Nous en sommes reconnaissants et Nous vous encourageons à persévérer dans ces beaux sentiments de piété filiale.

Et puisque Nous avons aujourd'hui la consolation de vous adresser la parole, reportant Notre pensée vers la France, Nous vous répétons, d'après la même comparaison, les paroles mêmes que Jésus-Christ disait aux femmes pieuses qui le suivaient au Calvaire : « *Filiæ Jerusalem, super vos ipsas flete et super filios vestros.* Filles de Jérusalem, pleurez sur vous-mêmes et sur vos enfants. » On frémit, en effet, à la vue des efforts que les sectes impies font à présent pour corrompre la France et la dépouiller de son glorieux caractère de nation catholique; on est épouvanté à la vue de la guerre qu'elles y ont déclarée à la religion et à Dieu même.

Dans ces moments d'une gravité incontestable et en présence de tels dangers, un impérieux devoir vous incombe, très chers fils, celui de veiller au salut de votre patrie et de redoubler de zèle et d'activité pour la défense des intérêts religieux si menacés. Mais pour que cette défense soit efficace, il faut avant tout l'union et l'accord fraternel de tous les bons catholiques; il faut que les enfants fidèles de l'Eglise sachent imposer silence aux dissentiments des opinions humaines qui souvent les divisent. Il faut qu'ils apprennent à résister avec fermeté et avec ensemble au mal qui envahit la société tout entière. Il faut qu'ils n'oublient jamais que les discordes entre frères affaiblissent les résistances les plus légitimes et fortifient les ennemis de la vérité et de la justice. Et comme il s'agit ici d'un combat essentiellement religieux et moral, il est de nécessité absolue qu'il se livre sous la conduite et sous la direction des évêques établis par l'Esprit-Saint pasteurs des fidèles, et qui unis avec Nous, sont leurs guides spirituels.

Nous vous exhortons donc à vous montrer toujours dociles à leur voix et à les seconder en tout ce qu'ils entreprennent pour la défense de la religion et pour le salut de vos âmes. Cette concorde et cette union resserrant mieux vos rangs, vous donneront la victoire et, Dieu aidant, sauveront la France, et Nous verrons avec joie et bonheur se renouveler les grandes œuvres qui ont illustré Votre nation à travers les siècles. Nous désirons que Nos paroles soient entendues par tous les catholiques de France et reçues avec la soumission filiale dont vous êtes animés vous-mêmes.

En attendant, Nous implorons du Très Haut sur la France l'abondance des faveurs célestes et, comme témoignage de Notre affection paternelle, Nous vous accordons, à vous ici présents et à vos familles, la bénédiction apostolique.

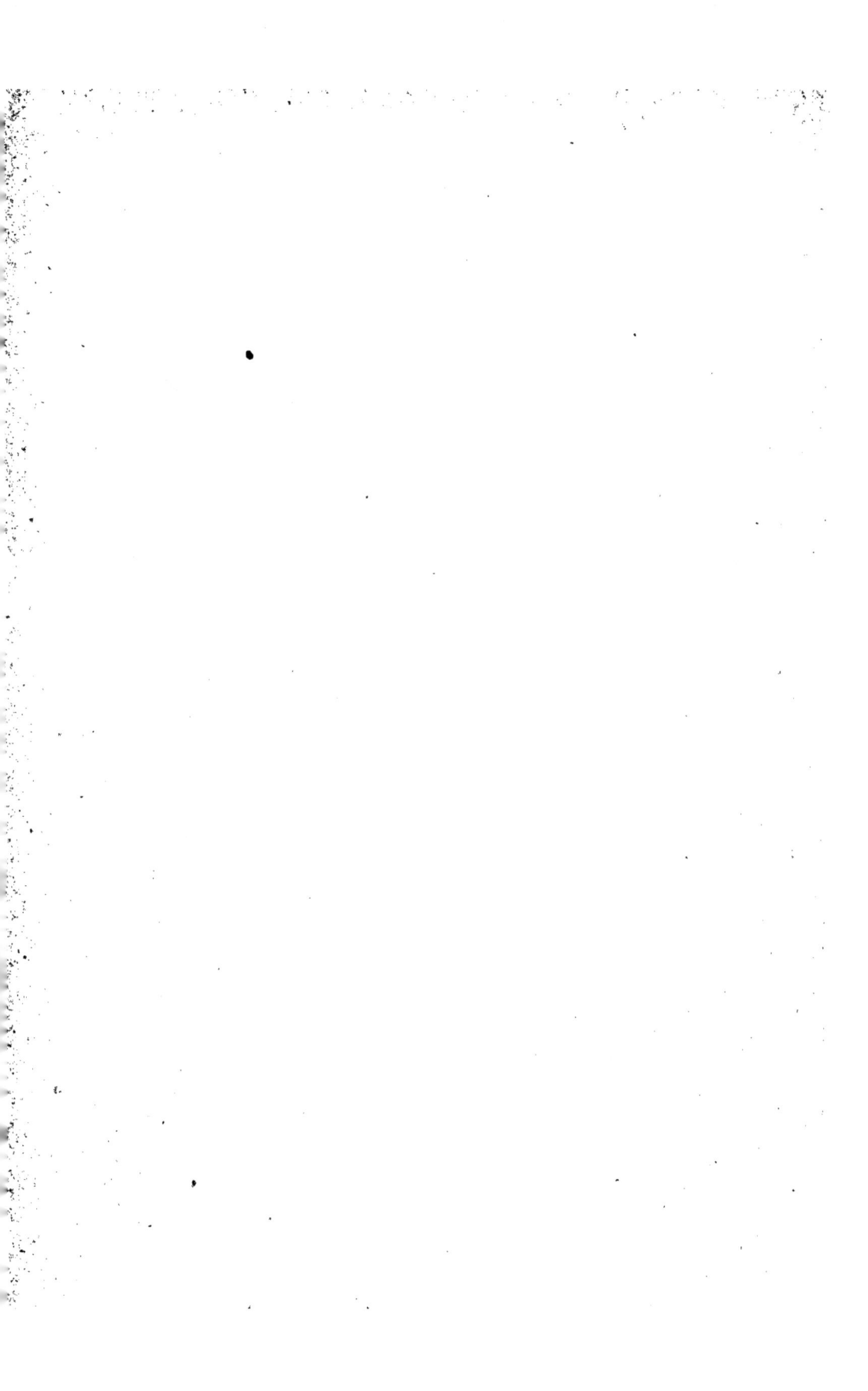

LES PÈLERINS DE LA PÉNITENCE, DE 1882, PAR DIOCÈSES

Direction. — R. P. Picard, supérieur des Augustins de l'Assomption, directeur général du Pèlerinage. — R. P. Hippolyte, directeur de la *Picardie*. — R. P. Emmanuel Bailly, directeur de la *Guadeloupe*. — R. P. Germer-Durand. — R. P. Joseph. — R. P. Géry. — R. P. Alexandre. — R. P. Ignace. — F. Antoine. — F. Stéphane. — F. André. — F. Gatien. -- F. Bernard. — F. Alype. — F. Jacques. — F. Victor. — F. Simon, décédé sur la *Picardie* le 7 juin 1882.

Agen. — Destrac, miss. apost , curé d'Asquets, par Nérac (Lot.-et-G.). — F. de Beauvallon, Beaupuy, près Marmande. — De la Borie d'Ebrard, curé à S.-Hilaire-de-la-Grâce, par Villeneuve. — M¹¹⁰ Ginestet, S.-Hilaire, par Monflanquin. — R. de Saint-Loup, chât. de S.-Loup, par Nérac. — Cardonne, curé à S.-Hilaire, par St-Cirq. — Lagrange, curé à Sainte-Radegonde d'Aiguillon. — Ivon de Carbonnier, Campas, par Ste-Livrade. — Drouillet de Sigalas, Marmande. — Menvielle, curé à Maresse, par Villeréal. — D'Auber de Peyrelongue, Marmande. — Mᵐᵉ d'A. de Peyrelongue, id.

Aire. — R. P. Dulau, Buglose, par Dax (Landes).

Aix. — R. P. Bas, jésuite, Aix (B.-du-R.). — Jurany, curé à Aureille, par Eyguières. — Berlandier, vicaire à Trets. — Bézet, curé à Lançon, par Salon.

Ajaccio. — Battisti, vicaire à Bastia (Corse). — Battesti, curé à Nocario, par Pie-di-Croce. — Galloni, curé à Propriano. — R. P. Ambrogio, franciscain, Bastia.

Albi. — R. P. Bonaventure, du Tiers-Ordre rég. de S.-Franç., Albi (T.-et-G.). — R. P. Eugène, id.

Amiens. — Legrand, vicaire à Abbeville (Somme). — Froidure, vicaire à Abbeville. — M¹¹⁰ M. Sallé, Abbeville. — H. Bellart, 27, rue du Collège, Abbeville. — Mᵐᵉ F. Barry, 8, r. Jeanne-d'Harcourt, Albert. — De Malet de Coupigny, r. de l'Oratoire, Amiens. — Duchemin, curé de Grattepanche, par S.-Sauflieu. — Calippe, curé de Revelles, par Amiens. — Mᵐᵉ d'Applaincourt, château de la Triquery, par Abbeville. — Demarsy, curé d'Ailly-sur-S. — M¹¹⁰ M. Palpied, à Ault. — M¹¹⁰ B. Gillet, 41, boulev. de l'Est, Amiens. — Catelle, curé à Lieramont, par Roiset. — Chanoine d'Hallu, 11, r. des Augustins, Amiens. — Fl. Bray, curé à Breilly-sur-S.,

13

par Ailly-sur-S. — Verréo, curé à Humbercourt, par Doullens. — Macaigne, curé de Foreste, par Ham. — P. Crapier, faubourg de Noyon, Amiens. — Mme G. Darras-Saint, 24, esplanade Saint-Pierre, Amiens. — Mlle Caron, Bougainville.

Angers. — Mlle R. Duffay, 35, rue de la Madeleine, à Angers (M.-et-L.). — Pouplard, sup. du Séminaire de Beaupréau. — Brivain, curé de Brigné. — Nomballais, vicaire à N.-D.-de-Nantilly, par Saumur. — P. Vincent, curé de la Tour-Landry, par Chemillé. — Catroux, curé à Vauchrétien, par Brissac. — Poulain, vicaire à Vihiers. — Chicoteau, vicaire à Montilliers. — Garçon, à Loire, par Candé. — Froger, curé à Fief-Sauvin, par Beaupréau. — Mlle M. Bourgery, à Saumur. — J. Sourice, Beaupréau. — Mme A. Bourgery, Saumur. — Renou, vicaire de N.-Dame, Angers. — Vignais, vicaire à Gennes. — J. Garnier, à Torfou. — L. Perdriau, à Torfou. — Haye, aumônier, à Torfou. — Galard, vicaire à Saint-Joseph d'Angers. — Dubreil, curé de N.-Dame de Bechuard, par la Possonnière. — Arthuis, aumônier, Angers. — Mlle Marc, 35, r. de la Madeleine, Angers.

Angoulême. — Guillot-Debroue, aux Adjots (Charente). — Chaubet, curé à Chalais. — Léon Chambaud, curé de Montboyer, décédé à Jérusalem le 16 mai 1882.

Annecy. — Mlle Serand, r. du Pasquier, Annecy (H.-Savoie). — Mlle J. Calliès, Annecy. — R. Lugné de Poë, Annecy. — Bouverat, 5, place du Pasquier, Annecy. — Mlle Veyrat, Annecy.

Arras. — V. Vincent, 9, r. d'Arras, Béthune (P.-de-C.). — Mlle Vincent, 9, r. d'Arras, Béthune. — Torchy, curé de Bourloy, par Marquion. — L'abbé Pilain, à Desvres. — Condette, curé de Marconnelle, par Hesdin. — Le Roux, 37, rue du Commandement, Saint-Omer. — Wantiez, curé à Lestrem. — Maillavin, à Vimy. — Mantel, à Pernes, par Boulogne-s.-M. — C. Calonne, Béthune. — C.-L. Petit, ouvrier à Tilloy-les-Hermaville, par Aubigny. — Sauvage, curé de Blairville. — Lefebvre, curé d'Hermaville. — F. Lalin, curé d'Habarcq, par Arras. — Dériencourt, curé à Noyelle, par Avesnes-le-C. — Boulinguez, prof. au Sémin. Saint-Thomas, à Arras. — Défontaine, curé à Hénu. — Barbier, vicaire à Oignies, par Carvin. — Abbé A. Hardouin, à Neuville-Vitasse. — Asset, au Petit-Séminaire, Arras. — Doazan, 6, rue Ste-Marguerite, St-Omer. — J. Dumont, Dohem. — Mlle J. Harduin, à Frémicourt, par Bapaume. — Mlle M. Le Gris, à Berles-les-Monchel. — J.-B. Maglinse, à Neuvireul, par Rœux.

Auch. — Descomps, à Arquizan, par Montréal (Gers). — Alexandre Marsan, curé à Monclar, par Montesquiou. — E. Luro, à Marciac. — Beth, curé à Aux-Aussat, par Miélan. — Lian, curé-doyen, à Aignan. — De La Hitte, château de la Hitte, par Auch. — L. Sabatié, curé au Saint-Puy.

Autun. — Doudon, curé de Leynes, par Mâcon (S.-et-L.). — H. Chauvot, à Longepierre, par Navilly. — Blanchard, curé de Mailly, par Ignerande. — Mme O. Ruphard, Paray-le-Monial. — Verset, curé de Verzé, par S.-Sorlin. — Doreau, directeur du Collège eccl., Paray-le-Monial. — Gaston Picard, à Châlon-sur-Saône. — Mercoy, prêtre miss., à Tournus. — De Grivel, Bellevesvres. — H. Frapet, à Issy-l'Évêque. — Clerc, curé à St-Romain-des-Iles, par Romanèche-Thorins. — Virieux aîné, tisseur en soieries, Cluny.

Avignon. — Mlle E. Thibaud, 39, rue S.-Marc, Avignon (Vaucluse). — E. Mounier, Gadagne. — Barnier, vicaire à Orange. — Corlasse, curé à Ste-Cécile. — Loubière, curé de S.-Michel-d'Uchaux, par Orange. — Mlle M. Bonnet, Apt. — Mme V. Amon, Apt. — Haut, vicaire à Valréas. — Mme d'Aurelles, à la Roque-sur-Pernes, par Pernes. — L'abbé Molino, Avignon.

Bayeux. — Mme Le Gougeux, pharmacien à Bellingreville, par Caen (Calvados). — Mme Le Hardy, à Rots, par Bretteville-l'Orgueilleuse. — G. Le Hardy, à Rots, id. — Desfrièches, curé à Ussy, par Falaise. — Mme de Boisbrunet, r. Saint-Gabriel, Caen. — Mlle Blin, Orbec-en-Auge. — Mlle Hardouin, Caen. — Mlle Ithier, r. des Jacobins, Caen.

Bayonne. — Abbé L. Laborde, la Bastide-Clairencé (B.-P.). — Cazajus, aumônier, Pau. — Mme Peyre, 7, r. Couture, Pau. — Mlle Piquette, 8, rue Perpignan, Pau.

Beauvais. — Mlle O. Hugues, au Crocq, par Breteuil (Oise). — Hugues, curé au Crocq, par Breteuil. — Bazin, curé à Hardivillers, par Froissy. — Gordière, curé miss. ap. à Machemont. — Vincent, curé de S.-Martin-aux-Bois, près Maignelay. — Abbé Boulfroy, à Pont-Ste-Maxence. — Abbé Gossier, au Petit-Séminaire de S.-Lucien, près Beauvais. — Bousquat, r. du Bras-d'Or, Beauvais. — Bourgeois fils, à Jouy, par Auneuil. — Boudin, curé à S.-Firmin, par Chantilly. — Sonntag, à Béthisy-S.-Martin. — Debergne, curé de Catheux, par Beauvais.

Belley. — Scipion, curé de Montellier, par Meximieux (Ain). — Gouchon-Scipion, curé à Chazey-sur-Ain. — Mlle J. Tournier, à Bourg. — Chardon, vicaire à Chalamont. — Grogogeat, jardinier au mon. de la Visitation, à Gex. — Michot, curé à Brieux, par Villars-les-Dombes. — Mlle M. Godet, à Gex. — Joly, curé à S.-André-de-Corcy.

Besançon. — Tournier, curé de la Côte, par Lure (Haute-Saône). — Curty, curé de Pusey, par Vesoul. — Roux, ex-curé de Quers, par Lure, curé-doyen de Vercel. — Clavequin-Rousselot, aumônier, Vesoul. — Barrand, curé à Laval, par Russey (Doubs). — Saunier, directeur du Grand-Séminaire de Besançon. — E. Guillemin, curé de Nancray, par Roulans. — Perrot, curé de Sombacourt, par Goux-les-Usiers. — Mme H. Dupré, à Chèvremont, près Belfort. — E. Gehendez, id. — Mme R. Madru, à Pérouse, près Belfort. — H. Petit-Laurent, à By, par Quingey (Doubs). — Abbé Bourdin, à Levier. — Rouèche, curé de Chèvremont, par Belfort, mort sur la *Guadeloupe*. — J. Gaspard, maire, à Ternuan, par Melisey (H.-S.). — J. Durget, curé à Augicourt. — A. Monnot, à Traves. — Thiébaud, vicaire à Champlitte. — Gallet, curé à Courchapon, par Audeux (Doubs). — Fréry, curé à Fontaine, près Belfort. — Vincent, curé à Aboncourt. par Jussey (H.-S.); de la *Guadeloupe*, mort à Marseille chez les Frères de Saint-Jean-de-Dieu. — Bellanger, curé de Lambrey, par Combeau-Fontaine. — Formet, curé à Vaudrivillers, par Baume-les-Dames (Doubs). — M⁰ᵉ T. Belgingue, à Voiran (H.-S.). — Lesmann, vicaire à S.-Loup en Semouze. — L'abbé Mougeot, secrét. du cardinal Pitra, Rome. — M¹¹ᵉ J. Peyret, à Nans-sous-Ste-Anne, par Solins (Doubs). — Rouche, curé à Crèvemor, près Belfort. — M¹¹ᵉ V. Géhendez, Chèvremont, près Belfort.

Blois. — F. Goujé, à Villebaron (Loir-et-Cher). — M¹¹ᵉ Duport, Romorantin.

Bordeaux. — M¹¹ᵉ Lalanne, cours du Chemin-de-Fer, Bazas (Gironde). — F. de l'Eguille, curé-doyen à Blanquefort. — P. Sauvat, 6, r. S.-Rémy, Bordeaux. — P. Dutillac, 47, r. des Trois-Conils, Bordeaux. — Abbé Chavauty, 5, rue Canilhac, Bordeaux. — M. de Beauvallon, à Cambes. — Bernon, curé de Cussac, par Castelnau, — Boujut, curé de Haut, par Langoiran. — Dussercle, sacristain des Carmélites, Libourne. — Abbé Touche, miss. à Verdelais. — Lauzely, curé de Galgon. — Buytet, vicaire à Libourne. — Viros, curé de Saillans, par Fronsac, mort sur la *Guadeloupe* le 5 juin 1882. — Orry, 10, r. S.-Etienne, Bordeaux. — R. P. Jérôme, carme, à la cure de Laroque, par Cadillac. — Lalande, vicaire à Libourne. — Chauvin, 1, r. Maubec, Bordeaux. — Courau, 10, r. de l'Eglise-S.-Seurin, Bordeaux. — P. Le Roux de Kerninon, Castres. — Luflade, vicaire à S.-Paulin-en-Médoc. — M⁰ᵉ H. Oliva, Soulac. — M¹¹ᵉ Cathil, r. de Véry, 6, Bordeaux. — Estor, curé à Arbanats, par Podensac. — Bonnin, curé de S.-Médard-d'Eyran, par la Brède. — Cholet, curé de Néac. — Abbé Raymond, cours d'Albert, 78, Bordeaux. — Destanque, curé de S.-Vincent-de-Paul, par Ambarès. — Dutau, curé de Mesterrieux, par Monségur-Gironde.

Bourges. — De Montbel, Château-d'Argent (Cher).

Cahors. — Andrieu, curé de Gintrac, par Puybrun (Lot). — Bergougnoux, curé à Mayronne, par Souillac. — Abbé Bonneval, à Cuzance, par Martel. — Soulacroup, curé à Saint-Clair, par Gourdon. — R. P. Guillaume, capucin, Cahors. — Baldy, curé à S.-Cirq-Madelon, par Gourdon. — Molinié, curé à S.-Michel-Loubéjou, par Bretenoux.

Cambrai. — M⁰ᵉ Roussel, 4, Grand'Place, à Lannoy (Nord). — L. Cordier, r. des Fèves, à Lecelles, par S.-Amand-les-Eaux. — H. Cordier, route de Tournay, id. — Notellet, aumônier des sourdes-m., 131, rue Royale, Lille. — M⁰ᵉ Catel, 47, r. de la Clef, Lille. — J. Delecambre, curé de Selvigny, par Walincourt. — M⁰ᵉ Van Merris, à Bailleul. — B. Toulemonde, à Croix, par Lille. — M⁰ᵉ F. Renaud, Douai. — M⁰ᵉ Mauel-Pels, 56, quai des Hollandais, Dunkerque. — M⁰ᵉ Hosselet, à Etrœungt, par Avesnes.—Hosselet, id.—Yden, curé de Terdeghem, par Steenvoorde.— M⁰ᵉ Leblan, 14, r. de Roubaix, Tourcoing. — Denys, aumônier du pens.

S.-Michel, Tourcoing. — Abbé L. Objoie, paroisse Ste Catherine, Lille. — Montay, curé à Jeumont. — Mme Legrand, Maretz. — Mlle H. Lecherf, 107, Grand'Rue, Roubaix. — L. Wibaux, Roubaix. — J. Jessen, à Sous-le-Bois, par Maubeuge. — Cainne, 26, r. Royale, Lille. — Delannes, Hazebrouck. — Delassus, prosecteur à la Faculté cath., Lille. — Abbé Marrie, Armentières.

Carcassonne. — Pagès, curé à la Force, par Fanjaux (Aude). — Delcers, Ginestas. — Mlle P. Olive, Limoux. — Mlle Crambes, Lavagnac-d'Axat. — Mlle E. Rustan, à Camplong, par Lézignan. — Marty, 94, Grand'-Rue, Carcassonne. — R. P. Pierre, capucin, Narbonne. — J. Callat, 34, rue du Marché, Carcassonne. — Mlle R. Daussat, à Marcorignan, par Narbonne. — F. Calandry, à Lignairolles, par Alaigne. — Coll, Limoux. — Mlle de Ferrand, Castelnaudary.

Châlons-sur-Marne. — A. Thiébault, 6, r. Chamorin, Châlons-sur-Marne (Marne). — Mlle Giraudeau, à Clesles, par S.-Just-Sauvage.

Chambéry. — Vivien, ancien vic.-général, Chambéry (Savoie). — Mlle Zimmermann, 8, r. Métropole, Chambéry.

Chartres. — Mme Despart, r. des Lézards, à Anet (E.-et-L.). — Roussillon, secr. de l'évêché, Chartres. — Aumoine, pharmacien, à Courtalain. — Piau, curé du Tremblay-le-Vicomte, par Châteauneuf-en-Thymerais. — Bellamy, vicaire à Chartres. — Mme Roullier-Chaufton, à Terminiers, par Orgères. — Pardos, vicaire de S.-Aignan, Chartres. — Mlle J. Lemercier, à Dreux. — Mme Ridoux, cloître N.-D., à Chartres.

Clermont. — Mouly, 6, rue Massillon, à Clermont-Ferrand (P.-de-D.). — Laval-Charreyras, à Nohament, par Clermont-F. — Thibaud, ch. des Roches, par Clermont-F. — Malgat, missionn. à Clermont-F. — Recolène, à Ceyrat, par Clermont-F. — Mallet, à Ceyrat, par Clermont-F. — Mlle M. Pagès, à Beaumont, par Clermont-F. — H. de Bellaigue, chanoine, 12, rue Pascal, à Clermont-F. — M. Batisse, aux Roches, par Clermont-F. — Mme M. Batisse, aux Roches, id.

Coutances. — Mlle Ménier, à Marcilly, par Ducey (Manche). — F. Delisle, r. des Religieuses, Valognes. — Mlle A. Ledard, Parvis-N.-D., Granville. — Desplanques, à Liesville, par Ste-Mère-Eglise. — Mlle V. Quentin, Parvis-N.-D., Granville. — R. P. Renouf, missionn., à Fermanville. — Mlle M. Lemprière, 9, boul. de l'Est, Avranches. — M. André, au Petit-Séminaire de Valognes. — Vézard, anc. percepteur, Barenton.

Digne. — Dol, curé de Revest des Brousses, par Banon (B.-A.). — S. P. Bourgues, sup. des Missionn. Gardistes, Digne.

Dijon. — Lacoste, curé de Brochon, par Gevrey-Chambertin (Côte-d'Or). — Perrou, vicaire de N.-Dame, Dijon. — Regnier, curé-doyen à Flavigny-sur-Ozerain. — Lebert, Fontaine-lès-Dijon. — Abbé Chamson, Vougeot. — Mme M. Chauvot, Meursault. — Mlle T. Chauvot, Meursault. —

Rose, curé de Viserny, par Moutiers-S.-Jean. — Piellard, curé-doyen à Laignes. — Voituret, curé de Belan-sur-Ource. — Bardoux, à Nolay. — Dulniau, curé à Corgoloin. — Esdouhard, château de Quingey, par Nuits.

Evreux. — Fromond, curé de Fresnes-Cauverville, par Lieurey (Eure). — Mlle Foullon, r. Balechoux, Gisors. — Belhoste, curé de Léry, par N.-D. de Vaudreuil. — Morin, vicaire à Pont-de-l'Arche. — Dubos, curé à Toutainville, par Pont-Audemer.

Fréjus. — Mouraille, curé de Cabasse, par Brignolles (Var). — Mme Lieutaud, Draguignan. — Abbé Aune, Tourves. — Durand, curé à Montferrat. — R. P. Dubourg, dominicain, S.-Maximin. — Abbé Harduin.

Gap. — Maynaud, au Pont-Lagrand, par Laragne (H.-A.) — Martin, curé d'Asprès-les-Corps. — R. P. Blanchard, miss. apost. à N.-D. du Laus. — Gras, au Monétier-Allemont, par Ventavon.

Grenoble. — Rey, curé de Bourgoin (Isère). — Bonthoux, curé de Jarrie, par Vizille. — Bect, curé de Vaulnavays, par Vizille. — E. Deuil, curé à Château-Bernard, par le Monestier-de-Cl. — Mme Bosse-Platière, rue Créqui, Grenoble. — R. P. Brissaud, à la Salette, par Corps. — Mme Obus, Voiron. — Meyer, curé de S.-Martin d'Hère, près Grenoble. — Mlle S. Vallier, 28, rue Créqui, à Grenoble. — L. Petrequin, à Vif. — Bernaix, à Oyen, par Virieu-s.-l.-B. — Mme Caffarel, à Gières, par Grenoble. — Abbé Farcin, rue des Quatre-Chemins, à Voiron. — Rey, ch., vic. général hon., Grenoble. — Abbé Ginier, 7, rue des Tilleuls, à Grenoble.

Langres. — Girardot, à Marcilly, par Varennes-sur-A. (Hte-Marne). — Mme Debault, 19, faub. de Lanoue, à S.-Dizier. — B. Vatre, à Moidant-le-Rocheux, par Langres. — Guillaumet, chanoine à Langres. — Sieur, archiprêtre, à Chaumont.

La Rochelle. — Bondon, à Royan-les-Bains (Ch.-Inf.) — Texier, 172, rue S.-Pierre, à Rochefort. — Durand, curé à Barzon, par Cozes.

Laval. — Mme de Farcy, château de Landepoutre, par Jublans. — De Farcy, id. — Fromentin, vicaire à Mayenne. — Mlle Garnier, à S.-Aubin-Fossé, par Garron. — Abbé Bergère, à S.-Samson, par Prez-en-Pail. — Chevalier, curé de Vautorte, par Ernée. — Chatelain, vicaire à Château-Gontier. — Mlle Mongazon, 12, rue du Port, Laval-Avesnières. — F. Hamard, à la Grande-Vigne, près Mayenne. — Mme J. Cadot, à La Selle-Craonnaise. — L. Geland, Placé.

Le Mans. — Mme Jourdain, à Bessé-sur-Braye (Sarthe). — Péan, vicaire de Laigné-en-Belin, par S.-Gervais-en-B. — Pannetier, vicaire Montfort-le-Rotrou. — Abbé Guitard, à N.-D. de Sablé. — Aug. Gandais, Sablé-sur-S. — E. Guiller, 5, rue N.-Dame, au Mans. — Mme B. Blin, 18, rue N.-Dame, au Mans. — Picault, 12, rue de Veaux, au Mans.

Le Puy. — A. Achard, vicaire à Rozières, par Vorey (H.-Loire). —

Romeuf, prêtre en retraite, au Puy. — J.-B.-M. Vacher, à Lagne, par Issengeaux (Hte.-L.). — Ganuel, aux Villettes.

Limoges. — Courtrieix, curé de S.-Priest-Taurion (Hte-Vienne). — Jean Laroudie, 9, r. Roussillon, Limoges. — Duplan, curé de Magnac-Bourg. — Sudrand-Desistes, curé à S.-Yrieix-sous-Aix, par S.-Victurnien. — R. de Latour, à Dornac, par le Dorat. — Abbé Royer, à Menzac, par Magnac-Bourg. — Mme L. Parry, Aubusson (Creuse). — Mativat, aumônier à la Souterraine. — Bouillaud, vicaire à Limoges (H.-V.). — Mlle R. Gallot, r. S.-Christophe, à Montmorillon. — Sonnac, vicaire à Brives (Corrèze).

Luçon. — Lhomme, curé à Gros-Breuil, par Talmont (Vendée). — Mme Pépin, à Jard, par Talmont. — Pépin, id. — Mlle Guédon, à Mallièvre, par S.-Laurent-s.-S. — Simon, curé d'Auzais, par Fontenay-le-C. — Marchand, vicaire à la Gaubretière. — R. P. Rochereau, prêtre de l'Imm.-C., à Chavagnes-en-Palliers. — Mauvillain, vicaire à S.-Philibert du Pont-Charrault, par Chantonnay. — Coutenceau, à Saligny, par Belleville-sur-Vie. — Fr. Narcisse, des Frères de S.-Gabriel, à S.-Laurent-s.-S. — Bellaudeau, à Chavagnes-en-Paillers. — A. J. de Fontaine, à S.-Vincent-Sterlange. — Rousteau, curé de Longèves, par Fontenay-l.-C. — E. de Goué, S.-Sulpice-le-Verdon.

Lyon. — Mme Abric, rue d'Egypte, 1, Lyon (Rhône). — P. Mulatier, 36, r. Tramassac, Lyon. — Mlle C. Portier, à S.-Rambert-l'Ile-Barbe. — Mme L. Paradis, 1, r. du Palais de J., à S.-Etienne (Loire). — Valancogne, 22, r. de la Répub., S.-Etienne. — Mme Mugnery, à Crépieu-sur-Caluire (Rh.). — R. de Courtivron, 47, r. Franklin, Lyon. — Abbé H. Silvent, aux Chartreux, Lyon. — A. Silvent, 49, r. Boileau, Lyon. — Mlle A. Bachelu, 49, r. de l'Hôtel-de-Ville, Lyon. — Mlle L. Narbonnet, 5, Cloître de Fourvières, Lyon. — Millet, vicaire à Fleurie. — Fr. Carteron, capucin, 36, r. Tramassac, à Lyon. — Abbé Feraud, aux Chartreux, Lyon. — Mlle Bonnard-Berraud, 36, r. Grenette, Lyon. — J.-B. Jacquet, 24, r. des Chappes, S.-Etienne (Loire). — Mme Thevenin, 7, rue du Plat, Lyon. — Mlle C. Cartalier, rue Bombarde, 3, Lyon. — Mlle A. Coquet, place des Terreaux, 24, Lyon. — Gonnard, 8, place Croix-Paquet, Lyon. — R. P. Marquet, Franciscain, Lyon. — Légier de Lagarde, 22, av. des Jardins, S.-Etienne (Loire). — L. Jourdan, 3, r. N.-Dame, Chamond. — Muller, vicaire à Ecoche. — Aguillon, au Chambon-Fougerolle. — Dumas, vicaire à S.-Julien-en-Jarret.

Marseille. — Maurel, curé à Grans (B.-du-Rh.). — Moulis, aumônier à Arles-sur-Rhône. — Mme E. Lachamp, à Sion-S.-André, par Marseille. — Abbé Bourdet, 20, rue des Arènes, Arles. — Mlle Greffier, boul. Mérentier, Marseille. — R. P. E. de Lachau, jésuite au Carmel de la Belle-de-Mai, Marseille. — A. Rolland, 8, rue du Nord, Marseille. — Roubieu, curé à la Valentine, par Marseille. — Abbé Barruco, rue d'Alger, Marseille. — Court-Payen Paul, Marseille. — Fr. Gandet, frère de S.-Jean-de-Dieu, Marseille. — Souchu, à Villa-la-Cadenelle, Marseille. — Thibal, médecin, Marseille.

Meaux. — M⁰ᵉ Godras, 20, r. de la Paroisse, Fontainebleau (S.-et-M.). — Mombled, curé à Vert-S.-Denis, par Cesson. — Mˡˡᵉ J. Laprade, r. Ste-Croix, Provins. — Mˡˡᵉ A. Granier, r. Ste-Croix, Provins. — Mˡˡᵉ R. Rousseau, cloître N.-Dame, Poitiers. — Bouchet, vicaire à Fontainebleau. — Mˡˡᵉ M. Letang, Petit-Flégny.

Mende. — Pagès, prêtre à Langogne (Lozère). — Toye, à la Vigerie, par Ste-Croix de Barre.

Montauban. — Cavaillon, curé à Lastour, par Réalville (T.-et-G.). — Mercadier, curé à Charros, par Montauban. — Berdinel, curé à Toul- failles.

Montpellier. — Mˡˡᵉ C. Aubrespy, à Adissan, par Paulhan (Hérault). — Mˡˡᵉ Aug. Aubrespy, id. — Mˡˡᵉ Andrive-Bourel, 8, r. du Sacré-Cœur, Béziers. — Mˡˡᵉ R. Durant, 9, r. Hospice-S.-Joseph, à Béziers. — R. P. Thomas, à Montpellier. — Mˡˡᵉ Guillaumeau, Cette. — Mᵐᵉ Chapel, Cette. — Mˡˡᵉ Cécile Montsarrat, 4, r. des Bains, Béziers. — Mˡˡᵉ Fournier, Cazouls. — Barral de Baret, 11, r. du Jeu-de-Paume, Montpellier. — Mᵐᵉ Roucaud, 2, r. de la Répub., Montpellier. — Gély, à la Chartreuse de N.-D. de Mouzères, par Caux. — Mᵐᵉ E. Delgrès, à S.-Georges, par Montpellier. — Faulquier, Lodève. — Eymard fils, à S.-André-de- Sagonis. — R. P. Denis, franciscain, Béziers. — Dessalle, médecin, place Louis XVI, Montpellier. — Olive, curé à Mas-Blanc, par Bédarieux. — Mᵐᵉ Galabrun, 9, r. Porte-Olivier, Béziers. — Diffre, médecin, Mont- pellier. — J. Fabre, 10 *bis*, chem. de St.-Joseph, Cette.

Moulins. — Laurent, vicaire à N.-Dame, Montluçon (Allier), décédé le 1ᵉʳ juin sur la *Picardie*. — Laforêt, curé de Montord, par Vichy. — Crouzier, curé de S.-Blaise, par Vichy. — Bourjon, vicaire de S.-Paul, à Montluçon. — Le Portier, à Yzeure, près Moulins.

Nancy. — Dion, curé de Waville (M.-et-Mos.). — Langard, curé de Jandelize, par Conflans. — Mᵐᵉ Cresson, 2, r. de la Reine, Lunéville. — E. Adrien, 24, faub. S.-Georges, Nancy. — Trompette, à Nomény. — Thomassin, à S.-Firmin, par Haroué. — Abbé Henri, à S.-Firmin, par Haroué. — H. Clavé, à Gondreville. — Abbé Rachon, à Ham, près Longuyon. — Lainé, curé de Haucourt par Longwy. — Abbé Bernard, à Bussang. — Vigneron, à Tantonville. — Petitmangin, curé à Favières, par Colombey. — Chatel, missionn. à Fréménil, par Marainwiller. — Mᵐᵉ Mathieu, r. de Strasbourg, 159, Nancy.

Nantes. — De la Chevasnerie, à S.-Séréon, par Ancenis, (Loire-Inf.). — Chauvel, vicaire à Herbignac. — De la Cadinière, à Héric. — Mˡˡᵉ M. Litoux, 63, r. de Paris, Nantes. — Paré, à S.-Aubin-des-Ch., par Châteaubriant. — Niel, vicaire à Vigueux, par S.-Etienne-de-Montluc. — Pavageau, vicaire à Villepot, par Soudan. — Moty, chez Mᵐᵉ Langlois,

Nantes. — R. P. Mathieu Lecomte, dominicain, Nantes. — Mme Pitré-Champenois, 16, Barrière-de-Coueron, Nantes.

Nevers. — De Romance, à Château-Chinon (Nièvre). — Tricot, dom. au Petit-Séminaire de Piguelin, par Nevers. — Julien, curé de Poiseux, par Nevers. — Baudry, aumônier à Nevers. — Mme Baron, à Cosne. — G. Faulquier, au Pontot, par Cervon. — J. Faulquier, id.

Nice. — Mme de Dobbeler, av. Pauliani, par Bonin, Nice (Alp.-Mar.). — B. Bounin, place d'Armes, cité des Pavillons, à Nice. — Mlle L. Bounin, id. — Dr Ingigliardi, à S.-Martin-de-Fenestre.

Nîmes. — Mlle J. Combié, à Nîmes (Gard). — Mlle C. Favier, au Vigan. — Bonnet, à la Chaussée, 30, Alais. — Dubois, sacristain à S.-Joseph, Alais. — Mme Dubois, rue Dorée, 17, à Nîmes.

Orléans. — Mlle Alice Barbery, à Orléans (Loiret). — Mme veuve Payen, 10, rue des Pastoureaux, à Orléans. — L'abbé Auvrac, à la Ch.-S. Mesmin, près Orléans. — A. Bidault, chez M. le curé de Patay, par Orléans. — F. Didier, 57, faub. S.-Jean, Orléans. — Larrat, curé d'Auxy, par Beaune-la-Rollande. — Mme Claveau, 121, faub. Bonnier, Orléans. — L. Serre, Montargis.

Pamiers. — R. P. Forgues, missionnaire de l'Imm.-C., à N.-D. de Sabart (Ariège). — Caors, curé à S.-Vallier, par S.-Girons.

Paris. — V. Lemartinel, 38, r. Montorgueil, Paris. — J. Frachebourg, 19, r. Maître-Albert. — Mlle Citronet, 27, place S.-Sulpice. — Mlle H. Vuillin, hôtel du Bon-Lafontaine, 16, r. de Grenelle. — Gény, vicaire, 43, r. Delambre. — Saulnier, 14, r. de Berry. — V. Poupin, 27, r. de la Vieille-Estrapade. — Bourrisien, 136, r. Blomet. — Mme Gueury, 42, r. des Petites Écuries. — Rewell, 17, r. de Verneuil. — Mlle M. Pey, 8, r. Charon. — Mlle I. Gouby, 8, passage La Ferrière. — Mlle M. Gay, 8, r. des SS.-Pères. — Mlle V. Claisse, 193, r. S.-Jacques. — Mlle J. Cheulet, chez M. de Cessac, 107, r. de la Boëtie. — P. Pesche, 14, r. Montaigne. — Mme Pesche, id. — Mlle J. Chopin, 118, boul. Haussmann. — Mlle M. Billerot, 7, r. Dugay-Trouin. — L. de Baudicourt, 91, boul. S.-Michel. — J. Lançon, 7, r. Valette. — Mlle Boissel, 7, r. Guérin, à Charenton-le-Pont (Seine). — Mme Hamel, 26, r. du Pont, Choisy-le-Roi. — Mme Patras, 12, r. Picatier, Courbevoie. — Mme Sauton, 7, av. de Madrid, Neuilly-sur-S. — Mme Vve Tremblez, 4, r. d'Enghien, à Épinay. — Valin, 45, r. de Colombe, Courbevoie. — E. Maurice, 13, r. de Sablonville, à Neuilly. — A. Berthoule, 12, r. de Tournon. — Mlle Fajole, 7, r. de Londres. — Bazalgette, 61, r. Rivay, à Levallois-P. — Mme de Belloc, 10, r. Demours. — Pallard, chanoine, 12, r. N.-D. des Victoires. — J. Sonnet, 220, r. de Rivoli. — Trouille, 1, r. de Dantzig. — Abbé Unzueta, 60, boul. Magenta. Mlle F. Dupuis, 33, r. Baudin. — Mme de Chabot, 14, r. Marignan. — Mlle Lejeune, 8 bis, r. Campagne-Première. — Paul Féval fils, 129, r. Marcadet. — J. Mehl, 47, av. Parmentier. — Casard, 4, r. de La Feuillade. — Mlle Léonard, 11, r. des Filles-S.-Thomas. — Bernet, 27, r. Stephenson.—Mme Lefèvre, 11, r. Bayard.—Mme Blanchard, 27, r. de Ponthieu. — Mme Guyot, 109, r. du Bac. — Abbé Lebeurier, Supérieur de l'Union Apost., r. de Turenne, 23.— Durand, prof., 13, r. Vavin.— Mlle Romagnoli, 37, r. des Jeuneurs. — Mlle M. Clyet, 167, r S.-Martin. — Mme Bousquet, 51, r. S.-Louis-en-l'Ile. — Fr. Joseph, Franciscain, 83, r. des Fourneaux. — Mlle Hiller, 8, r. Garancière.— Mlle L. André, 17, r. de l'Université. — Coullemont, curé à Aulnay-les-Bondy, par Le Bourget. — Mlle Rousseau, 17, r. Casimir Périer. — Mgr Baud, 25, r. Barbet-de-Jouy. — Abbé Chauvin, 11, r. Férou. — Colliard, 129, boul. Montparnasse. — Daras, 20, r. Visconti. — Mlle P. Delobeau. — Mlle A. Démonet, r. de Rennes, 85. — Mlle Le Sage, 64, r. Neuve-des-P.-Champs. — Ménard, 4, r. Malherbe. — Abbé Petit, des Fr. de S.-Vincent de P., 1, r. Dantzig. — R. P. Féron, Eudiste, 193, r. S.-Jacques.— R. P. Chainial, Rédemptoriste, 42, r. de la Grange, S.-Mandé. — R. P. Lafaye, de la Cong. de Picpus. — R. P. Lavy, Dominicain, 54 bis, av. de Wagram. — R. P. Claude Maumus, Dominicain.— Magnien, 6, av. de Breteuil. — J. Mongrenier, 22, passage Saulnier. — Mlle T. Sur, 42, r. du Cherche-Midi. — De Villoutreys, 10, av. Kléber.

Périgueux. — Mme de Royère, à Peyraux, par Condat-sur-V. (Dordogne). — Mⁿ de Royère, id. — Delmont, curé de Castelnaud. — Mme Kuntzel, Périgueux. — Dumas, curé à S.-Pancrace, par Champagnac de B. — Barascud, vicaire à Périgueux. — Lacoste, curé-doyen à Vélines. — L'Espinasse, curé à S.-Michel-Montaigne.

Perpignan. — Abbé Lacan, à Perpignan (Pyr.-Or.). — Foxonet, curé à Tressère, par Thuir — Mme R. Germez, 16, r. S.-Dominique, Perpignan. — P. Aspar, 5, r. du Cimetière-S.-Jean, Perpignan. — Vizer, Banyuls-sur-Mer. — Mlle Castany-Drille, à Opoul, par Salces. — Meige, archiprêtre de Perpignan. — Maniel, commandant en retr., 20, impasse des Bains, Perpignan. — Bonafont, vicaire a Arles-sur-Tech. — Aspar, aumônier de l'hospice, Perpignan. — J. Camps, curé à Llupia, par Thuir. — A. Foissin, curé à Palau-del-Vidre, par Argelès-sur-Mer. — Abbé Aymar, à Villelongue de la Salanque. — Cazeneuve, curé de Port-Vendres.

Poitiers. — R. P. Briant, r. Basse, Niort (Deux-S.). — Mlle Maichain, Niort. — Mlle P. Roy, 3, rue du Mûrier, Niort. — G. Maudet, 3, rue du Mûrier, Niort. — Mme Maudet, 3, rue du Mûrier, Niort. — Bourdeaux, curé de Champeaux, par Champdeniers. — Routurier, vic. à Ardin, par Coulonges-s.-L. — Mlle Berot, Menigoute. — Abbé Boulin, à Thenezay. — Pellerin, à la Foucaudière-S.-Sauveur, par Châtellerault (Vienne). — Mme V. Moreau, impasse Ste-Radegonde, Poitiers. — Abbé Fossin, à l'Evêché, Poitiers.— Fr. Méderic, directeur des sourds-muets, Poitiers. — Chicard, aumônier, Poitiers. — Deveau, vicaire à Poitiers. — Mme R. Gallot, Montmorillon. — Fergeau, curé de Ceaux-en-Couhé. —Charruyer, curé à Adriers. — Pageaud, curé de Chapelle-Baton, par Charroun. — Dom Romary, à Liguge.

Quimper. — Collin, vicaire à Douarnenez (Finistère). — Kervennic, vicaire à Lesneven. — Abbé Boulis, à Plomelin, près Quimper. — Abbé Nicot. au gr. séminaire de Quimper.— Mme de Poulpiquet de Brescanvel, à Quimper.— Mlle de Poulpiquet de Brescanvel, id.— Abbé Queynec, à Roscoff, par S.-Pol de Léon. — Kernaléguen, vicaire à Quimperlé. — Lebreton, S.-Pol de Léon. — De Poulpiquet, à la Digne-en-Fouesnant. — Guyader, vicaire à Plouguerneau. — Le Borgne, vicaire à Plourin. — Mme de Laubrière, Quimper.

Reims. — Mme V. Gentil, 10, rue des Augustins, Reims (Marne). — Delorme, curé de Romain, par Fismes.— G. Brulé, Fismes.— Coulange, curé à Courville, par Fismes. — Cullot, Romain.

Rennes. — R. Jolys, Martigné-Ferchaud (Ille-et-Vil.). — Legendre, vicaire à Martigné-Ferch. — Mlle Louise Hanry, Martigné-Ferch. — Lemonnier, à Montours, par S.-Brice en C. — Mlle E. Bernhard, passage Belair, Rennes.— M. Vivien, à Availles, par La Guerche.— R. P. Haudouin. faub. de Paris, à Rennes. — R. P. Robert, miss., à Rennes.— Desrues, vicaire à S.-Servan. — Gauthier, place de la Paroisse à S.-Servan. — R. P. Havard, Eudiste, à la Roche-du-Theil, par Redon. — E. Guyot, 6, rue S.-Hermine, à Rennes. — Le Maître, vic. général du cap Haïtien, à Tinteniac. — H. de Courville, à Vitré. — Agaesse, à S.-Méen.— Mme Agaesse, id.— Mme de Villartay, au presbytère de Montrenil-sur-Ille. — Mme F. de Ferron. faub. de Fougères, à Rennes. — Mlle Couart, à Monfort-sur-Men.— Moison, recteur au Piré.— Le Ménant des Chesnais, Rennes.

Rodez. — Augé, aumônier à Brusque (Aveyron). — E. Gauchy, vicaire à Canet, par Pont-de-Salars. — Mlle Mainy, à Lugan, par Montbazens. — Mlle M. Barascud, rue des Cercles Cath., S.-Affrique. — L. Bonal, curé de N.-D. de Ségonzac. — De Rudelle, Villefranche. — Puech, curé de la Vinzelle, par Conques. — M. Bonal, curé à Lapeyre, par S.-Affrique. — Abbé Trémolet, à Rodez. — C. Carbasse, à Rivière, par Millau. — Touzery, aumônier à Rodez. — Cure, vicaire à Pont-de-Salars. — Abbé Alazard, dir. de la *Revue Religieuse*, Rodez — Panis, vicaire à S.-Jean-du-Breuil. — Falcq, vicaire à Estaing. — A. Brunet, à Fontbillon, par Estaing. — Cayran, curé à Panat, par Clairvaux. — Alazard, curé de Glassac, par S.-Christophe-V.— Cayron, curé de Maleville. — Abbé Laurent, Aubin. — Trouche, au Frézié, par S.-Rome de Tarn.

Rouen. — Suriray, 24, r. S.-Nicolas, Rouen (S.-Inf.). — E. Laurent, 90, route de Darnetal, Rouen. — P. Picard, vicaire de la cathédrale, Rouen. — Bréard, curé aux Trois-Pierres, par S.-Romain. — Legendre, chez M. de Naires, à Bellezanne. — Montargis, libraire, 40 et 42, rue de l'Epée, Rouen. — Mme A. Lemoine, à S.-Aubin J.-Boullong, par Elbeuf. — Mme M. Bellest, r. de la Répub., 76, Rouen. — Fortin, à Neufchâtel.

Saint-Brieuc. — Padel, vicaire à Lamballe (C.-du-Nord). — Barbedienne, aumônier à Léhon, près Dinan. — M¹¹ᵉ E. Le Bolloche, à Paimpol. — Flouriot, vicaire à Plouaret. — Abbé F. M. Ducros, prof. à Moncontour. — Le Mée, recteur miss. ap. à Trédaniel, par Moncontour. — M¹¹ᵉ C. Riou, à Ploumilliau. — Mᵐᵉ Le Dily, à Trégornau, par Rostrenen. — Abbé Dobet-Desforges, à Bosrenant, par Ergué. — Leroy, vicaire à Lanvallay, par Dinan. — J. Martin, aumônier à Dinan. — Paillardon, vic. à Etables. — Mᵐᵉ Talibard, née Legueut, Tréguier.

Saint-Claude. — E. Roy, curé à Asnans, par Chaussin (Jura) — E. Michard, avocat, à Jouhe, par Dôle. — Jacquet curé-doyen à Nozeroy. — J. Chamberland, Orchamps-les-Dôle. — Bonnefoy, curé de Poligny. — Ammann, curé à Frontenay, par Passenans.

Saint-Dié. — Didier, curé à Dammartin, par Remiremont (Vosges). — Mourot, curé de Monthureux, par Wittel. — M¹¹ᵉ M. Mangin, faub. de Lunéville, à Rambervillers — M¹¹ᵉ A. Ragué, maison Magnin, faub. du Val-d'Ajol, Remiremont. — Joly fils ainé, horloger, Remiremont. — Mᵐᵉ Thierry, au couvent du S.-Esprit, à Rouceux, par Neufchâteau. — M¹¹ᵉ A. Mercey, Rambervillers. — Mᵐᵉ Retournard, S.-Dié. — Gueniot, curé à Allarmont. — Marie-J.-B.-Modeste Prévot, curé à Sercœur. — Roth, curé à Rouvre-la-Chétive, par Châtenois. — F. Parisot, à Fignévelle, par Monthureux. — Mangin, curé à La Gᵈᵉ-Fosse, par Provenchères. — A. Michel, à Brouvelieures. — Romary, curé à la Houssière, par Corcieux.

Saint-Flour. — Durant, r. des Dames, Aurillac (Cantal). — Rousset, Alleuze, par S.-Flour. — Mallet, vicaire à Paulhenc, par Pierrefort. — Abbé Gély, à Pléaux. — Abbé Ruon, à S.-Flour. — Olaniol, aumônier à S.-Flour.

Saint Jean-de-Maurienne. — Poingt, curé de Sollières, par Lanslebourg (Savoie). — Durant, miss. ap., curé de Termignon, par Lanslebourg. — Chappel, curé à Mongellafrey, par la Chambre. — Filhiol, curé à Bourget, par Modane. — M¹¹ᵉ M. Masset, à Chamoux.

Séez. — Abbé Pavy, à Laigle (Orne). — Mᵐᵉ Feret-Deschamps, au presbytère de S.-Gauburge. — Ridet, à Servigny, par Bellème. — Mᵐᵉ Delannay, 24, r. Messey, à Flers. — M¹¹ᵉ H. Duval, Mortagne. — Amiard, à N.-D. du Rocher, par La Corneille. — Guyon de Vauloger, Alençon. — Lanoë, curé de Ste-Céronne, près Mortagne. — Lecornu, curé de Ronfeugeray, par Athis. — Trouillet, curé à S.-Laurent, par Séez. — Bouland, curé d'Orville, par Le Sap. — Yver, vicaire à Montsecret. — Levêque, vicaire à Tinchebray. — T. Costil, à Laigle. — Lemarié, curé à Ecorcée, par Laigle. — Bertrand, curé au Sap-André, par Gacé. — Titard, vicaire à Athis. — Abbé Richer, prof., Mortagne.

Sens. — Abbé Lourat, à Cerisiers (Yonne). — Renand, curé d'Aisy, près Ancy-le-Franc. — Mᵐᵉ Gautier, 202, Grande-Rue, Sens. — R. P.

Millot, Pontigny. — Pichard, curé de S.-Loup-d'Ordon, par S.-Julien-du Sault. — Giffard, curé à Villefranche-S.-Phal. — M⁽ᵐᵉ⁾ A Thierry, Tonnerre.

Soissons. — Liagre, à Flavy-le-Martel) Aisne. — Derche, curé de Quierzy, par Blérancourt. — Abbé Legrand, S. Quentin. — Mᵐᵉ S. Sallandre, 3, r. des Paveurs, Soissons. — Mᵐᵉ C. Bègue, Soissons. — Mˡˡᵉ L. Méziére, à Chaource, par Montcornet. — Abbé Herr. prof. à S.-Quentin. — Abbé Cocu, S.-Quentin. — Meunier, curé de Beauvois. — Gelly, curé de Chevresis-Monceau, par la Ferté Ch. — Bacquet, architecte, r. S.-Quentin. — G. Lhotte, aux fermes de Valécourt, par Crécy-s.-S. — A. Lhotte, id. — Longuet, à Bois-les-Pargny, par Crécy-s.-S. — Loublier, r. Brulée, S.-Quentin.

Tarbes. — R. P. Fourcade, missionn., Tarbes (H.-Pyr.) — R. P. Rigaudie, miss., Garaison. — R. P. A. de Cahuzac, Carme, Bagnères-de-B. — Mᵐᵉ de May, Hôtel de Paris, Bagnères-de-B. — Mˡˡᵉ Marie Palas, Lourdes. — Mˡˡᵉ J. Palas, id. — Mˡˡᵉ de Taffin, au couv. de l'Imm.-C., Lourdes. — Lacroix, curé à N.-D. de Piétat, par Tarbes. — Mᵐᵉ M. Boursot, Lourdes. — Mᵐᵉ A. Baudilis, Lourdes. — R. P. Bordedebat, miss., Lourdes. — Abbé Dupont, 3, r., des Carmes, Bagnères-de-B. — Petitpré, à l'hôpital, Lourdes. — Mˡˡᵉ M. Stroynowska, Lourdes.

Tarentaise. — Mollier, vicaire à Albertville (H.-Savoie).

Toulouse. — De Lacroix, à la Croix-Falgarde, par Toulouse (Hte-G). — G. Pelegry, 29, r. de la Dalbade, Toulouse. — Mᵐᵉ A. d'Espouy, r. Tolosane, Toulouse. — Mᵐᵉ de Saint-Victor, 46. gᵈᵉ r. Nazaret. Toulouse. — Mᵐᵉ Flamant, 12, boul. de Strasbourg. Toulouse. — Dufau, 3, r. d'Astorg, Toulouse. — De Scoraille, av. S.-Etienne, Toulouse. — Arcens, prof. au Caousou, Toulouse. — Gaussail, curé de S.-Exupère, Toulouse. — Dantin, vicaire à S.-Exupère, Toulouse, décédé le 10 février 1883. — Castillon, archiprêtre de la Métropole, Toulouse. — R. P. Marie-Antoine, capucin, Toulouse. — Mᵐᵉ de Villeneuve-Arifat, 37, r. du Vieux-Raisin. Toulouse. — Mounic, curé à Galié, par S-Bertrand. — Gabriel de Belcastel, anc. sénateur, 3, jardin Royal, Toulouse. — Latou, Rieumes. — Boube, curé de Mancioux, par S.-Martory. — Laye, curé d'Ore, par S.-Bertrand. — Peyranne, 58, gᵈᵉ r. S.-Michel, Toulouse. — Abbé G. Senac, 17, r. Caraman, Toulouse. — Lafforgue, vicaire, Bagnères-de-L. — S. Saens, anc. trésorier-colonial, av. de Lombez, Toulouse. — Nugon, pharmacien, r. Pharaon, Toulouse. — Maillan, curé à Goyrans, par Castanet. — De Rabaudy-Montoussin, 53, r. des Paradoux, Toulouse.

Tours. — Leblois, curé de Braslou, par Richelieu (Ind.-et-L.). — Desroches, curé de Ste-Catherine, par Ste-Maure. — F. Bienvenu, à Sorigny, par Montbazon. — Maubois, 8, rue Manceau, Tours. — Mᵐᵉ Hossard. 6, place de la Cathédrale, Tours. — Nourisson, secrétaire de l'Archevêché, Tours. — Marchant, curé à Veneuil, par l'Ile-Bouchard. — Dé L'Epinois, chât. du Plessis, par Limeray. — Mme de L'Epinois, id. — De Bridieu, Loches.

Troyes. — Ragon, curé de Cursan, par Eroy (Aube).—Mme de Mauroy, château de Courcelles, par S.-Germain. — Mes Berlot-Roger, chez les S. Augustines, r. Carrée, Troyes. — Besançon, curé de Sommeval, par Bouilly — Testard, curé à Ville-sur-la-Ferté, par Clairvaux.

Tulle. — Bassaler, clerc de notaire, Tulle (Corrèze). — Bordes, pro-secrét. de l'évêché, Tulle. — Merpillat, curé de Pradines, par Bugeat.— Labarbary, vicaire à Brives. — Baluze, Brives. — Villadard, aumônier, Tulle.

Valence. — Rey, curé de Bouchet, par Suze-la-Rousse (Drôme). — Charles, à Génissieux, près Romans. — Viel, vicaire à Dieulefit, par Valence.— Gourjon, curé à Roche-S.-Secret, par Dieulefit.—Mlle A. Lacombe, boul. du Sud, Valence. — Reynaud, curé à Boule, par Châtillon-en-Diois. — Toupin, curé à Suze-la-Rousse. — R. P. Benoît, sup. de la Mission du Diois, Die. — R. P. Ducrettet, de la Société de Marie, S.-Marcel-les-Sauzet. — Romestaing, curé de S.-Maurice-des-Granges, près Romans. — Mlle M. d'Henriquez, Romans. — Revol, vicaire à Romans. — Amédé Roux, à Montbrison, par Taulignan. — Trouillat, aumônier, Valence.—V. Pazin, au couvent de la Visitation, Montélimar. — P. Gros, à Die, par Valence.

Vannes. — Havret, avocat à Vannes (Morbihan). — Abbé Josso, à Béganne, par Allaire. — Mlle A. Le Nezet, Auray. — L. Travaillé, Mauron.

Verdun.—Mantonneau, pâtissier à Montfaucon-d'Argonnes (Meuse). — François, curé de Woinville, par S.-Mihiel. — Drouin, vicaire à S.-Hilaire, par Fresnes-en-W. — André, vicaire à Gondrecourt. — Baudot, curé à Loupmont.

Versailles. — Abbé Sachot, au Coudray, par Plessis-Chenet (S.-et-Oise). — J. Tuleu, 20, r. de Labarre, à Deuil. — Mlle Emery, 43, Gde-Rue, à Enghien.— Mll Gosset, à S.-Remy-lès-Chevreuse. — Cayla, curé de Senlisse, par Cernay-la-V. — Blanchon, curé à Leudeville, par Marolles-en-Hurepoix. — G. Gobet, à l'Isle-Adam. — Marcille, curé à Livy-S.-Nom, par Mesnil-S.-Denis. — Mlle C. Verbieze, 9, r. S.-Sauveur, à Magny-en-Vexin. — Mlle Beaugrand, à Montmagne, par Montmorency.— Mlle Noirot, 7, place S.-Louis, Versailles.— Mlle M. Caron, 9, boul. du Roi, Versailles. — A. Bidard, Mantes. — Mes Collache, Conflans-Ste-Honorine. — Mlle C. Croix, Montigny-les-Bretonneaux.— Mlle L. Millaut, r. de l'Orangerie, 45, Versailles — Mes Vaugran, Versailles. — Mⁱˡᵉ M. Hardy, 11, rue Maurepas, à Versailles. — Huguenol, curé à Thoiry.

Viviers. — Mᵐᵉ Debeau, château d'Aps, par Viviers (Ardèche). — Crémillieux, négociant, Annonay. — Roure, aumônier à Vans. — Malignon, curé des Salettes, par Vans. — Géry, aumônier à Vanosc, par Villevocance. — Percié du Sert, aumônier, r. de Paras, à Annonay. — Cheynet, curé à Alisas, par Privas. — Mⁱˡᵉ Barrial, à N.-D. de Chapias, par Ruoms. — Gévaudan, curé de S.-Jean de Pourcharesse, par Vans.

Alsace-Lorraine. — **Metz.** — Wendling, curé à Dachsteing, par Molsheim (Lorraine). — Bernard, curé de Tincry, par Metz. — Tharon, curé de Jussy, par Moulins-les-Metz. — Mⁱˡᵉ de Sonis, 57, r. Serpinoise, Metz. — Mⁱˡᵉ M. Zimmer, 57, id. — Mⁱˡᵉ E. Bravi, 4, r. de Chatillon, Metz. — Vaultrin, 14, r. des Trinitaires, Metz. — Mᵐᵉ Vaultrin, id. — Mⁱˡᵉ Vaultrin, id. — Richard, vicaire à Molsheim. — J. Tribout, à Puzieux, par Delme. — Nicolas, curé de Tréméry. — Mⁱˡᵉ de Rouyn, à Moulins les-Metz. — Mⁱˡᵉ Champigneulles, r. Châtillon, 4, Metz. — Guérard, curé du Sablon. — Mⁱˡᵉ Gaillot, à Pange.

Strasbourg. — Meyer, curé de Dingsheim, par Mundolsheim (Alsace). — Suzange, boulanger à Moyeuvre-Grande. — Mⁱˡᵉ L. Mirguet, aux forges de Moyeuvre-Grande. — Mⁱˡᵉ Fritz, à Mulhouse. — Abbé Delles, à Vatel-Laning — Soldermann, à Mertzen. — Schœch, vicaire à Molsheim. — E. Bailly, à Vic-S.-Selle. — Gisselbrecht, à Dambach, par Barr. — Lechner, Minversheim.

Angleterre. — R. P. Devoucoux, supérieur de Saint-Joseph's apostolic College for african missions. Blackrock, Cork (Irlande). — Daniel O'Sullivan, Cork (Irlande). — R. P. Chaurain, 4, S.-Anne Spitafields, Londres.

Belgique. — Mⁱˡᵉ Pierlot, à Bertrix. — Mᵐᵉ J. Minet, à Bioul, près Namur. — Mᵐᵉ Hubert, née Berleur, à Bioul. — Francoys, à Gette-S.-Pierre, près Bruxelles. — De Barquin, curé à Bioul, près Namur. — Coucke, 16, r Courtes-Foulons, Bruges. — Van Achter, à Valsbetz, par Landen, près Liége. — Van Lede, curé de Ste-Anne, Bruges. — Van der Elst, avocat, 8, rue de Milan, Bruxelles. — F. Verbèke, Bruges. — Fr. L. V. Accurse, des Fr. Mineurs, à Ecloo.

Espagne. — J. Compte, à Jatazella, par Tortosa. — Abbé J.-M. Escola, dir. de l'Acad. Mariana, Lérida. — Pélayo Ruiz, secrétaire de l'évêché, Osma. — Abbé Lamolla, à Lérida. — S. Mercadal, prêtre, Calle della Palma, 10, à Lérida. — J.-E. Carlon, à Lugo. — Is. Reig, Lérida — J. Orfois, Séville.

Luxembourg. — Mᵐᵉ Pauline Schneider, Neufchâteau.

Italie et Suisse. — Abbé Jobin, Sémin. français, Rome. — Abbé F. Stercky, chan. de S.-Maurice de Bethléem, à Bagnes-Chables, (Valais), diocèse de Sion. — Bouvier, curé de Confignon, près Genève. — Glutz, de la garde suisse du Pape, à Rickenback (Soleure). — Cuennet, de la garde suisse du Pape, Rome. — Krumenacher, de la garde suisse du Pape, Rome. — Mlle Tercier, à Vuadens, près Bulle (Fribourg).

Syrie. — Abbé J. Awad, vic.-général de l'archev. maronite de Tripoli — L. Dahdah, délégué de l'archev. de Balbek.

TABLE DES MATIÈRES

— 212 —

Auch. — Imprimerie et lithographie G. Foix, rue Balguerie.

www.ingramcontent.com/pod-product-compliance
Lightning Source LLC
Chambersburg PA
CBHW070606100426
42744CB00006B/414